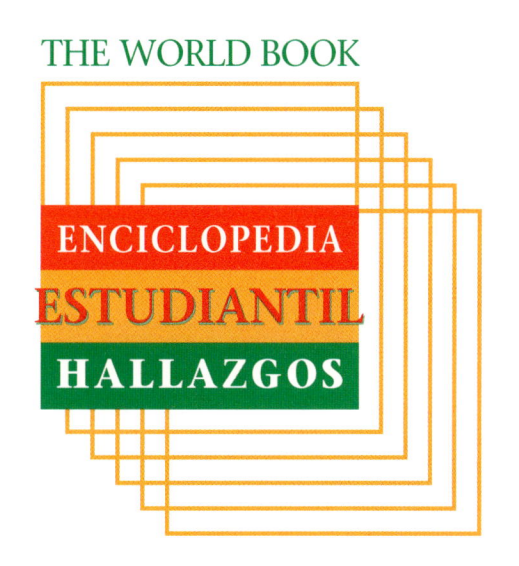

THE WORLD BOOK

**ENCICLOPEDIA
ESTUDIANTIL
HALLAZGOS**

# THE WORLD BOOK

## ENCICLOPEDIA ESTUDIANTIL HALLAZGOS

Q-S

11

**World Book, Inc.**
a Scott Fetzer company
Chicago

Para más información sobre otros productos World Book visite nuestra página web en **http://www.worldbook.com**

● ● ● ● ● ● ● ● ● ● ● ● ● ● ● ● ● ● ● ● ● ● ●

Para información sobre venta a escuelas y bibliotecas comuníquese al teléfono: **1-800-975-3250.**

© 2001 World Book, Inc. Todos los derechos reservados. No se permite la reproducción total o parcial de esta publicación, ni su almacenamiento en un sistema informático, ni su transmisión en cualquier forma o por cualquier medio, electrónico, mecánico, fotocopia u otros métodos, sin el permiso previo del editor.

**World Book, Inc.**
233 N. Michigan Ave.
Chicago, IL 60601

Biblioteca del Congreso. Catalogación de la información sobre la publicación
World Book student discovery encyclopedia. Español.
World Book enciclopedia estudiantil hallazgos.
   p. cm.
   Incluye el índice.
   Resumen: Enciclopedia general y elemental con artículos breves ilustrados que cubren una selección de temas en orden alfabético.
   ISBN 0-7166-7405-X
   1. Enciclopedias y diccionarios para niños en español. [1. Enciclopedias y diccionarios. 2. Materiales lingüísticos en español.] I. Título: Enciclopedia estudiantil hallazgos. II. World Book, Inc. III. Título

AG5.W83818 2001
036'.1—dc21                                                     2001020261

Impreso en Estados Unidos
1 2 3 4 5 6 7 8 9 06 05 04 03 02 01

# Intervinieron

**Presidente**
Robert C. Martin

**Vicepresidente, editor**
Michael Ross

**Redacción**

**Coordinadora de redacción**
Maureen Mostyn Liebenson

**Redactora ejecutiva**
Shawn Brennan

**Redactora colaboradora**
Ricardo Armijo
Diana Myers

**Redactores**
Joyce Goldenstern
Ellen Hughes
Lisa Klobuchar
Patricia Ohlenroth
Katie Sharp
Rita Vander Meulen
Brian Williams

**Consultora de estilo**
Dr. Margaret G. McKeown, Learning Research and Development Center, University of Pittsburgh

**Redactora de autorizaciones**
Janet Peterson

**Servicios de indización**
David Pofelski, director

**Servicios consultivos especiales**

**Editor ejecutivo, World Book Encyclopedia**
Dale W. Jacobs

**Editores ejecutivos**
Sara Dreyfuss
Warren Silver

**Servicios de cartografía**
H. George Stoll, director
Wayne K. Pichler

**Editores de contenido**
Timothy Falk
Brad Finger
Barbara Lanctot
Jay Myers
Michael B. Schuldt
Thomas J. Wrobel
Daniel O. Zeff

**Editor de estadísticas**
Ken Schenkman

**Editor internacional**
Howard Timms

**Arte**

**Directora ejecutivo**
Roberta Dimmer

**Directora de arte**
Wilma Stevens

**Diseñador ejecutivo**
Isaiah W. Sheppard, Jr.

**Diseñador**
John Horvath

**Diseñadores colaboradores**
Roslyn Broder
Donna Cook
Sarah Figlio
Lucy Lesiak
Jesse Morgan
Rebecca Schneider

**Diseñador de la cubierta**
Tessing Design, Inc.

**Coordinadora de fotografía**
Sandra M. Dyrlund

**Editores de fotografía**
Sylvia Ohlrich
Carol Parden

**Asistentes de producción**
Laurie Schuh
John Whitney

**Investigación**

**Director ejecutivo, desarrollo de producto y servicios de investigación**
Paul A. Kobasa

**Investigadores ejecutivos**
Cheryl Graham, coordinadora
Lynn Durbin
Karen McCormack
Nick Kilzer
Andrew Roberts
Loranne K. Shields

**Producción**

**Directora de preimpresión y manufactura**
Carma Fazio

**Coordinadora de manufactura**
Barbara Podczerwinski

**Coordinadora ejecutivo de producción**
Madelyn Underwood

**Coordinadora de producción**
Kathe Ellefsen

**Coordinadora asistente de manufactura**
Valerie Piarowski

**Correctores de pruebas**
Anne Dillon, directora
Chad Rubel

**Procesamiento de textos**
Curley Hunter
Gwendolyn Johnson

**Edición en español**
Traducción, corrección y producción
**Victory Productions, Inc.**

**Presidente**
Victoria Porras

**Coordinador de redacción**
Robert Runck
Susan Littlewood, redactora

**Coordinador de traducción**
Carlos Porras
Marcela Reyes, índice
Virginia Foresman, administración

**Producción**
Kimberly Medveczky, directora

**Composición**
Ana Cordero
Raúl Payva
Matt Smith
Jacquie Spencer
Katherine Anderson

**Servicios consultivos especiales**
Nina Galvin

# Agradecimientos

El editor agradece la cortesía de las siguientes individuos, editoriales, instituciones, agencias y corporaciones por las fotografías en la *Enciclopedia estudiantil hallazgos*. El trabajo de ilustración de todas las banderas de los países se adaptó de Cliptures™ de Dream Maker Software. Las banderas y los sellos de los estados y las provincias son del Flag Research Center salvo acreditación en contrario.

A.F. Kersting; Abby Aldrich Rockefeller Folk Art Collection; Aerospatiale Heliocopter Corp.; Alex Kerstitch; Alexander B. Klots; Alfred A. Knopf Children's Books, a division of Random House, Inc.; Alfred Pasieka; **Allsport:** Al Bello, Shaun Botterill, Chris Cole, Tim Defrisco, Tony Duffy, Stephen Dunn, Bob Daemmrich, Stu Forster, Otto Greule, Mike Hewitt, Hulton Deutsch, Jed Jacobsohn, Craig Jones, Ken Levine, Andy Lyons, Gray Mortimore, Doug Pensinger, Gary M. Prior, Andrew Redington, Ezra Shaw, Jamie Squire, Rick Stewart, David Taylor, Mark Thompson, Gerard Vandystadt; American Bowling Congress; American Museum of Natural History; American Red Cross; Andrew N. Drake; Andrew Sacks; Anglo-Australian Observatory; **Animals Animals:** G.I. Bernard, M.A. Chappell, Stephen Dalton, Michael Fogden, Z. Leszczynski, Robert Maier, Joe & Carol McDonald, Wendy Neefus, Oxford Scientific Films, Ken G. Preston-Mafham, Lynn M. Stone, Ron Willocks, Annie Cicale; AP/Wide World; Archive Photos; Archives Nationales du Quebec; Art Resource; Artstreet; Astrodomain Complex; AT&T Archives, reprinted with permission of AT&T; Austin Fire Department; Austrian Information Service; Baron Wolman; Beltone Electronics; 1977 Bemiss-Jason Corp.; Bemiss-Jason Corp.; Bermuda News Bureau; Beth Bergman; Bill Bachman; Binney & Smith, Inc.; Bob & Ira Spring; Boeing Company; Boy Scouts of America; Bridgeman Art Library; Brooks Martner, University of Wyoming; Brown Brothers; Broyhill Furniture Inc.; **Bruce Coleman Collection:** Bob and Clara Calhoun, Ron Cartmell, Alain Compost, Eric Crichton, A.J. Deane, Nicholas Devor, Tim O'Keefe, Kim Taylor, Hans Reinhard, Leonard Lee Rue III; **Bruce Coleman Inc.:** Gene Ahrens, Jen and Des Bartlett, Mark Boulton, Tom Brakefield, John M. Burnley, Jane Burton, Bob & Clara Calhoun, E.R. Degginger, Phil Degginger, John Elk, E. Grafis, George H. Harrison, David Madison, J. Messerschmidt, Fritz Prenzel, Nicholas de Vore III, Jonathan T. Wright; Bryan & Cherry Alexander; Burlington Industries; CALTECH (Palomar and Hale Observatories); **Camera Hawaii:** Werner Stoy; Canapress; **Cape Scapes:** William Thauer; Capitoline Museum, Rome (Oscar Savio); **Carl Ostman:** C.M. Dixon; Emil Muench; Case Corporation; Catherine L. Reed, Bicycling; Cathy Melloan; Center for Plant Conservation; Center for UFO Studies; Centers for Disease Control; Chambers Corporation; Crown Stove Works; Charles Scribner's Sons; Chevron Corporation; Chicago Aerial Survey; Chicago Historical Society; Chicago Symphony Orchestra; Church of Jesus Christ of Latter-day Saints; Clark University Archives; Coherent General, Inc.; **Colorific:** D. & J. Heaton; Cone Mills Corporation; Confederation Life Collection; Conner Prairie; **Corbis:** Yann Arthus-Bertrand, Bettmann, Pablo Corral, Bob Daemmrich, Shelley Gazin, Mark Gibson, Giansanti, Lynn Goldsmith, Lindsay Hebbard, Historical Picture Archive, Catherine Kamow, Charles & Josette Lenars, Wally McNamee, Chuck O'Rear, Roger Ressmeyer, Keren Su, Randy Taylor, Underwood & Underwood, UPI, Nik Wheeler; Corel; Country Music Foundation; Craig Kersten; Culver Pictures; Dallas Convention and Visitors Bureau; Danish Tourist Board; Daughters of the American Revolution Museum; Dave Black; David G. Fitzgerald; David M. Dennis; **David R. Frazier Photolibrary:** Mark Burnett, David R. Frazier, Jeff Greenberg, Jim Patrico, Mike Penny, Kevin Syms, Trent Steffler; DC Comics; De Beers Consolidated Mines, Ltd.; Democratic National Committee; Department of Defense; Dewitt Jones; Dick Loftus; **Dinodia Picture Agency:** Milind A. Ketkar; Disney Enterprises, Inc.; Don DiSante; *Down Beat* Magazine;

DreamWorks Animation; Duncan P. Scheidt; Dunlop Slazenger Corporation; E.M. Winkler; E.R. Degginger; Edison National Historic Site; Edward Ross; Embassy of Finland; Embassy of India; European Southern Observatory; Everett Collection; **Explorer:** Bertrand Duruel, J.F. Gerard , Philippe Roy; FBI; Federal Reserve Bank of New York; Fermilab; Field Museum of Natural History; First Light; Folger Shakespeare Library; Foto/Find; Irvin L. Oakes; **FPG:** Mark Adams, Lars Astrom, Dave Bartruff, Walter Bibikow, Burgess Blevins, Gary Buss, Ron Chapple, Willard Clay, Dennis Cody, Jim Cummings, Fred M. Dole, Jerry Driendl, Wenzel Fischer, Eduardo Garcia, Steven Gottlieb, Robert Graham, Spencer Grant, Peter Gridley, Steve Hix, C. Bernd Kappelmayer, J. Kankel, S. Kanno, Alan Kearney, Kent Knudson, Michael Krasowitz, Lee Kuhn, J. M. Mejuto, Jahoda, Barbara Leslie, Francis Livingston, Harvey Lloyd, J. M. Mejuto, Navaswan, Eberhard E. Otto, R. Pastner, Richard Price, Terry Qing, Jill Sabella, Ellis Sawyer, Michael Simpson, John Taylor, Travelpix, Thomas Zimmerman; Frank Siteman; Fred Bruemmer; Fred Fehl; Frederick Warne & Co.; Fritz Prenzel; G.P. Putnam & Sons.; Gemological Institute of America; George Hall; Georgia-Pacific Corporation; Gerald Cubitt; Gerald R. Ford Library; Girl Guides of Canada; Girl Scouts of the U.S.A.; Giuseppe Mazza; Goodyear Tire & Rubber Company; Gorilla Foundation; Government of India; Grandma Moses Properties Co.; Granger Collection; Grant Brittain; GSA; **H. Armstrong Roberts:** Damm, W. Ferchland, Kurt Scholz, Zefa; Hale Observatories; Hallmark Historical Collection; Harley Davidson Motor Co. Inc.; Harrison Foreman; Henry Ford Museum & Greenfield Village; Herman Miller, Inc.; Hewlett Packard Company; Howard B. Bluestein; Hudson's Bay Company; IBM Corporation; Image Works; Lee Snyder; Independence National Historical Park; **Index Stock Imagery:** Jeffrey Greenberg, Photri; Institute of Paper Chemistry; Intel Corporation; Intergraph Corporation; Internationale Bilderagentur; Izaak Walton League; J. A. Nearing Co., Inc.; Jack Vartoogian; James Davis Travel Photography; James E. Lloyd.; James R. Holland; Jay M. Pasachoff; Jeff Rotman; Jeffrey V. Kalin; Jerry Brule; Jerry Jacka; Jim Annan; Jim Collins; Jim Cronk; Johan Elbers; John Canemaker Collection; John Evans; John Florence; John H. Tashjian; John Lewis Stage; John Reader; John Running Productions; John Siceloff; Josef Muench; Julian Calder; Julian Research Institute; Karen A. McCormack; Karger; Katherine Ozanich; Ken Abbott, University of Colorado at Boulder; Ken Ige; **Knudsens Fotosenter:** N. Beeckman; Kobal Collection; Korea National Tourism Organization; *La Vie du Rail* Magazine, Paris; Lawrence Migdale; Lee Boltin; **Leo de Wys:** Fridmar Damm, A. Myers, Picture Finders Ltd., Adam G. Sylvester, Bas Van Beek; Lewis Wayne Walker; **Liaison Agency:** Forrest Anderson, Mikki Ansin, Patrick Aventurier, William Coupon, Michael Evans, Guy Durand, *Figaro* Magzine, F. Fisher, David Gaywood, Anis Hamdani, Hulton Getty, Paul Howell, Ian Jones, Laski Diffusion, James Lemass, Ed Lallo, Sandy Macys, Marshall, Nickelsberg, Edwin H. Ramsberg, Seth Resnick, Nicolas Reynard, Eric Sander, Robert Severi, Michael Smith, Bill Swersey, Roger Viollet, Theo Westenberger, Gary Williams; Library of Congress; Litton Educational Publishing, Inc.; Living History Farms; Lockheed Martin Corporation; Longfellow House; Loyola University, Chicago; M.L. Thomas; MacGregor® Sporting Goods; Mach 2 Stock Exchange; Magellan; Malcolm Varon; Marc Pokempner; March of Dimes; Marvel Characters, Inc.; MAS; Mead Paper Co.; Mercedes-Benz; Meteor Crater, Northern Arizona, USA; Metropolitan Museum of Art;

Metropolitan Toronto Zoo; Michael Dice; Michael Lamotte; **Minden Pictures:** Frans Lanting; Ministry of Culture & Information, Seoul; Museum of Modern Art; MZTV.Com; Nancy McGirr; NASA; Natalie Sluzar; National Archery Association; National Archives; National Defense of Canada; National Gallery of Art; National Park Service; National Severe Storms Laboratory (NOAA); Naud; Newberry Library, Chicago; **NHL Images:** Dave Sandford; Nippon Television Network Corp.; Nissan; NOAA; Nobel Foundation; Norman Myers; Northern Ireland Tourist Board; Northwestern University; Nuclear Energy Institute; Organization of American States; Owens-Illinois; Palm Computing; Pamela McReynolds; **Panos Pictures:** Piers Beratar, Jeremy Homer, Heldur Netocny, Gregory Wrona; Patrick Henry Memorial Foundation; Paul Robert Perry; Peace Corps; Pete Souza; **Peter Arnold:** Michael Ederegger; Malcolm S. Kirk; Philomel Books; **Photo Researchers:** A.W. Ambler, Bill Aron, P. G. Ascogne, B&C Alexander, Bill Bachman, Linda Bartlett, Charles R. Belinky, Juergen Berger, Bertrand, Mehmet Biber, Biophoto Associates, C. Boisvieux, Alain Bordes, Mark Boulton, Chuck Brown, Mark N. Brultan, J. Brun, John Buitenkant, Bullaty/Lomeo, Mark C. Burnett, Oscar Burriel, Scott Camazine, Carbonare, Alan & Sandy Carey, George Chan, J.M. Charles, Michael Ciannechini, CNRI, Dick Davis, Tim Davis, Betty Derig, Donnezan, Christine M. Douglas, Brian Drake, Laima Druskis, Cath Ellis, Ray Ellis, Thomas S. England, Victor Englebert, R.J. Erwin, European Space Agency, Alain Evrard, Ken Eward, Explorer, Jean-Paul Ferrero, Jack Fields, Kenneth W. Fink, Carl Frank, Simon Fraser, David R. Frazier, Simon Fraser, Michael P. Gadomski, Lowell Georgia, Georg Gerster, F. Gohier, Sylvain Grandadam, Gilbert Grant, Spencer Grant, Jeff Greenberg, Farrell Grehan, Barry Griffiths, Christian Grzimek, Hiroshi Harada, E. A. Heiniger, Fritz Henle, John Heseltine, George Holton, David Hosking, Richard Hutchings, Randall James, Ken M. Johns, Joyce Photographics, A. B. Joyce, Andrew Kalnik, John Kaprielian, Malak Karsh, Alok Kavan, Bob Kelly, Paolo Koch, Noboru Komine, Stephen J. Krasemann, Ken Lax, Pat & Tom Leeson, Irene Lenqui, Andy Levin, Norman R. Lightfoot, Dick Luria, Renee Lynn, Rafael Macia, P. Marazzi, Fred Maroon, Doug Martin, Susan McCarthy, Tom McHugh, Will & Deni McIntyre, Georges Michaud, Lawrence Migdale, Charles E. Mohr, Hank Morgan, Larry Mulvehill, Kenneth Murray, Hans Namuth, Joseph Nettis, L. Newman & A. Flowers, Kazuyoshi Nomachi, Matthias Oppersdoff, Charlie Ott, David Parker, Pekka Parvianen, C.H. Petit, Nancy Pierce, Philippe Plailly, Porterfield/Chickering, Noble Proctor, Carl Purcell, George Ranalli, G. Carleton Ray, Louis Renault, Bruce Roberts, Gordon Roberts, Earl Roberge, Harry Rogers, Rosenfeld Images Ltd., Kjell B. Sandved, Blair Seitz, Lee F. Snyder, John L. Stage, Linda Stannard, Art Stein, Steinlein, Paul Stepan-Vierow, H. Stern, Adam G. Sylvester, Audrey Topping, Gianni Tortoli, Catherine Ursilla, Varin-Visage from Jacana, Vanessa Vick, M.I. Walker, David Weintraub, Jerome Wexler, George Whitely, Charles D. Winters, Ellan Young; **PhotoEdit:** Myrleen Ferguson Cate, M. Newman, David Young-Wolff; Photographic Records Ltd; Photophile; Phototake, M.D. Phillips; **Photri:** Gregory Hunter; **Picture Perfect:** R.L. Goddard, David Stone; Pleasant Company; Pontiac Division, GMC; Quincy Historical Society; Rand McNally & Co.; Randall Hyman; Random House; Raytheon Aircraft; RCA; **Retna:** Erma/Camera Press, David Redfern; **Ric Ergenbright Photography:** Byron Crader, Bob Ivey; Richard Lobell; Robert Davis Productions; J. Hagar; Russell C. Johnson, University of Minnesota; **Saba:** Filip Horvat; Saint Mary of Nazareth Hospital Center; San Francisco Visitors Bureau.; Scott, Foresman & Company; Scotts Bluff National Monument, Nebraska; Seattle Art Museum; Seiko Epson Corporation; Shelburne Museum; **Shooting Star:** 20th Century Fox, Disney Enterprises, Inc., Scott Harrison, Yoram Kahana, Spike Nannarello, Ken Sax, Michael Virden; Simon & Schuster Childrens Publishing; Singapore Tourist and Promotion Board; Southwest Research Institute; Spain 92 Foundation; St. Augustine Historical Society; St. Lawrence Seaway Development Corporation; Steve Dunwell; Steve Leonard; **The Stock House:** Orion Press; **The Stock Market:** Roger Ball, Paul Barton, Tibor Bogner, Albano Guatti, Alan Gurney, David Pollack, Jay Messerschmidt, Jose Fuste Raga, Luis Villota, Kennan Ward, Ed Wheeler, David Woods; Stock Montage; **Stone:** Lori Adamski Peek, Glen Allison, Bill Aron, Doug Armand, Nigel Atherton, David Austin, Bruce Ayers, Brian Bailey, Daryl Balfour, D. J. Ball, David Ball, James Balog, Raymond Barnes, Martin Barraud, Tom Bean, Michael Beasley, Oliver Benn, Wayne R. Bilenduke, Jon Bradley, Michael Braid, Duglald Bremner, Mark Burnside, Peter Cade, John Callahan, Rosemary Calvert, Anthony Cassidy, Myrleen Cate, Soenar Chamid, John Chard, Chirs Cheatle, Kindra Clineff, Phillip H. Coblentz, Stewart Cohen, Cosmo Condina, Richard A. Cooke III, Joe Cornish, P.H. Cornut, Daniel J. Cox, Pauline Cutler, Robert E. Daemmrich, Tim Davis, Phil Degginger, Doris DeWitt, Ary Diesendruck, Tom Dietrich, Mark Douet, Jack Dykinga, Wayne Eastep, Chad Ehlers, John Elk, Rosemary Evans, Robert Everts, John Fortunato, David R. Frazier, Robert Frerck, David Fritts, Penny Gentieu, Janet Gill, Sylvain Grandadam, Bruce Hands, David Hanover, Paul Harris, Jason Hawkes, Chip Henderson, Henley & Savage, Bruce Herman, Alan Hicks, David Higgs, Nigel Hillier, Gary Holscher, Simone Huber, George Hunter, Rich Iwasaki, Chris Johns, Zigy Kaluzny, Hilarie Kavanagh, Mitch Kezar, Glyn Kirk, Hideo Kurihara, Robert Kusel, Bobbi Lane, J. Alex Langley, John Lawrence, Renee Lynn, David Madison, Yves Marcoux, Purdy Matthews, Hiroyuki Matsumoto, Joe McBride, Will & Deni McIntyre, Mathew Neal McVay, Roger Mear, Trevor Mein, Cathy Melloan, Paul Meredith, Hans Peter Merten, Lawrence Migdale, NHMPL, Frank Oberle, Pat O'Hara, Frank Ore, Steven Peters, Fritz Prenzel, Peter Pearson, Victoria Pearson, Steven Peters, Martin Puddy, Jake Rajs, James Randkley, Peter Rayner, Paul Redman, L.L.T. Rhodes, Jon Riley, Michael Rosenfield, Barry Rowland, Ryan-Beyer, Cindy Rymer, Andy Sacks, Bert Sagara, K. Schafer & M. Hill, Dave Schiefelbein, Herb Schmitz, Mark Segal, Ian Shaw, Rene Sheret, Ron Sherman, Reinhard Siegel, Ed Simpson, Richard Simpson, Frank Siteman, Hugh Sitton, Don Smetzer, Phillip & Karen Smith, Joseph Sohm, Paul Souders, James Strachan, Hans Strand, Vince Streano, Keren Su, Kevin Summers, David Sutherland, Charles Thatcher, Bob Thomason, Arthur Tilley, David C. Tomlinson, Bob Torrez, Nabeel Turner, Larry Ulrich, Tom Ulrich, Michael Ventura, Steve Vidler, Terry Vine, John Warden, Steve Weber, Randy Wells, Ralph Welmore, Art Wolfe, Ted Wood, David Woodfall, Robert Yager, David Young Wolff; **Superstock:** Gene Ahrens, Bryan Allen, Eric Carle, Christie's Images, S. Fiore, Cliff Harden, Karl Kummels, Manley Features, Giorgio Ricatto, George de Steinheil, E. Streichan, A. Tessore; Sydney Aquarium; Taylor Wine Company; Tea Council of the U.S.A, Inc.; Tennessee Historical Society; Tennessee Tourist Development; Terry Wild; Texaco; Texas Department of Transportation; Textron Marine Systems; The Art Institute of Chicago; **The Image Works:** Gary Walts; The Mariner's Museum; **The White House:** Bill Fitzpatrick, Karl Schumacher, David Valdez,; Thomas Gilcrease Institute of American History and Art; Threshold Books, Ltd.; Tim Burton Productions © Disney Enterprises, Inc.; **TimePix:** J.R. Eyerman; Tom Brazil; Tom Pantages; **Tom Stack & Associates:** Byron Augustin, Mike Bacon, Scott Blackman, Bill Borsheim, Peter & Ann Bosted, J. Cancalosi, W. Perry Conway, David M. Dennis, Terry Donnelly, Ann Duncan, Sharon Gerig, John Gerlach, Manfred Gottscalk, Chip & Jill Isenhart, Thomas Kitchin, Bill Noel Kleeman, J. Lotter, Robert McKenzie, Dave Millert Mark Newman, Michael S. Nolan, Brian Parker, Rod Planck, Bob Pool, Paul Quirico, Milton Rand, Leonard Lee Rue III, John Shaw, Harold Simon, Inga Spence, Mark Allen Stack, Spencer Swanger, Larry Tackett, Tsado/NASA, Greg Vaughn; Tom Wrobel; Tony Linck; Tourism Authority of Thailand; Two-Can Design; U.S. Department of Agriculture; U.S. Airforce; U.S. Dept. of Agriculture; U.S. Marine Corps; U.S. Navy; U.S. Postal Service; **Uniphoto:** Ferenc Berko, Dave Cormier, Jan Halaska, J. Alex Langley, David Stover, Robert W. Young; United Feature Syndicate; United States Lighthouse Society; University of Illinois; University of Iowa; University of Michigan Museum of Art; University of Texas at Austin; *USA Today:* Walter P. Calahan; Victor Englebert, Victor Skrebneski, Victoria Beller-Smith; Viking Press; Virginia Division of Tourism; Vito Palmissano; Walter Chandoha; William Cromie; **Woodfin Camp & Associates:** Baldwin/Watriss, Marc & Evelyne Bernheim, Jonathan Blair, Bernard Boutrit, Jacques Chenet, Chuck Fishman, Robert Frerck, Jehangir Gazdar, Tony Howarth, Yousef Karsh, John Marmaras, Loren McIntyre, Wally McNamee, Chuck O'Rear, V. Rastelli, Raghubir Singh, Lester Sloan, William Strode, R.S. Uzzell III, William S. Weems, Roger Werths, Adam Woolfitt, Mike Yamashita; Woods Hole Oceanographic Institution

# Cómo usar la *World Book Enciclopedia estudiantil hallazgos*

- Miles de ilustraciones
- Palabras guía
- Listas de artículos relacionados
- Remisiones claras
- Cuadros de datos y cronologías
- Artículos sobre temas especiales
- Actividades manuales

*La World Book Enciclopedia estudiantil hallazgos* es una enciclopedia general. Tiene información sobre gente, lugares, cosas, sucesos e ideas. Los artículos están escritos de manera fácil de entender.

También es fácil encontrar los artículos. Aparecen en orden alfabético. También hay un índice en el tomo 13. En el índice se listan todos los artículos así como temas que cubre la enciclopedia pero que no constituyen un artículo por sí mismos. El tomo 13 también tiene un atlas con mapas del mundo y mapas de los continentes por separado. A lo largo de la obra hay más de 400 mapas adicionales.

La diversidad del material de la *Enciclopedia estudiantil hallazgos* la hacen una obra que se puede usar tanto para la investigación como para la lectura recreativa.

**Palabras guía** En el rincón superior de cada página hay una palabra guía. Las palabras guía te ayudan a encontrar con rapidez el artículo que buscas.

• Bróculi

### Bróculi

El bróculi es una hortaliza de la familia de la coliflor. La clase que se cultiva más a menudo en Norteamérica se llama bróculi italiano. Originariamente llegó del sur de Europa.

El bróculi crece de semillas. Las plantas crecen mejor en climas fríos y tierra húmeda y rica. Las flores de bróculi son racimos verdes y carnosos llamados pellas. La pellas se deben cosechar antes de que se conviertan en flores amarillas.

Se pueden comer tanto los tallos como las pellas del bróculi. Son ricos en proteínas, minerales y vitaminas A y C. El bróculi se usa cocido, en ensaladas o se come directamente crudo.

Artículos relacionados: Coliflor; Repollo.

**Los tallos y las pellas** de bróculi se comen tanto crudos como cocidos.

### Bronce

El bronce es una aleación o mezcla de metales. Es mayormente cobre y estaño. A veces se le agregan otros metales.

El bronce se usa a menudo para las estatuas. Las estatuas de bronce se hacen derritiendo el metal y volcándolo dentro de un molde. El bronce también se usa para hacer campanas. Tiene una cualidad que da un sonido especial a las campanas.

En general el bronce no se oxida. Con el tiempo se pone marrón o verde. Los objetos de bronce pueden durar cientos de años.

La gente aprendió a hacer bronce unos 3,500 años a. de C. La época en que lo usaron de manera habitual los primeros hombres se llama "Edad del Bronce".

**Esta escultura de bronce,** *El cheyene,* es una obra muy conocida del artista estadounidense Frederic Remington.

106 World Book Enciclopedia estudiantil hallazgos

### Brontë, Hermanas

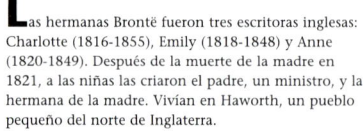

Las hermanas Brontë fueron tres escritoras inglesas: Charlotte (1816-1855), Emily (1818-1848) y Anne (1820-1849). Después de la muerte de la madre en 1821, a las niñas las criaron el padre, un ministro, y la hermana de la madre. Vivían en Haworth, un pueblo pequeño del norte de Inglaterra.

La vida en el hogar era solitaria. Las niñas dibujaban, leían y escribían cuentos. Para publicar sus primeras obras se dieron a sí mismas nombre de varón: Currer, Ellis y Acton Bell.

El libro más famoso de Charlotte Brontë es *Jane Eyre*, sobre una maestra joven que trabaja para una familia rica. La única novela de Emily, *Cumbres borrascosas,* es una historia de amor que tiene lugar en el norte de Inglaterra. Anne escribió dos novelas. La más conocida de las dos es un cuento parecido a *Jane Eyre* llamado *La inquilina de Wildfell Hall.*

**Anne, Emily y Charlotte**

### Brooks, Gwendolyn

Gwendolyn Brooks (1917-2000) fue estadounidense. En 1950 fue la primer[a] en ganar un Premio Pulitzer. Los Prem[ios] dan a los escritores sobresalientes. Bro[oks] importante premio por *Annie Allen* (19[50]) libro de poesías.

Brooks nació en Topeka, Kansas. Cre[ció en un] vecindario de Chicago llamado Bronze[ville] sobre este vecindario en su primer libr[o] *Bronzeville* (1945), y en un libro de poe[sías] *Niños y niñas de Bronzeville* (1956).

Brooks escribió otros libros de poesía[s] *Maud Martha* (1953). También escribió *primera parte* (1972), la historia de su v[ida] laureada, o poeta honrada, de Illinois.

**Gwendolyn Brooks**

**Bruja.** Véase Brujería.

World Book Enciclopedia estu[diantil hallazgos]

**Referencias relacionadas** Las referencias de al final de muchos artículos te indican qué otros artículos puedes leer para encontrar más información o información relacionada.

**Remisiones** Las remisiones aparecen en negrit[a] igual que los encabezados. Por ejemplo, ésta es una remisión de **Bruja** a **Brujería**. Esto significa que si buscas **Bruja** se te indicará que veas el artículo **Brujería**.

8 World Book Enciclopedia estudiantil hallazgos

# Cómo usar la *World Book Enciclopedia estudiantil hallazgos*

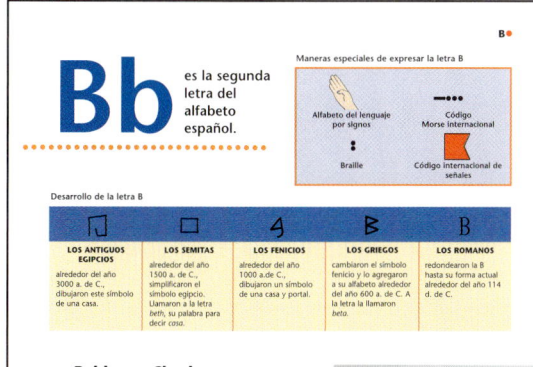

**Artículos sobre las letras del alfabeto**
Cada letra del alfabeto tiene un artículo que explica su historia. El artículo también muestra maneras especiales de expresar esa letra.

**Títulos de secciones** Muchos artículos de dos o más páginas están divididos en secciones. Cada sección tiene su propio título. Los títulos aparecen en **negrita** y dicen qué información encontrarás en esa sección.

**Ilustraciones** Cada artículo de la *Enciclopedia estudiantil hallazgos* está ilustrado. Hay más de 3,500 fotografías, dibujos, mapas y otras ilustraciones. Cada una de ellas tiene un título o una leyenda explicativa.

**Actividades** En la *Enciclopedia estudiantil hallazgos* se encuentran muchas actividades. Estas actividades amplían o enriquecen el tema del artículo que acompañan. Por ejemplo, el artículo **Libro** tiene instrucciones para encuadernar un libro.

World Book Enciclopedia estudiantil hallazgos **9**

# ● Cómo usar la *World Book Enciclopedia estudiantil hallazgos*

**Artículos sobre países** Los artículos sobre países y otras unidades políticas seleccionadas tienen un borde verde y presentan bandera, mapa y cuadro de datos.

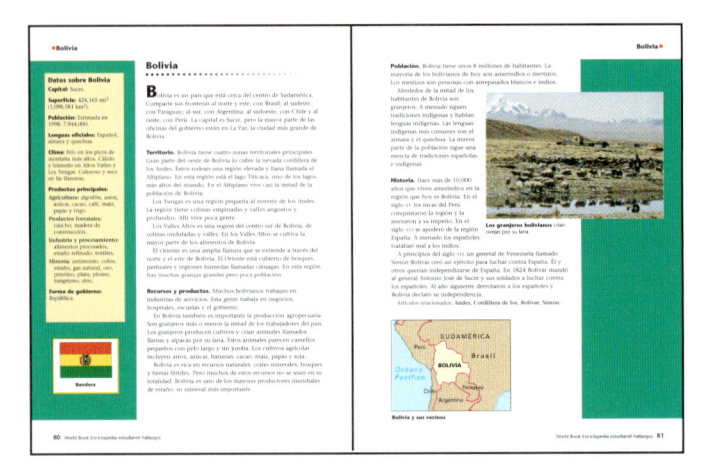

**Artículos sobre los estados** Los artículos sobre los estados de Estados Unidos tienen un borde azul y presentan ilustraciones de la bandera, el sello, el ave y la flor del estado. También incluyen un mapa con el perfil del estado, un mapa de localización, un cuadro de datos y una lista de fechas importantes de la historia del estado.

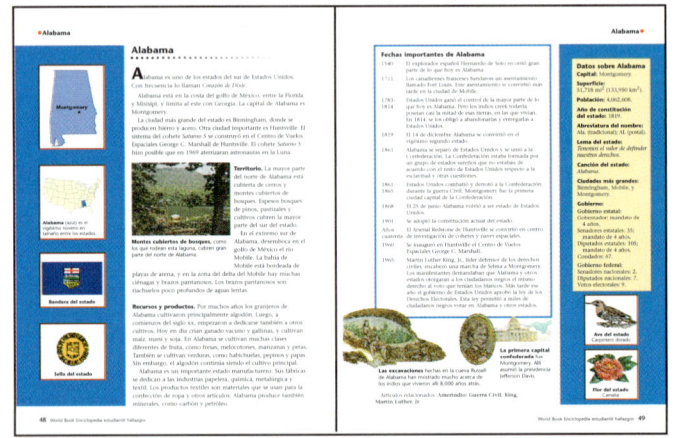

**Artículos sobre las provincias** Los artículos sobre las provincias de Canadá tienen un borde rojo y presentan ilustraciones de la bandera, el sello y el emblema floral de la provincia. También incluyen un mapa con el perfil de la provincia, un mapa de localización, un cuadro de datos y una lista de fechas importantes de la historia de la provincia.

**Artículos sobre temas especiales** Los artículos sobre temas especiales dan información más detallada y más ilustraciones sobre temas clave. El fondo de color de estos artículos los hace fáciles de encontrar.

10 World Book Enciclopedia estudiantil hallazgos

# Qq es la decimoctava letra del alfabeto español.

### Maneras especiales de expresar la letra Q

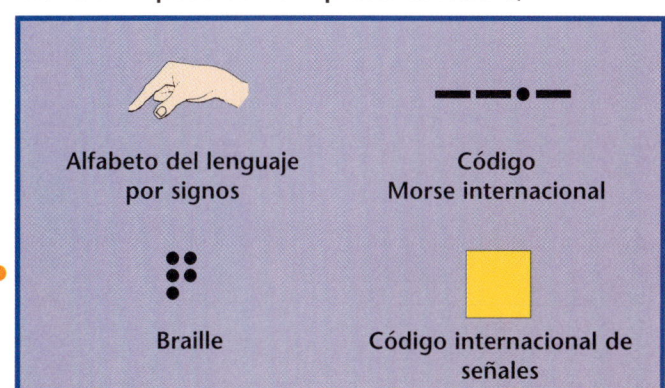

- Alfabeto del lenguaje por signos
- Código Morse internacional
- Braille
- Código internacional de señales

### Desarrollo de la letra Q

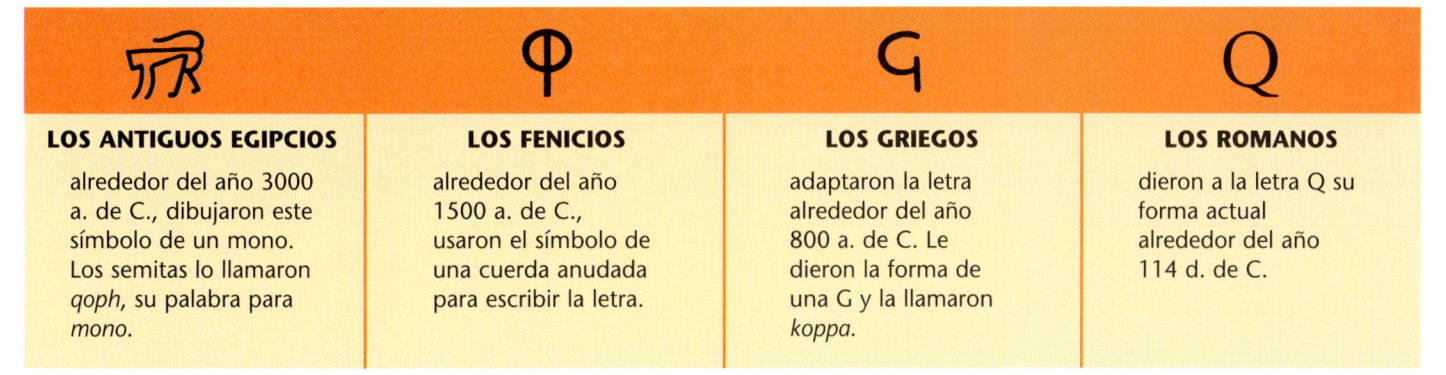

| LOS ANTIGUOS EGIPCIOS | LOS FENICIOS | LOS GRIEGOS | LOS ROMANOS |
|---|---|---|---|
| alrededor del año 3000 a. de C., dibujaron este símbolo de un mono. Los semitas lo llamaron *qoph*, su palabra para *mono*. | alrededor del año 1500 a. de C., usaron el símbolo de una cuerda anudada para escribir la letra. | adaptaron la letra alrededor del año 800 a. de C. Le dieron la forma de una G y la llamaron *koppa*. | dieron a la letra Q su forma actual alrededor del año 114 d. de C. |

## Qaliubiya

Qaliubiya es una provincia de Egipto localizada al norte de El Cairo, en el delta del río Nilo. Qaliubiya, con más de tres millones de habitantes, tiene una superficie de 387 mi$^2$ (1,001 km$^2$). Su capital es Benha. Qaliubiya produce algodón y cereales.

En Tell Atrib, cerca de Benha, recientemente fueron descubiertas las ruinas de una ciudad antigua. Los científicos encontraron restos de casas, templos y tumbas que tienen más de 2,500 años de antigüedad. En las ruinas se encontró también un gran número de estatuas de terracota o arcilla, y entre ellas figuras de Afrodita, diosa del amor y la belleza y de Horus, el dios halcón.

En 1950, mientras trabajaba el campo en Tell Atrib, un campesino egipcio encontró la tumba de la reina Takhat, quien estuvo casada con un faraón, o rey egipcio, hace más de 2,500 años. En la tumba se encontraron muchas joyas, que incluían una corona y varios amuletos. Cerca de la tumba había también monedas antiguas y vasijas de cerámica decoradas.

**Tierras de labranza** cerca de Qaliubiya, Egipto.

# Qatar

## Datos sobre Qatar

**Capital:** Doha.

**Superficie:** 4,247 mi² (11,000 km²).

**Población:** Estimada en 1998: 582,000.

**Lengua oficial:** Árabe.

**Clima:** Veranos calurosos e inviernos cálidos; muy poca precipitación.

**Productos principales:** petróleo y productos derivados del petróleo.

**Forma de gobierno:** Emirato.

**Bandera**

## Qatar

Qatar es un pequeño país árabe del sudoeste de Asia. Qatar es un emirato, o país gobernado por un emir, o príncipe. La capital y ciudad más grande de Qatar es Doha.

Qatar está rodeado de agua por tres lados: al oeste está el golfo de Bahrein y al norte y al este, el golfo Pérsico. Al sur de Qatar están Arabia Saudí y los Emiratos Árabes Unidos. La mayor parte del territorio de Qatar es un desierto rocoso.

Los habitantes de Qatar se llaman qataríes. Antes de 1939 para ganarse la vida, la mayoría de los qataríes cuidaban manadas de camellos, pescaban o buceaban en busca de perlas. Pero en 1939 en Qatar se descubrió petróleo. La mayoría de los qataríes consiguieron trabajo en los campos de petróleo y se mudaron a casas modernas o apartamentos de las ciudades. También se mudaron a Qatar miles de personas de los países vecinos para trabajar en los yacimientos de petróleo. Hoy en día más de dos tercios de los habitantes de Qatar son de otros países.

La lengua oficial de Qatar es el árabe, pero mucha gente de negocios y funcionarios del gobierno también hablan inglés. La religión del estado es el islam.

El producto principal de Qatar es el petróleo. Qatar compra gran parte de los alimentos y muchos otros productos a otros países.

Hace miles de años vive gente en lo que hoy es Qatar. En 1916 los británicos tomaron el control de Qatar. Qatar se independizó, o liberó del control británico, en 1971.

**Qatar y sus vecinos**

# Quanah

Quanah (1845-1911) fue un jefe comanche. Dirigió a su pueblo en una lucha contra los colonizadores blancos. Los colonizadores habían llegado a la tierra de los comanches en Texas y habían matado muchos búfalos, que los indígenas necesitaban como alimento. Los amerindios perdieron la lucha y Quanah se rindió al ejército estadounidense en 1875.

Luego a Quanah y a su pueblo los llevaron a una reserva, o región de tierra separada para los amerindios, cercana a Fort Sill, en lo que hoy es el sudoeste de Oklahoma. Quanah alentó a su pueblo a educarse y a cultivar la tierra.

Quanah nació cerca de lo que hoy es Lubbock, en Texas. El pueblo de Quanah, en Texas, se nombró en su honor.

**Quanah**

# Quebec

Quebec es la capital de la provincia de Quebec de Canadá. Es la ciudad más antigua de Canadá. Quebec está donde el río Saint Charles desemboca en el río San Lorenzo. Se convirtió en capital de la provincia en 1867.

Quebec es la única ciudad amurallada de Norteamérica. Pero hoy en día la mayor parte de esta hermosa ciudad está fuera de la muralla. Quebec tiene muchas iglesias, casas viejas de piedra y calles empedradas angostas. El lugar más famoso de Quebec es un fuerte histórico llamado Citadel. Está en un punto alto desde el cual se ve toda la ciudad.

La mayoría de los habitantes de Quebec son canadienses franceses. En consecuencia, los carteles de la ciudad están en francés. Algunos están también en inglés.

**El Château Frontenac** es un encantador hotel antiguo de la ciudad de Quebec.

● Quebec

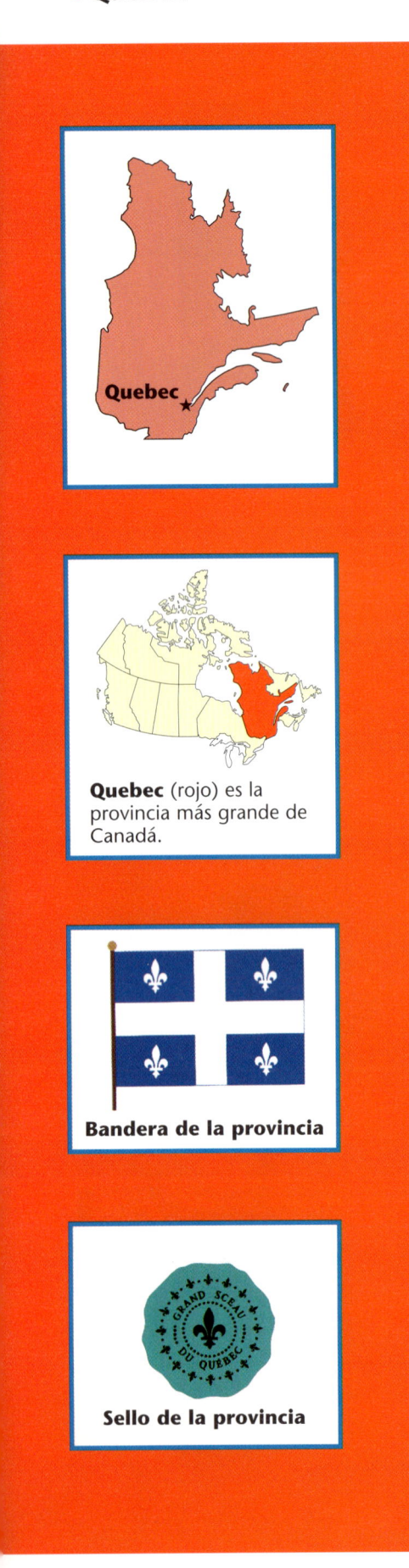

# Quebec

Quebec es la provincia más grande de Canadá. Se extiende a través de todo el este de Canadá, desde la región ártica hasta la frontera con Estados Unidos.

Quebec es diferente del resto de Canadá porque la mayoría de sus habitantes tienen antepasados franceses. Alguna gente habla sólo francés. Las casas y los edificios de oficinas están construidos al estilo francés. El resto de Canadá tiene mayormente gente que habla inglés. La capital de la provincia es la ciudad de Quebec. Es la ciudad más antigua de Canadá.

La ciudad más grande de la provincia es Montreal. Está al sur de Quebec, en una isla, donde se unen el río San Lorenzo y el río Ottawa. La ubicación de Montreal hace que sea uno de los puertos interiores más grandes del mundo.

Quebec (rojo) es la provincia más grande de Canadá.

Bandera de la provincia

Sello de la provincia

**Sainte Irenée, Quebec, Canadá**

**Territorio.** La mayor parte de Quebec está cubierta de una llanura alta y rocosa. La mayor parte de esta región es silvestre y tiene bosques, ríos y lagos. En el norte se extienden tundras enormes. La tundra es una extensión llana de tierra donde el suelo está congelado durante todo el año y donde no crecen árboles. En el sur de Quebec hay tierras bajas y llanas con tierra buena para la explotación agropecuaria. La mayoría de los habitantes de Quebec viven en esta región.

Quebec limita al noroeste con la bahía de Hudson y al sudeste con el golfo de San Lorenzo. La línea de la costa tiene muchas bahías y ensenadas, o brazos angostos de mar que se adentran en la tierra.

**Recursos y productos.** Quebec tiene muchos recursos naturales para la explotación agropecuaria, la tala de árboles, la minería y la industria. En las tierras buenas del sur de Quebec se cultivan verduras.

También es importante la cría de cerdos, de ganado vacuno de consumo, de vacas lecheras y de gallinas. Las plantas de procesamiento de alimentos hacen productos lácteos y de carne, cerveza, dulces y frutas y verduras enlatadas.

14 World Book Enciclopedia estudiantil hallazgos

# Quebec

Los bosques de Quebec hacen que sea una provincia productora importante de madera. La madera se usa para hacer papel. Otro producto importante es el sirope de arce, que viene de los árboles de arce.

Quebec tiene muchos minerales. Incluyen mineral de hiero, cobre, plomo, zinc, asbesto y oro. Las fábricas de Quebec usan estos minerales para hacer productos químicos, aviones y aluminio.

## Fechas importantes de Quebec

| | |
|---|---|
| Época amerindia | Cuando llegaron los primeros europeos los cree, inuit, naskapi y otros pueblos amerindios vivían en lo que hoy es Quebec. |
| 1534 | Llegó al golfo de San Lorenzo el explorador francés Jacques Cartier, quien dijo que la región de Quebec pertenecía a Francia. |
| 1608 | El francés Samuel de Champlain fundó la ciudad de Quebec, el primer asentamiento europeo permanente de Canadá. |
| 1663 | El rey Luis XIV de Francia convirtió a la región de Quebec en provincia real. |
| 1759 | Los británicos capturaron la ciudad de Quebec durante la guerra Francesa y Amerindia. |
| 1763 | El Reino Unido le quitó a Francia el control de Quebec. |
| 1791 | Quebec se dividió en las colonias del Alto Canadá y el Bajo Canadá. |
| 1841 | El Acta de Unión unió al Alto Canadá y al Bajo Canadá bajo el mismo gobierno. |
| 1867 | Quebec se convirtió en una de las provincias originales del Dominio de Canadá. |
| 1912 | Quebec casi dobló su tamaño agregando territorio al este de la bahía de Hudson. |
| 1967 | Se celebró en Montreal Expo 67, una feria mundial. Se festejó el centenario (centésimo aniversario) de Canadá. |
| 1974 | La legislatura de Quebec declaró al francés lengua oficial de la provincia. |
| 1976 | Se celebraron los Juegos Olímpicos de Verano en Montreal. |

**Los británicos** capturaron la ciudad de Quebec en 1759.

Artículos relacionados: **Champlain, Samuel de; Hudson, Bahía de; Montreal; Quebec (ciudad); San Lorenzo, Canal de.**

### Datos sobre Quebec

**Capital:** Quebec.

**Superficie:** 594,860 mi² (1,540,680 km²).

**Población:** 7,138,795.

**Se incorporó al dominio en:** 1867.

**Abreviatura de la provincia:** PQ (postal).

**Lema de la provincia:** *Je me souviens* (Me acuerdo).

**Ciudades más grandes:** Montreal, Laval, Quebec.

**Gobierno:**

**Gobierno provincial:**
Primer ministro: mandato de hasta 5 años.

Miembros de la Asamblea Legislativa: 125; mandato de 5 años.

**Gobierno federal:**
Miembros de la Cámara de los Comunes: 75.

Miembros del Senado: 24.

**Emblema floral**
Flor de lis blanca

● Quemadura de sol

# Quemadura de sol

**U**na quemadura de sol hace que la piel se hinche, se ponga roja y duela. Pasa cuando la piel se expone a los rayos del sol durante mucho tiempo. Una quemadura de sol puede ser leve, y la piel no se pone muy roja. O puede ser seria, y la piel se pone de color rojo intenso, produce ampollas y luego se pela. Una quemadura de sol seria puede causar escalofríos, mareos, fiebre y debilidad.

La seriedad de una quemadura de sol depende de la fuerza de la luz del sol y de la cantidad de tiempo que se estuvo al sol. Los rayos de sol que queman son más fuertes en el verano. También son más fuertes en las últimas horas de la mañana y las primeras horas de la tarde.

Una quemadura de sol se puede evitar fácilmente. La gente debe cubrirse la piel o usar una crema que ayude a bloquear el sol.

**Una quemadura de sol** hace que la piel se hinche, se ponga roja y duela. Pasa cuando la piel se expone a los rayos del sol durante mucho tiempo.

# Queso

**E**l queso es un alimento saludable que se hace de la leche. El queso ha sido uno de los alimentos más importantes del mundo por miles de años. Hoy en día los países líderes en la producción de quesos son: Estados Unidos, Francia, Alemania, Italia, Rusia y los Países Bajos.

### Clases de queso

Hay cientos de clases de queso. Cada queso tiene su apariencia y sabor propios. Hay cuatro clases principales. La primera clase es la de los quesos blandos, como el queso cottage. La segunda es la de los quesos semiblandos, como la mozzarella. La tercera clase es la de los quesos duros, como el cheddar. La cuarta es la de los quesos muy duros, como el parmesano. Generalmente los quesos muy duros se rallan y se espolvorean sobre la comida.

**A medida que los trabajadores cortan la cuajada** en miles de cubos pequeños, el suero se escurre de los cubos.

16 World Book Enciclopedia estudiantil hallazgos

Queso

## Cómo se hace el queso

En Estados Unidos la mayoría de los quesos se hacen en fábricas grandes. Primero los fabricantes de queso limpian la leche para sacarle cualquier sólido. Luego la calientan el tiempo necesario para matar cualquier bacteria y la ponen en tanques grandes.

Después se calienta la leche y se le agrega un cebador, o acidificador. El cebador es un material acuoso que hace que la leche se ponga ácida. A veces se le agrega un colorante de origen vegetal para darle color al queso. Luego, para espesar la leche, se le agrega una sustancia llamada enzima. Para mezclar las enzimas con la leche se usan unas paletas. Después de incorporar las enzimas, se deja reposar la leche para que se forme un grumo sólido llamado cuajada. Después unos cuchillos cortan la cuajada en miles de cubos pequeños. De los cubos va saliendo un líquido liviano llamado suero, que se drena.

Para hacer queso cottage, se enjuaga la cuajada con agua y se le agrega crema y sal. Luego se envasa. Para otras clases de queso, los cubitos de cuajada se ponen en moldes y se prensan. Más tarde se saca el queso y se le pone sal. Pero algunos quesos se salan antes de procesarlos. Luego cada queso se almacena en cuartos de una cierta temperatura durante un cierto tiempo, para darle una textura y un sabor determinados. Finalmente el queso se envasa.

Los quesos procesados se hacen de quesos naturales. Son una mezcla de quesos que se han rallado y mezclado. El queso procesado dura mucho tiempo y se derrite de manera pareja. Muchos quesos de Estados Unidos son quesos procesados.

**Muchos países de todo el mundo** se conocen por sus quesos deliciosos.

Brie, de Francia

Limburgo, de Bélgica

Camembert, de Francia

Muenster, de Alemania

Queso cottage, de Estados Unidos

Port Salut, de Francia

Queso crema, de Estados Unidos

Roquefort, de Francia

Cheddar, de Inglaterra

Asiago, de Italia

Edam, de los Países Bajos

Parmesano, de Italia

Queso de gruyère, de Suiza

Romano, de Italia

Queso suizo, de Suiza

Glaris con hierbas, de Suiza

# Quingombó

El quingombó es una planta que la gente cultiva por sus vainas. Las vainas son las partes de la planta que contienen las semillas. Las vainas de quingombó son una verdura popular en el sur de Estados Unidos. A menudo se fríen o se cocinan en guisos o sopas. El quingombó también se llama gombo.

El quingombó es una especie de hibisco, una planta emparentada con la del algodón. En África crece en estado silvestre. La planta de quingombó llega a medir hasta 8 pies (2.4 metros) de altura. Tiene flores de un amarillo verdoso. Las vainas de quingombó se cocinan y se enlatan cuando son jóvenes y tiernas. La mayoría de las vainas crecen hasta medir 6 pulgadas (15 centímetros) de largo. Las semillas de quingombó se siembran en la primavera.

**El quingombó es una plana alta** que se cultiva por sus vainas verdes y pegajosas, que se usan para cocinar. Tiene flores de un amarillo verdoso.

# Rr es la decimonovena letra del alfabeto español.

**Maneras especiales de expresar la letra R**

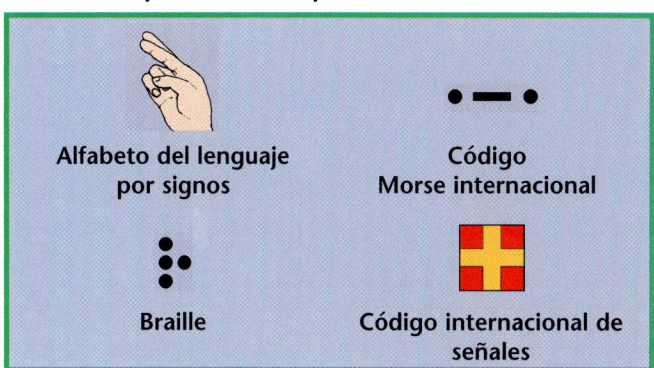

- Alfabeto del lenguaje por signos
- Código Morse internacional
- Braille
- Código internacional de señales

**Desarrollo de la letra R**

| LOS ANTIGUOS EGIPCIOS | LOS SEMITAS | LOS FENICIOS | LOS GRIEGOS | LOS ROMANOS |
|---|---|---|---|---|
| alrededor del año 3000 a. de C., dibujaron este símbolo de una cabeza humana. | alrededor del año 1500 a. de C., simplificaron el símbolo egipcio. Llamaron a la letra *resh*, su palabra para *cabeza*. | alrededor del año 1000 a. de C., cambiaron el símbolo y lo hicieron como un triángulo con cola. | alrededor del año 600 a. de C., usaron una letra con forma de P. La llamaron *rho*. | dieron a la letra R su forma actual alrededor del año 114 d. de C. |

## Rábano

Los rábanos son plantas con raíces crujientes de sabor picante. Estas raíces se comen crudas.

Algunos rábanos son redondos, algunos son ovalados y otros son largos y puntiagudos. Pueden ser de color rojo, blanco, amarillo, rosa, púrpura, negro o una mezcla de rojo y blanco. Los rábanos pueden pesar menos de 1 onza (28 gramos) o más de 2 libras (un kilogramo).

Los rábanos crecen mejor con clima fresco. La mayoría de los rábanos que se venden en los mercados de Estados Unidos crecen en la Florida, California y Ohio.

**Algunas clases de rábanos**

Rábano rojo largo  Rábano cherry belle  Rábano rojo esférico  Rábano candela de hielo

World Book Enciclopedia estudiantil hallazgos

# Radar

**El radar ayuda a la policía** a descubrir a los automovilistas que van a gran velocidad. La antena del radar del patrullero envía ondas de radio. Cuando las ondas rebotan en un automóvil, se reflejan y vuelven al radar.

**En el patrullero,** el radar mide las ondas de radio y muestra la velocidad del auto.

**Una navegante** usa aparato de radio emisor y receptor para enviar y recibir información.

# Radar

El radar es una manera de usar ondas de energía para encontrar objetos. El radar también recoge información sobre la distancia a que se encuentra algo, su tamaño y la velocidad a que se mueve. El radar puede funcionar en la oscuridad, en niebla espesa, en la lluvia o la nieve.

El radar tiene muchos usos. Los pilotos usan el radar para aterrizar su avión sin problemas en los aeropuertos muy activos. Cuando hace mal tiempo en el mar, los capitanes de barco usan el radar para encontrar el rumbo. Estados Unidos, Canadá y muchos otros países usan el radar para prevenir ataques por sorpresa de aviones o misiles enemigos. Los meteorólogos usan el radar para seguir el curso de las tormentas. Los científicos usan el radar para estudiar otros planetas y sus lunas.

La mayoría de los equipos, o máquinas, de radar funcionan enviando energía, llamada ondas de radio, hacia un objeto. Estas ondas rebotan contra el objeto y vuelven al equipo de radar. El tiempo que las ondas tardan en volver indica a qué distancia está el objeto. La dirección de que vienen las ondas indica dónde está el objeto.

Un equipo de radar tiene una parte llamada transmisor que produce ondas de radar. La antena del equipo de radar envía esas ondas. Luego la misma antena recoge las ondas que rebotan de un objeto. Un receptor hace que se las vea con facilidad en una pantalla parecida a la de un televisor. La pantalla muestra las ondas en forma de puntos de luz o con la forma del objeto.

# Radio

La palabra radio tiene dos significados. Radio es el envío de sonidos de manera electrónica a través del aire sin usar cables de conexión. También se llama radio al dispositivo, o máquina, que envía o recibe esos sonidos.

## Enviar y recibir sonidos

La gente usa la radio todos los días para escuchar música, las noticias y otros tipos de programas. Estos programas se llaman emisiones. Mucha gente se despierta con

World Book Enciclopedia estudiantil hallazgos

# Radio

emisiones de radio en su radio reloj. Escuchan emisiones de radio en su automóvil. Muchos escuchan programas con pequeñas radios portátiles con auriculares mientras hacen gimnasia.

Las emisiones de radio se envían desde las emisoras de radio. En cada país del mundo hay por lo menos una emisora de radio. En total existen más de 27,000 emisoras de radio.

La radio tiene también muchos otros usos. Se usa para enviar información a las computadoras de las naves espaciales. Los espías usan micrófonos ocultos para escuchar conversaciones. Mucha gente usa aparatos de radio emisores y receptores para hablar con otra persona. Por ejemplo, para recibir y dar información rápidamente, usan radio emisora y receptora los pilotos de avión, los bomberos, los oficiales de policía y los marinos.

La radio funciona convirtiendo los sonidos u otras señales en ondas de radio. Esas ondas no se ven. Viajan por el aire y el espacio. También pueden atravesar objetos sólidos, como las paredes. Cuando una radio recibe ondas de radio, las vuelve a convertir en sonidos.

Mucha gente colaboró en la creación de la radio. Pero el primero que logró enviar señales de radio fue un inventor italiano llamado Guglielmo Marconi. Lo hizo en 1895.

**El presentador de un programa de radio** puede hablar con personas interesantes o dar noticias sobre acontecimientos importantes.

## Partes de la radio

Una radio se puede enchufar a una conexión eléctrica o recibir energía eléctrica de pilas. Las partes principales de una radio son la antena, el sintonizador y el parlante.

La antena es un pedazo de cable o de metal. La antena recibe las ondas de radio. La antena puede estar dentro de la radio o fuera de la radio en parte, pero conectada a ella. Por ejemplo, la antena de una radio de automóvil está fuera de la radio. Cuando las ondas de radio chocan contra la antena, producen en ella ondas eléctricas débiles. Una antena recibe ondas de radio de muchas emisoras al mismo tiempo. Es necesario sintonizar la radio a la emisora que se quiere oír.

El sintonizador permite que la radio reciba la señal de cada emisora de radio por separado. Cada emisora

**Este soldado de la fuerza aérea** usa un equipo de radio emisora y receptora para enviar y recibir información rápidamente.

World Book Enciclopedia estudiantil hallazgos **21**

### Raíz

despide una señal eléctrica diferente, llamada frecuencia. El uso de frecuencias evita que cada emisora obstruya las emisiones de otra emisora.

El parlante de la radio convierte las señales eléctricas de una emisora en los sonidos que se emitieron originariamente. Por ejemplo, el sonido de una canción interpretada en una emisora de radio es el mismo que el sonido de la canción que se oye en la radio.

Artículos relacionados: **Control remoto; Marconi, Guglielmo; Ondas; Radar; Teléfono celular.**

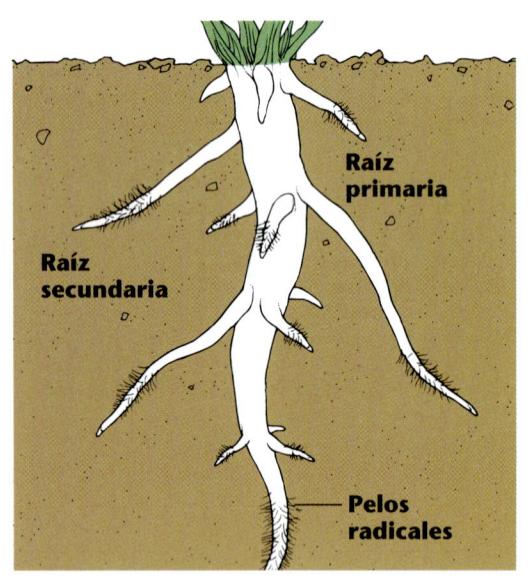

## Raíz

La raíz es una de las tres partes principales de la planta. Las otras dos partes son el tallo y las hojas. La mayoría de las raíces son largas y crecen debajo de la tierra. Sostienen la planta en la tierra y toman el agua y los minerales que la planta necesita para crecer. Muchas clases de plantas tienen raíces que también almacenan alimento para que la planta lo use más tarde.

Una gran raíz principal que crece derecha hacia abajo se llama raíz pivotante. Algunas raíces pivotantes son buenas para comer, como las zanahorias, remolachas, batatas y ñames. Algunas plantas, como las gramíneas, tienen un sistema de raíz fibrosa. En un sistema de raíz fibrosa, raíces finitas crecen en todas direcciones debajo de la tierra.

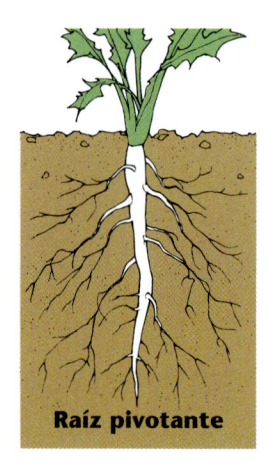

**Partes de la raíz**

**Raíz pivotante**   **Raíz fibrosa**

**Clases de raíces**

22 World Book Enciclopedia estudiantil hallazgos

# Raleigh, Sir Walter

Sir Walter Raleigh (¿1552?-1618) fue un famoso soldado, explorador y escritor inglés.

Raleigh nació en Devonshire, Inglaterra. En el año 1580 llegó a ser capitán del ejército. Fue a la corte de la reina Isabel I y se convirtió en el favorito de la reina. La reina le dio permiso para establecer colonias en América.

Raleigh envió exploradores a América. En 1587 estableció una colonia en la isla de Roanoke en lo que hoy es Carolina del Norte. Raleigh ayudó a los británicos a derrotar a los españoles en un gran batalla naval en 1588.

Después de la muerte de Isabel, Jacobo I pasó a ser rey. Le tenía miedo a Raleigh así que lo mandó a prisión. Allí Raleigh escribió su *Historia del mundo*. Lo liberaron y lo mandaron a Sudamérica en busca de oro. Pero Raleigh desobedeció las órdenes del rey y se lo condenó a muerte.

**Sir Walter Raleigh**

**Una familia iraquí** come después de la caída del sol durante el mes sagrado de Ramadán de los musulmanes.

# Ramadán

Ramadán es un mes sagrado de la religión islámica. Las personas que practican el islam se llaman musulmanes. Celebran Ramadán como el mes en que el profeta Mahoma recibió mensajes de Dios.

Durante Ramadán los musulmanes no comen ni beben nada desde la mañana hasta la noche. Esto se llama ayuno. Hacen una comida liviana antes de la oración de la noche. Durante Ramadán ayunan todos los musulmanes excepto los niños, los enfermos o la gente anciana, las mujeres embarazadas y los viajeros.

Ramadán es el noveno mes del año islámico. Debido a que el calendario islámico está relacionado con la luna, Ramadán cae en diferentes épocas del año del calendario. Cuando Ramadán finaliza se celebra un festival grande.

● Ramsés II

# Ramsés II

Ramsés II fue un famoso faraón, o rey, egipcio que vivió hace unos 3,300 años. Antes de gobernar solo, gobernó a Egipto con su padre, Seti I, durante un corto tiempo.

Al poco tiempo de asumir sus funciones de faraón, Ramsés luchó para impedir que los hititas controlaran a Siria. Pero años más tarde, él y el rey hitita acordaron dividirse a Siria.

Luego Ramsés empezó un programa de edificación enorme. Construyó una nueva ciudad capital, completó el Gran Salón del Templo de Amon Re, en Karnak, y construyó muchos otros templos.

Ramsés fue probablemente el faraón que se menciona en el libro del Éxodo de la Biblia. Su momia está en el Museo Egipcio de El Cairo.

**Las estatuas de Ramsés II** custodian el templo de roca de Abu Simbel en Egipto.

**Ramsés II y sus ejércitos** pelearon contra los hititas durante muchos años. Más tarde los egipcios y los hititas acordaron dejar de pelear y dividirse las tierras que habían tratado de controlar.

24 World Book Enciclopedia estudiantil hallazgos

# Rana

Una rana es un animal pequeño, sin cola, de ojos grandes y saltones. Las ranas viven en todos los lugares del mundo excepto la Antártida.

Casi todas las ranas tienen las patas traseras largas y fuertes. Usan las patas traseras para dar saltos grandes. La mayoría de las ranas tienen una lengua pegajosa en la parte delantera de la boca. Sacan la lengua a una velocidad asombrosa para atrapar su alimento. Las ranas comen principalmente insectos, lombrices de tierra y arañas.

Las ranas son anfibios. Eso quiere decir que pasan parte de su vida como animal acuático y parte de su vida como animal terrestre. Algunos tipos de rana pasan toda la vida dentro o cerca del agua. Otras nunca se meten en el agua. Muchos tipos de rana viven en árboles. Algunos tipos de rana viven debajo de la tierra.

La mayoría de las ranas hembra ponen los huevos en el agua. Del huevo sale un pequeño animal llamado renacuajo o larva. El renacuajo tiene la cola larga y se parece a un pececito. A medida que crece, el renacuajo empieza a parecerse más a una rana. Cuando el renacuajo se convierte en rana adulta, la cola desaparece y pasa a formar parte del cuerpo.

La rana más grande del mundo es la rana goliat, de la parte oeste del centro de África. Mide unas 12 pulgadas (30 centímetros) de largo. Las ranas más pequeñas tienen $\frac{1}{2}$ pulgada (1.3 centímetros) de largo. La mayoría de las ranas son verdes o marrones. Pero algunas tienen manchas coloridas.

Artículo relacionado: **Sapo**.

**Una rana arborícola** usa las pegajosas almohadillas de las patas para trepar a los árboles.

**Renacuajos**

**La rana dardo venenoso** tiene un veneno poderoso en la piel.

**Las ranas tienen patas traseras fuertes** que las ayudan a saltar lejos en tierra y a nadar rápido en el agua.

World Book Enciclopedia estudiantil hallazgos

# Randolph, A. Philip

**A. Philip Randolph**

Philip Randolph (1889-1979) fue un líder en la lucha por los derechos de los afroamericanos. También trabajó duro para el movimiento laborista de Estados Unidos. El movimiento laborista luchó por los derechos de la clase trabajadora.

Asa Philip Randolph nació en Crescent City, Florida. Se mudó a la ciudad de Nueva York y fue al colegio universitario de noche. Randolph creía que los grupos de trabajadores llamados sindicatos daban a los afroamericanos la mejor esperanza para un salario justo. Formó el sindicato de camareros de tren. Los camareros trabajan en los trenes de pasajeros.

En 1941 Randolph amenazó con marchar a Washington D.C. para reclamar trabajo para los negros. Esa fue una de las razones por las cuales el presidente Franklin D. Roosevelt fundó el Comité de Prácticas Laborales Aceptables. En 1942 Randolph ganó la medalla Spingarn. Se entrega a los afroamericanos por logros destacados.

**Los rascacielos más altos del mundo**

**World Trade Center**
Nueva York
1,368 pies
(417 metros)

**Torre Sears**
Chicago
1,450 pies
(442 metros)

**Torres Petronas**
Kuala Lumpur
1,483 pies
(452 metros)

# Rascacielo

Los rascacielos son los edificios más altos del mundo. Estas estructuras gigantes se construyeron por primera vez a finales del siglo XIX en Chicago y en la ciudad de Nueva York. Los rascacielos tienen espacio para oficinas, tiendas, hoteles, restaurantes, clubes deportivos y otros negocios. También en los rascacielos vive gente. Algunos rascacielos tienen tanto espacio y ofrecen tantas actividades y servicios que son como ciudades pequeñas.

Para la construcción de un rascacielo se necesita mucha planificación. Estos edificios tienen dos partes principales: los cimientos, o sea la parte que está debajo del suelo y la estructura, o sea la parte que está arriba del suelo. Las dos partes ayudan a sostener el peso del edificio.

Los rascacielos más altos del mundo incluyen las Torres Petronas, de Kuala Lumpur, en Malaisia; la Torre Sears, de Chicago; y el World Trade Center, de la ciudad de Nueva York.

Artículo Relacionado: **Torre Sears.**

# Rata

Las ratas son mamíferos peludos que parecen ratones grandes. Tanto las ratas como los ratones son de la familia de los roedores. Hay unas 120 clases de ratas. Dos clases, las ratas negras y las grises, viven en todas partes del mundo.

Las ratas tienen cola escamosa, dientes frontales para roer y garras largas y afiladas. Tanto las ratas negras como las grises viven en grupos grandes y comen casi cualquier comida. Las ratas negras viven en lo alto de los edificios o en árboles. Las ratas grises viven debajo de los pisos o en la tierra. Las hembras tienen cría entre tres y seis veces por año.

Las ratas negras y grises trasmiten gérmenes y contagian enfermedades. Pero las ratas domésticas, especialmente las ratas blancas, se usan para estudiar enfermedades, comportamientos y los efectos de las drogas.

Artículo relacionado: **Ratón.**

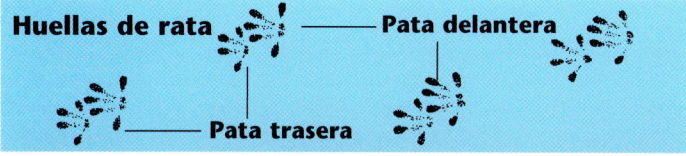

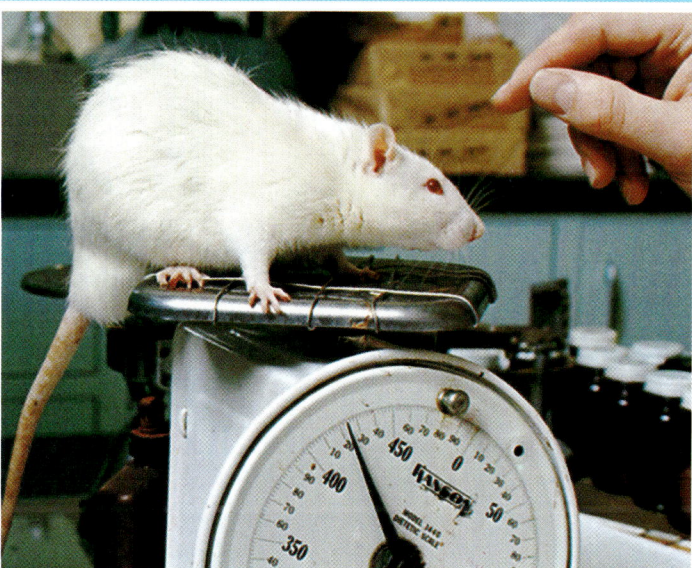

**Los científicos usan las ratas blancas** en la investigación. Un investigador pesa una rata a la que se le ha dado un remedio nuevo.

• Rata almizclera

# Rata almizclera

Las ratas almizcleras son animales que viven cerca de riachuelos, lagunas y ríos. Su nombre viene del olor a almizcle que liberan durante la época de apareamiento. Las ratas almizcleras se encuentran en muchas partes de Norteamérica y algunas partes de Europa.

Las ratas almizcleras están preparadas para vivir en el agua. Usan su cola chata para ayudarse a nadar y como timón. Sus patas traseras tienen unos pelos duros que forman una especie de red. Las ratas almizcleras llegan a medir 26 pulgadas (66 centímetros) de largo con la cola incluida.

Las ratas almizcleras viven en madrigueras que cavan en las orillas de los riachuelos. También hacen casas de invierno. Usan barro para unir espadañas, carrizos y otras plantas. Las ratas almizcleras comen principalmente plantas, pero también comen almejas, cangrejos de río y caracoles. Los visones, mapaches, coyotes, búhos, accipítridos y aligatores cazan a las ratas almizcleras.

**Una rata almizclera**

# Rata de abazones

Las ratas de abazones son animales pequeños y peludos que viven en túneles subterráneos largos. Están emparentados con las ardillas. Las ratas de abazones cavan los túneles con las grandes garras de las patas delanteras y también con los dientes delanteros. Estos túneles pueden tener hasta 800 pies (240 metros) de largo. Las ratas de abazones se mueven despacio y pasan la mayor parte del tiempo solas en túneles oscuros. Viven en todas partes de Norteamérica excepto en las regiones de muy al norte y del este.

Las ratas de abazones tienen las patas cortas, la cabeza ancha y chata, las orejas y los ojos pequeños y la cola corta. La cola casi no tiene pelo. Las ratas de abazones usan la cola para sentir el camino cuando retroceden en un túnel. En la parte de afuera de las mejillas tienen unas bolsas cubiertas de pelo. Les gusta comer brotes, gramíneas, raíces y nueces. A menudo llevan comida en las bolsas de las mejillas.

**La taltuza, un tipo de rata de abazones,** vive en Norteamérica.

# Ratel

Los rateles, o tejones abejeros, viven en Arabia Saudí, India, Nepal y muchas partes de África. Tienen piel blanca o gris en la parte de arriba del cuerpo y negra en la de abajo. Las garras largas y la piel suelta y gruesa los protegen de las picaduras y aguijonazos. Los rateles despiden un líquido de olor desagradable que no les gusta a sus enemigos. También tienen las garras largas.

Los rateles viven en madrigueras y en lugares rocosos, troncos o árboles. Viajan solos o en parejas. Los rateles comen miel, insectos, mamíferos pequeños, lagartos y serpientes. También comen plantas, raíces y frutas.

Unos pájaros llamados pájaros indicadores de la miel a menudo guían a los rateles hasta las colmenas. Luego el ratel rompe la colmena con las garras y ambos animales se comen la miel.

**El ratel** es de color claro en el lomo y oscuro en la parte de abajo, al contrario del color de la mayoría de los mamíferos con piel.

# Ratón

Un ratón es un animal pequeño de piel suave y nariz puntiaguda. Los ratones tienen ojos negros redondos, orejas redondeadas y una cola fina. A muchos tipos de roedores también se les llama ratones. Incluyen las ratas pequeñas, hámsters, jerbillos, ratones de las cosechas, ratones ciervo y ratones de los saltamontes. Todos estos animales tienen dientes delanteros grandes que usan para roer o masticar. Estos dientes se desgastan pero siguen creciendo durante toda la vida del animal.

Hay cientos de tipos de ratones. Viven en la mayoría de los lugares del mundo. El más conocido es el ratón común. Algunas personas tienen ratones comunes como mascota. Los científicos usan ratones para estudiar las enfermedades, los medicamentos y el comportamiento.

El ratón común probablemente vivía en la casa de la gente y robaba comida hace mucho tiempo, al igual que lo hacen los ratones de hoy en día. Los científicos creen que los ratones se extendieron desde Asia a

**Los ratones anidan** en cualquier lugar tibio y tranquilo. Este ratón encontró una casa muy cómoda en esta pelota de tenis.

●Rayón

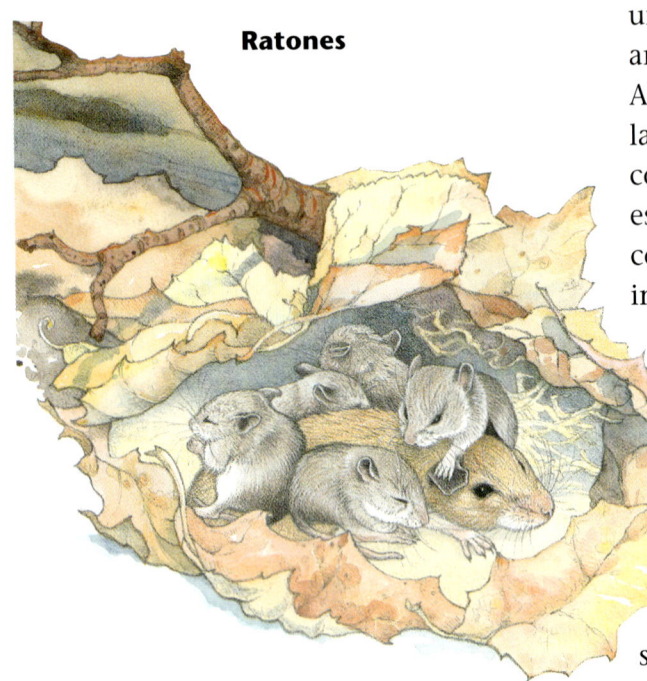

**Ratones**

Europa y luego a Norteamérica y Sudamérica.

La piel de la mayoría de los ratones comunes es de un marrón grisáceo en el lomo y de un blanco amarillento en la parte de abajo. Algunos ratones comunes tienen la piel totalmente blanca. La cola está cubierta de una piel escamada. Los ratones comunes comen casi de todo, incluso cola de pegar y jabón. Los ratones comunes que viven fuera comen insectos y plantas.

Casi todos los animales carnívoros son enemigos del ratón común. Cazan ratones los gatos, perros, coyotes y zorros. También los cazan las serpientes, los búhos, los accipítridos y otros animales. Pero sus peores enemigos probablemente sean los humanos. Usan trampas y venenos para matarlos.

# Rayón

El rayón es una fibra que se usa para hacer telas. Se hace con la celulosa que viene de la pulpa de madera o del algodón. La celulosa se encuentra en muchas plantas.

La celulosa se trata con sustancias químicas para convertirla en líquido. Luego pasa a través de pequeños agujeros de unas partes de una máquina llamada hiladora, y forma hilos líquidos muy finos. Los hilos pasan a través de sustancias químicas y se endurecen. Los hilos endurecidos luego se retuercen para unirlos y formar las hebras de rayón con las que se teje la tela.

Algunos hilos de rayón se ablandan cuando se humedecen. Recobran su firmeza a medida que se secan. El rayón se puede teñir fácilmente y con él se pueden hacer telas que parecen de algodón, lana o seda.

**Una obrera de una planta textil** examina el hilo de rayón con el que se va a tejer la tela.

# Rayos ultravioletas

Los rayos ultravioletas son una forma de luz. Los rayos causan el bronceado de la piel y las quemaduras de sol, pero no se ven. Los rayos ultravioletas vienen del Sol.

Los rayos ultravioletas pueden ser dañinos. La gente puede causarse una quemadura de sol dolorosa si expone la piel a muchos rayos ultravioletas. Las cremas de protección solar ayudan a proteger la piel de los rayos ultravioletas. Los anteojos de sol buenos protegen los ojos.

Pero cuando se usan con cuidado, los rayos ultravioletas pueden ayudar a la gente. Pueden matar gérmenes que causan enfermedades. Los rayos ultravioletas también producen vitamina D en el cuerpo. Las lámparas que emiten rayos ultravioletas se usan para tratar algunos tipos de enfermedades de la piel. Los científicos estudian los rayos ultravioletas de estrellas lejanas para saber más sobre el universo.

**Usar protección solar** ayuda a que los rayos ultravioletas no dañen la piel de la gente.

# Rayos X

Los rayos X son una de las formas más útiles de energía. Los médicos usan los rayos X para sacar fotos especiales, llamadas radiografías, de los huesos y los órganos del interior del cuerpo. Estas radiografías ayudan a los médicos a ver huesos fracturados, enfermedades de pulmón u otros problemas sin tener que operar el cuerpo. Los dentistas sacan radiografías para encontrar cavidades pequeñas en los dientes de una persona o para ver cómo están las partes del diente de debajo de las encías.

Los rayos X los descubrió en 1895 el científico alemán Wilhelm C. Roentgen. Son una forma de energía llamada radiación electromagnética. Los rayos X no se ven.

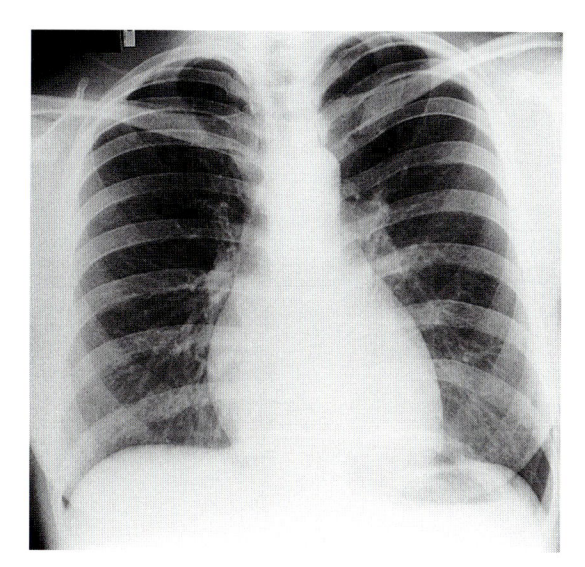

**Una radiografía de tórax** muestra la sombra del corazón, los pulmones y las costillas.

# Reagan, Ronald Wilson

Ronald Wilson Reagan (1911-    ) asumió el poder como cuadragésimo presidente de Estados Unidos en 1981. Antes de dedicarse a la política, Reagan había sido actor durante casi 30 años.

Reagan nació el 6 de febrero de 1911 en Tampico, Illinois. Se hizo locutor de deportes. En un viaje a California lo contrataron como actor. Actuó en películas y en televisión.

En 1966 Reagan resultó electo gobernador de California. En 1980 los republicanos lo presentaron como candidato a la presidencia frente al presidente Jimmy Carter. Ganó Reagan.

Durante su primer mandato, Reagan quería impuestos más bajos y más dinero para la defensa. El Congreso adoptó la mayoría de sus programas. Pero en 1981 muchas compañías cayeron en bancarrota y mucha gente perdió el empleo. El gobierno gastaba mucho más de lo que recibía. En marzo de 1981 un hombre trató de matar a Reagan, quien resultó herido, pero se recuperó.

En 1984 Reagan volvió a ganar las elecciones. Trató de arreglar los problemas del presupuesto del país. Pero los negocios crecían lentamente y el gobierno debía cada vez más dinero.

Reagan se reunió con Mijaíl Gorbachov, el líder de la Unión Soviética. Firmaron un acuerdo para eliminar algunas clases de armas nucleares. Pero un grupo del gobierno vendió armas a Irán en secreto y entregó el dinero a grupos políticos de Nicaragua. A mucha gente le pareció que eso estaba mal.

Varios años después de terminado su segundo mandato, Reagan contrajo una enfermedad que produce pérdida de la memoria. Se retiró de la vida pública.

**Ronald Wilson Reagan**

# Realidad virtual

La realidad virtual (RV) es un ambiente electrónico tridimensional que generan las computadoras y otros equipos. Cuando las personas usan estos equipos, se sienten como si estuvieran en el mundo que creó la computadora. En ese mundo ven y les parece que pueden manipular objetos como si realmente estuvieran allí. Los sistemas de RV se usan mucho en los juegos de video. También se usan para ayudar a entrenar a atletas, pilotos y otros profesionales.

La mayoría de los equipos de RV tienen un casco y unas gafas estereoscópicas especiales. Las gafas estereoscópicas tienen dos pantallas de televisión pequeñas, una para cada ojo. Las gafas estereoscópicas están conectadas a una computadora. Las pantallas muestran imágenes electrónicas. Las imágenes para cada ojo son levemente diferentes de una manera que hace que los objetos parezcan poder agarrarse. Algunos cascos tienen pequeños auriculares para cada oído. La computadora del sistema manda sonido a esos auriculares. El sonido ayuda a hacer que lo que el usuario ve parezca real.

Otra herramienta común de la RV es un guante especial que siente el movimiento de la mano del usuario. También este guante está conectado a la computadora. Una imagen del guante aparece en las pantallas de las gafas estereoscópicas. Cuando la mano del usuario se mueve, la computadora hace que las imágenes del guante se muevan de la misma manera. Este sistema hace sentir al usuario que puede agarrar los objetos del mundo electrónico. Otros equipos hacen que al usuario le parezca que los objetos tienen peso. También pueden hacerle parecer que se puede desplazar en el mundo electrónico.

La investigación de los equipos que llegaron a ser la RV de hoy empezó a principios de los años sesenta del siglo pasado. A principios de los años noventa aparecieron juegos de RV en las tiendas y en las salas de juegos de video.

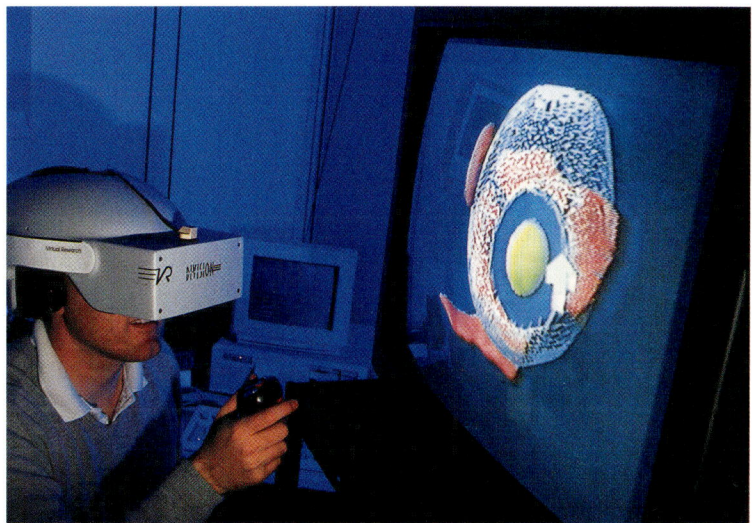

**Los cirujanos usan la realidad virtual (RV)** para practicar operaciones de ojo y para enseñar a los alumnos a hacerlas. La RV permite que los médicos y los alumnos vean la operación desde cualquier ángulo, cosa que no es posible cuando se opera a un paciente verdadero.

● Reciclaje

# Reciclaje

**E**l reciclaje es volver a usar los materiales en lugar de tirarlos. El reciclaje nos ayuda a ahorrar materiales y energía. Evita que los materiales llenen los basureros. También disminuye la contaminación que causa deshacerse de los desperdicios.

Se pueden reciclar latas, vidrio, papel y algunos plásticos. Las latas de metal se usan para hacer latas nuevas u otros objetos. El papel se recicla para hacer papel nuevo y cartón. El vidrio se usa para hacer vidrio nuevo, y algunos plásticos se pueden derretir para hacer productos de plástico nuevos.

También se pueden reciclar los recortes de plantas. Éstos se descomponen y forman abono orgánico, una mezcla rica que se agrega a la tierra para ayudar a crecer a las plantas.

Algunas ciudades y pueblos recolectan materiales para reciclar. En otros lugares la gente puede llevar los materiales a un centro de recolección o venderlos a una empresa que compra desperdicios.

Artículos relacionados: **Aluminio; Vidrio; Plásticos.**

**Niños y niñas clasifican la basura** para un programa de reciclaje escolar. Los periódicos, vidrio y latas que recuperen se podrán usar para hacer productos nuevos.

**Petróleo**

**Hierro y metales**

**Madera**

**Carbón**

# Recursos naturales

**L**os recursos naturales son materiales que están en la Tierra o que la rodean y que son necesarios para vivir. Son recursos naturales la tierra, el agua, la piedra, la arena, los metales y el petróleo. También son recursos naturales los organismos vivos como las flores, los árboles, las aves, los animales salvajes y los peces. También son recursos naturales el aire, la luz del sol y el tiempo meteorológico.

Los recursos naturales se usan como alimento, combustible y materias primas, o como sustancias que se usan para hacer otras cosas. Por ejemplo, todo el alimento que comemos viene de las plantas y los animales, y las plantas y los animales necesitan aire, luz de sol, tierra y agua. También la gente usa madera de los árboles para construir casas y como combustible. Los combustibles minerales como el carbón, petróleo y gas natural, dan calor, luz y energía. Los minerales también dan materias primas que se usan para hacer cosas como los plásticos, autos y refrigeradores.

Debido a que la vida en la Tierra depende de los recursos naturales, mucha gente se pregunta si serán suficientes por siempre. Para asegurarse de que los recursos naturales duren mucho tiempo, la gente tiene que aprender a usarlos inteligentemente. Por ejemplo, mejores métodos de agricultura ayudan a los granjeros a producir más alimento. También, en lugar de usar combustibles minerales, se puede usar energía solar o energía que viene del sol.

Todos pueden hacer algo para conservar, o ahorrar, los recursos naturales de la Tierra. Reciclar papel ayuda a usar menos árboles. Conducir autos más pequeños que usan menos gasolina ayuda a usar menos combustibles minerales. Tener cuidado de no derrochar agua ayuda a asegurar que haya más agua para todos.

Artículos relacionados: **Agua; Aire; Animal; Bosque; Combustible; Conservación; Contaminación ambiental; Especies en peligro de extinción; Equilibrio de la naturaleza; Mineral; Parque nacional; Planta; Reciclaje; Sol; Tiempo; Tierra.**

**Agua**

**Peces y mariscos**

**Minerales**

**Tierra**

# Refrán

Los refranes son dichos cortos que enseñan algo. Normalmente se basan en el sentido común o en la experiencia de todos los días. A menudo se encuentra el mismo refrán en grupos de gente diferentes. Muchos refranes son dichos que pasaron de generación en generación, generalmente de manera oral.

La Biblia tiene muchos refranes. Benjamin Franklin también imprimió muchos refranes en su *Almanaque del buen Ricardo,* un libro informativo que se publicó una vez por año desde 1733 hasta 1758. Franklin inventó muchos de sus refranes. Todavía se siguen citando muchos de ellos. Entre sus refranes encontramos "Penique ahorrado, penique ganado" y "Dios ayuda al que se ayuda a sí mismo".

**Estos refranes** de diferentes países significan que si tratas de hacer algo muy rápido, no lo vas a hacer bien.

**Inglaterra:** Con la prisa, se desperdicia.

**China:** Los errores pasan por la prisa, nunca cuando se hacen las cosas despacio.

**España:** Quien vierte agua en una botella con prisa vuelca más de lo que llena.

World Book Enciclopedia estudiantil hallazgos **35**

• Refrigerador

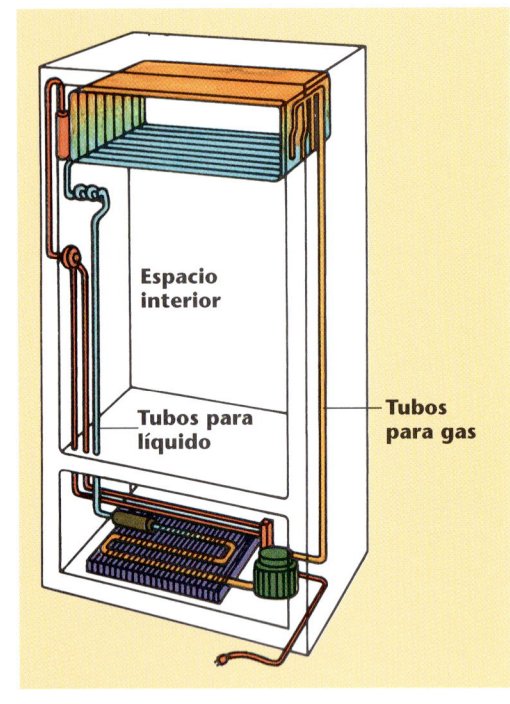

**Espacio interior**
**Tubos para líquido**
**Tubos para gas**

**Un refrigerador eléctrico** enfría la comida mediante un líquido que corre a través de tubos, absorbe el calor y se convierte en un gas. Ese gas se bombea hacia un lugar donde se despide el calor hacia fuera del espacio interior del refrigerador.

**La estrella del reggae Bob Marley en un concierto de 1980**

# Refrigerador

Los refrigeradores son máquinas que mantienen fría la comida. Funcionan convirtiendo un líquido en un gas que absorbe el calor. Cuando un gas se vuelve a convertir en líquido, despide calor.

La mayoría de los refrigeradores que se usan en los hogares funcionan con electricidad o con gas natural. Todos usan una sustancia llamada refrigerante. El refrigerante puede convertirse en líquido o en gas.

El refrigerante líquido viaja por los tubos o serpentinas del refrigerador y, cuando absorbe el calor de la comida que hay en el refrigerador, se convierte en gas. Entonces la comida se enfría.

Luego el refrigerante viaja en forma de gas hasta un lugar especial del refrigerador donde se enfría. Cuando el refrigerante se enfría, vuelve a convertirse en líquido y el ciclo empieza de nuevo.

Mientras los refrigeradores funcionan, la humedad se congela en el congelador y forma escarcha. Por eso hay que descongelar los refrigeradores. Algunos refrigeradores se descongelan solos. En determinados momentos, un control abre una válvula y deja correr gas caliente por las serpentinas. El calor derrite el hielo. Para descongelar otros refrigeradores hay que desconectarlos y dejar que la escarcha se derrita.

Artículos relacionados: **Aire acondicionado; Calor; Gas; Hielo; Líquido.**

# Reggae

El reggae es una clase de música popular. Se tocó por primera vez en Jamaica en los años sesenta del siglo pasado. Algunas características del reggae se encuentran ahora en las músicas soul, rhythm y blues, así como también en la música rock.

La letra de la mayoría de las canciones de reggae es sobre religión y problemas sociales de Jamaica. Las canciones tienen ritmo de cuatro tiempos. A veces los ritmos son muy complicados.

El reggae tiene raíces en la música africana, la música folklórica de Jamaica y la música popular norteamericana. Se desarrolló a partir de otras dos clases de música jamaicana llamadas ska y rock steady. El cantante de reggae Bob Marley dirigió a un grupo que se formó en 1964. Hasta que murió en 1981 fue la estrella del reggae más famosa.

## Reina

Una reina es una mujer que gobierna un reino o la esposa de un rey. Generalmente la reina que gobierna sola tiene el poder que tendría un rey. Si ella es la esposa de un rey, no tiene poder para gobernar. Hoy pocos países tienen reina.

Una reina recibe una corona como símbolo de realeza. Cuando una reina recibe su corona, se celebra un servicio especial llamado coronación. La mayoría de las coronaciones son en parte religiosas. En la coronación generalmente la reina promete gobernar sabiamente.

En el Reino Unido y los países que tienen leyes escritas llamadas constitución las reinas o los reyes tienen pocos poderes en el gobierno. En su lugar un primer ministro dirige el gobierno. Pero las reinas o los reyes pueden influir en la forma de pensar de la gente de su país.

Artículos relacionados: **Isabel I; Isabel II; Rey; Victoria.**

**La princesa Margriet, la reina Beatrix, el príncipe Claus y el príncipe heredero Willem Alexander, miembros de la familia real holandesa**

## Reina Isabel I. Véase Isabel I.

## Reina Isabel II. Véase Isabel II.

## Reina Victoria. Véase Victoria.

● Reino Unido

# Reino Unido

El Reino Unido es un país del noroeste de Europa. Lo forman Inglaterra, Escocia, Gales e Irlanda del Norte. Su nombre oficial es Reino Unido de Gran Bretaña e Irlanda del Norte. La capital y ciudad más grande del Reino Unido es Londres. El Reino Unido tiene un rey o una reina, pero el líder del gobierno es el primer ministro.

El Reino Unido está al noroeste de Francia, separado por una masa de agua llamada canal de la Mancha. Escocia, Gales e Inglaterra forman la isla de Gran Bretaña. Irlanda del Norte está en la parte noreste de la isla de Irlanda. La isla de Irlanda está al oeste de Gran Bretaña. Irlanda, el país que está en la parte sur de la isla de Irlanda, no forma parte del Reino Unido.

**Territorio.** La mitad norte de Escocia está llena de montañas y valles profundos. Gran parte de la zona está cubierta de páramos. Los páramos son grandes zonas de pastos duros, árboles pequeños y arbustos bajos llamados brecinas. La línea costera está salpicada de bahías. Algunas bahías angostas están rodeadas de montañas escarpadas. En esta zona norte vive muy poca gente. Las colinas y las buenas tierras agropecuarias están más hacia el sur de Escocia.

Desde el sur de Escocia hasta más o menos la mitad de Inglaterra se extienden montañas bajas. Más o menos en el centro de Inglaterra hay una llanura con pastizales. Más al sur hay una región agrícola con colinas y llanuras planas. En algunas partes la costa sur está bordeada de acantilados blancos de caliza. Los acantilados blancos más famosos están cerca de Dover, en el sudeste de Inglaterra. A lo largo de la costa sudoeste de Inglaterra hay acantilados de granito rocoso.

Gran parte de Gales, en la parte sudoeste del Reino Unido, está cubierta de montañas. Irlanda del Norte tiene montañas bajas, valles profundos y tierras bajas que son tierras agropecuarias ricas.

**Población.** La mayoría de los habitantes del Reino Unido, llamados británicos, son europeos blancos cuyos antepasados incluyen a celtas, romanos, anglos, sajones, jutos, daneses

Bandera

El Reino Unido y sus vecinos

38 World Book Enciclopedia estudiantil hallazgos

# Reino Unido

y normandos. Desde los años cincuenta del siglo pasado se han trasladado al Reino Unido muchas personas de los países que antes controlaban los británicos.

La lengua oficial del Reino Unido es el inglés. En Escocia e Irlanda algunas personas hablan formas del gaélico y en Gales algunas personas hablan galés. Tanto el gaélico como el galés se desarrollaron de las lenguas celtas.

El Reino Unido tiene dos iglesias nacionales, la Iglesia de Inglaterra y la Iglesia de Escocia. Ambas son Iglesias cristianas. Algunas personas pertenecen a otras iglesias cristianas, como la Iglesia católica apostólica romana. El Reino Unido también tiene uno de los grupos judíos más grandes de Europa.

Casi todos los habitantes del Reino Unido viven en las ciudades o cerca de ellas. Mucha gente vive en apartamentos o en casas modernas. La mayoría lleva ropa como la que se usa en Estados Unidos y en otras partes de Europa.

La mayor parte de la cocina británica es simple. Una comida típica incluye carne asada al horno, carne de oveja o cerdo con papas y una o más variedades de verduras. Al igual que a muchos estadounidenses, a los británicos también les gustan las comidas rápidas, como las hamburguesas, pizzas o el pescado frito con papas fritas. La bebida caliente más popular del Reino Unido es el té. A muchos adultos les gusta beber cerveza y reunirse con amigos en lugares públicos llamados tabernas.

A los británicos les encanta estar al aire libre. Mucha gente hace caminatas o pasea en bicicleta. Más o menos la mitad de las familias del Reino Unido tienen jardín. El deporte más popular que miran los británicos es el fútbol.

El Reino Unido tiene unos 2,500 museos y galerías de arte. El mundialmente famoso Museo Británico está en Londres. El Reino Unido también es uno de los principales centros de producciones teatrales del mundo, especialmente en Londres.

**Las Tierras Altas escocesas** tienen algunos de los paisajes más bellos del Reino Unido.

---

**Datos sobre el Reino Unido**

**Capital:** Londres.

**Superficie:** 94,248 mi² (244,101 km²).

**Población:** Estimada en 1998: 59,056,000.

**Lengua oficial:** Inglés.

**Clima:** Veranos templados e inviernos frescos. Por lo general la precipitación es más abundante en el oeste.

**Productos principales:**
**Agricultura:** cebada, cerdos, gallinas y huevos, ganado vacuno de consumo y lechero, leche, papas, ovejas, remolacha azucarera, semillas de colza, trigo.
**Industria pesquera:** arenque, bacalao, caballa, eglefino, pescadilla.
**Industria:** alimentos y bebidas, autos y camiones, barcos, equipo aeroespacial, hierro y acero, maquinaria, materiales impresos, medicamentos, productos de goma y de plástico, productos de metal, productos eléctricos y electrónicos, productos químicos, tela y ropa.
**Minería:** carbón, gas natural, petróleo.

**Forma de gobierno:** Monarquía constitucional.

World Book Enciclopedia estudiantil hallazgos

# Reino Unido

**Recursos y productos.** Más de la mitad de la gente del Reino Unido trabaja en industrias de servicios. Trabajan como maestros, doctores y abogados, y en bancos, compañías de seguros, hoteles, tiendas y otros negocios. Mucha gente trabaja en las grandes ciudades y cerca de ellas, especialmente en Londres.

El Reino Unido tiene muchas fábricas. El país produce mucho acero y muchos productos de metal, entre ellos aviones, autos, maquinaria agrícola, equipamiento para ferrocarriles y herramientas. Las fábricas del Reino Unido también hacen libros, equipo electrónico, medicamentos, plásticos, productos químicos, tela y otros productos. El Reino Unido gana mucho dinero vendiendo sus productos a otros países.

Otra industria importante del Reino Unido es la pesca. Más o menos la mitad de su pesca viene de las aguas que rodean al Reino Unido, especialmente del mar del Norte.

El Reino Unido tiene pocos recursos naturales, pero produce petróleo, carbón y gas natural. Estos recursos se usan como combustible para autos, para la calefacción de casas y comercios y con otros fines.

Otro recurso natural importante son las tierras agropecuarias. Las tierras agropecuarias cubren más de la mitad del Reino Unido. Muchos granjeros británicos siembran una variedad de cultivos y crían animales diversos. Los granjeros de casi todas partes del país crían ovejas por su carne y su lana. Pero los granjeros del Reino Unido no producen suficiente alimento para todos los británicos. El Reino Unido tiene que comprar algo de su alimento a otros países.

**Los profundos valles del norte de Irlanda,** llamados cañadas, son famosos por su belleza.

**Historia.** Hace miles de años vive gente en lo que hoy es el Reino Unido. Durante la mayor parte de su historia escrita, la región estuvo dividida en varios reinos individuales. El Reino de Gran Bretaña se estableció por primera vez en 1707. Ese año el Parlamento del Reino de Inglaterra y Gales y el Parlamento del Reino de Escocia aprobaron cada uno

**Las montañas** cubren gran parte de Gales.

por separado el Acta de Unión. Esta acta unió a los dos reinos bajo un solo gobierno.

En el siglo XVIII en Gran Bretaña empezó la revolución industrial. Esta revolución convirtió a Gran Bretaña en el país más rico del mundo. La revolución empezó con la invención de máquinas que ayudaban a hilar hilo y a tejer telas de algodón. Antes de esa época la gente hacía el hilo de algodón y lo convertía en tela en su hogar. Las fábricas que tenían máquinas podían producir mucha más tela. En esta época el Imperio británico también construyó muchos barcos. Tenía negocios y comerciaba con gente de muchos lugares de todo el mundo.

Desde 1775 hasta 1783 Gran Bretaña estuvo en guerra con sus colonias norteamericanas. Esta guerra se conoció como la guerra de la Revolución Norteamericana. Gran Bretaña perdió la guerra y las colonias se convirtieron en Estados Unidos, un país libre. Pero después Gran Bretaña tuvo con los Estados Unidos independientes aún más negocios de los que había tenido antes con las colonias norteamericanas.

En 1801 Irlanda se unió a Gran Bretaña para formar el Reino Unido de Gran Bretaña e Irlanda. Durante el siglo XIX el Imperio británico se hizo más y más grande. Para 1900 el Reino Unido gobernaba muchas partes del mundo.

La primera guerra mundial (1914-1918) y la Gran Depresión, que empezó en 1929, fueron tiempos difíciles para la gente del Reino Unido. Muchas naciones reclamaron su independencia del Imperio británico. Irlanda del Sur obtuvo algo de independencia en 1921, cuando se convirtió en el Estado Libre de Irlanda. Se volvió completamente independiente en 1931, cuando el Reino Unido también dio la independencia a Australia, Canadá, Nueva Zelanda, Sudáfrica y Terranova. Irlanda del Norte siguió formando parte del Reino Unido.

Después de la segunda guerra mundial (1939-1945) se volvieron independientes muchas más colonias británicas en Asia y África, entre ellas India, Kenia y Malaisia. Los problemas económicos del Reino Unido continuaron. Para fines del siglo XX el Reino Unido había perdido gran parte de su antiguo gran imperio. Hoy el Reino Unido todavía tiene negocios en muchos países de todo el globo. Pero ya no es la potencia mundial que fue una vez.

**Veleros anclados in Brixham,** en la cálida península sudoeste de Inglaterra.

● Relámpago

# Relámpago

Un relámpago es una chispa eléctrica gigante. La mayoría de los relámpagos que se ven son chispas entre el firmamento y el suelo. Pero también hay relámpagos dentro de las nubes y entre ellas. Los relámpagos calientan tanto el aire que atraviesan, que el aire sale disparado y produce un estallido. Esto es el trueno que oímos.

Todas las cosas del mundo están hechas de unas partículas pequeñísimas llamadas átomos. A veces las nubes se cargan, o se llenan, de electricidad. Cuando los átomos cargados se mueven uno hacia el otro, crean una chispa.

La chispa viaja hacia abajo desde la nube. Cuando se acerca al suelo, se junta con una corriente eléctrica que corre hacia arriba desde un árbol alto o un edificio. Esa corriente eléctrica produce el relámpago que se ve. Con frecuencia el rayo de un relámpago tiene varios destellos rápidos. Eso hace que parezca que el relámpago parpadease.

Hay varias clases de relámpagos, por ejemplo con forma de tenedor, de rayas, de cintas, de cadenas y de bolas flotantes. Los relámpagos difusos, que iluminan todo el firmamento, no son de una clase de relámpago diferente. Lo que pasa es que están demasiado lejos para que se vea el destello o se oiga el trueno. A veces el relámpago está escondido detrás de las nubes.

Los relámpagos caen a la tierra unas 100 veces por segundo. Los relámpagos pueden herir o matar a la gente. Durante una tormenta eléctrica es más seguro quedarse dentro de una casa o de un edificio grande. Hay que mantenerse lejos de los árboles altos, del agua, de los lugares con mucha altura y de los objetos de metal, como las bicicletas.

**Durante una tormenta con relámpagos** enormes chispas eléctricas saltan entre las nubes o desde las nubes hacia el suelo.

**Un relámpago es electricidad que se mueve** entre una nube y el suelo. Los átomos de la nube se cargan de electricidad. Hay dos clases de carga: la positiva (+) y la negativa (-). Antes de una tormenta, *izquierda*, a toda carga negativa la atrae una carga positiva. Durante una tormenta, *derecha*, las cargas se separan. Las cargas negativas de la nube corren hacia las cargas positivas del suelo. Forman una corriente eléctrica y se produce el relámpago.

# Religión

A lo largo del tiempo y en todas partes del mundo, la mayoría de las personas han creído en una fuerza o fuerzas superiores a ellas mismas. Esa confianza en un poder superior se llama religión.

Hoy en día hay muchas religiones en el mundo. Cada una tiene sus propias creencias y sus propias formas de adorar, o rezar. Aun personas de la misma religión pueden practicar su fe de muchas maneras diferentes.

Algunas religiones se basan en la creencia en un Dios único, como el judaísmo, el cristianismo y el islam. Otras, como el hinduismo, creen en varios o muchos dioses. Los que practican algunas religiones creen que hay espíritus en los animales, los árboles y las rocas. Otras religiones se preocupan más por la manera en que la gente vive que por lo que cree.

En muchos lugares del mundo la gente ha construido iglesias y templos grandes para sus ceremonias religiosas. Otros han construido parques grandes donde se puede ir a practicar su culto. Algunas personas no sienten que necesitan un lugar especial para practicar su religión.

La gente practica religiones por muchas razones. Algunos practican una religión porque es parte de su cultura o de su familia. Otros practican una religión porque promete salvarlos del mal y darles felicidad, o porque promete vida después de la muerte. Para mucha gente, la religión da sentido a la vida. Muchas personas que practican una religión comparten un sentimiento de familia con las otras personas que practican la misma religión.

Los científicos creen que la gente ha practicado religiones desde los tiempos prehistóricos. El tiempo prehistórico se refiere a una época de hace mucho tiempo, antes de que la gente empezara a escribir. A estos científicos les parece que los pueblos prehistóricos creían que la muerte se debía a un poder mayor que ellos mismos. Los pueblos prehistóricos tenían ceremonias religiosas. Por ejemplo, a menudo ponían comida y herramientas en las tumbas. Creían que los muertos iban a necesitar o a querer tener esas cosas.

**Antes de rezar,** estos creyentes hindúes se bañan en el río Ganges, en la antigua ciudad sagrada de Vârânasi. El Ganges es el río más sagrado del hinduismo.

**Una iglesia ortodoxa rusa** de Canadá, que, como las iglesias de Rusia, tiene un domo redondeado en la parte superior.

• **Reloj**

Hoy en día en el mundo hay miles de religiones. Las ocho religiones pricipales son el budismo, el cristianismo, el confucianismo, el hinduismo, el islam, el judaísmo, el sintoísmo y el taoísmo.

A lo largo del tiempo la religión ha tenido gran influencia sobre las artes. Algunos de los edificios más hermosos del mundo son lugares donde la gente rinde culto, y gran parte de la mejor música del mundo es religiosa. Las historias religiosas son tema de muchas grandes pinturas, esculturas, historias, danzas y películas.

Artículos relacionados: **Budismo; Cristianismo; Confucianismo; Hinduismo; Islam; Judaísmo; Sintoísmo; Taoísmo.**

# Reloj

**U**n reloj es un instrumento que indica la hora. Los relojes no sólo miden e indican la hora, sino que también decoran nuestro hogar y otros edificios.

## Tipos de relojes

Hay muchos tipos de relojes. Algunos relojes tienen manecillas que muestran la hora apuntando a números que están sobre una esfera. Otros relojes, llamados relojes digitales, muestran la hora con números que se ven en un panel del reloj. Muchos relojes tienen campanillas o hacen sonar una alarma. Otros tienen aves mecánicas o figuras que bailan cuando marcan las horas.

Todos los relojes tienen dos partes principales: la máquina y la caja. La máquina son las piezas móviles del reloj. La máquina cumple tres tareas. Indica la hora, produce la energía que hace funcionar el reloj y mide el tiempo. La caja cubre y protege la máquina.

**Reloj mecánico**

World Book Enciclopedia estudiantil hallazgos

**Reloj**

En la mayoría de los relojes el tiempo se mide mediante una acción que se repite con regularidad, como el balanceo de un péndulo. Los relojes con una acción repetitiva regular miden el tiempo mejor que otros relojes.

Los relojes mecánicos funcionan mediante varias piezas mecánicas a las que se debe dar cuerda. Algunos necesitan cuerda todos los días, pero otros funcionan siete u ocho días sin que se tenga que volver a darles cuerda. Los relojes eléctricos funcionan con pilas o con electricidad de un enchufe.

## Historia

De todos los objetos usados para indicar la hora, los más antiguos que se conocen son los relojes de sol. Aparecieron hace más de 4,000 años. A medida que la luz del sol va cruzando el firmamento, va proyectando una sombra sobre la esfera. El reloj de sol indica la hora midiendo la longitud o el ángulo de la sombra.

**Un reloj de agua egipcio,** *arriba* y *abajo*, indicaba la hora dejando que corriese agua de un recipiente a otro. Para saber cuánta agua contenían los recipientes y cuánto tiempo había pasado desde que el agua había empezado a correr, se podía mirar unos puntos que estaban dentro de los recipientes.

**Reloj de sol antiguo**

World Book Enciclopedia estudiantil hallazgos **45**

• **Reloj de sol**

El primer reloj mecánico probablemente se inventó en China a finales del siglo XI. Pero después los chinos hicieron sus relojes usando de modelo los relojes europeos. Los primeros relojes mecánicos de Europa se desarrollaron a finales del siglo XIII. No tenían manecillas ni esfera, pero indicaban la hora haciendo sonar una campanilla. Para mediados del siglo XVIII ya se habían inventado la mayoría de los mecanismos que se usan en los relojes mecánicos de hoy en día. Los relojes digitales empezaron a hacerse populares durante los años setenta del siglo pasado.

Artículos relacionados: **Péndulo; Tiempo.**

**Reloj de péndulo**

**El reloj de sol** es el instrumento más antiguo que se conoce para medir el tiempo. Usa sombras para indicar la hora.

## Reloj de sol

El reloj de sol es el instrumento más antiguo que se conoce para medir el tiempo. Se basa en el hecho de que la sombra de un objeto se mueve de un lado del objeto hacia el otro a medida que la luz del sol se mueve de este a oeste durante el día. La longitud o el ángulo de la sombra indica la hora. Se cree que el reloj de sol se usó en la antigua Babilonia tanto como hace 4,000 años.

Un reloj de sol se compone de una esfera y un marcador. La esfera está dividida en horas. El marcador es una pieza de metal plana puesta en el centro de la esfera. En el hemisferio norte el marcador apunta al polo Norte y en el hemisferio sur, al polo Sur.

Artículos relacionados: **Hemisferio; Polo Norte; Polo Sur; Sombra.**

# Rembrandt

Rembrandt (1606-1669) fue uno de los más grandes artistas de los Países Bajos. Hizo muchas pinturas, grabados y dibujos de gran calidad.

Rembrandt nació en Leiden el 15 de julio de 1606. Su nombre completo era Rembrandt Harmenszoon van Rijn. Estudió arte primero en Leiden y luego en Amsterdam. Volvió a Leiden alrededor del año 1625.

Las primeras pinturas de Rembrandt eran escenas pequeñas de la Biblia y de la historia. Sus pinturas mostraban gente animada y colores brillantes. Pronto Rembrandt alcanzó mucho éxito. Empezó a enseñar a otros pintores.

Alrededor del año 1632 Rembrandt se mudó a Amsterdam. Allí pintó cuadros de gente rica. Se hizo famoso por su pintura de un médico que daba una lección de anatomía. Se hizo rico y se compró una casa grande. Rembrandt también pintó otros temas. En 1642 hizo su pintura más famosa, *La ronda de noche*. Esta pintura muestra a un grupo de guardias de Amsterdam. Los pintó como habían sido en épocas anteriores, cuando eran héroes.

En los años cuarenta del siglo XVII a Rembrandt empezó a resultarle demasiado difícil mantener su casa, y ya había gastado mucho dinero coleccionando cuadros. También empezó a pintar, para su propio placer, temas por los que no le pagaban. Cuando se quedó sin dinero, se vendieron su casa y sus pertenencias. Pero su arte se volvió aún más maravilloso. Años después, cuando murió, dejó mucho dinero a su familia.

**Rembrandt** pintó este retrato de sí mismo, que terminó en 1658.

# Remo (deporte)

El remo es una manera de mover una embarcación por el agua usando remos. El remo en lagos, ríos y lagunas puede ser una manera divertida de hacer ejercicio. El remo también puede ser un deporte cuando dos personas o equipos compiten con sus botes.

Hay dos clases principales de remo de carreras: sculling y remo en punta. En el sculling cada remero usa dos remos. Tanto la embarcación como los remos se llaman sculls y los remeros, scullers. En el remo en punta cada remero usa un solo remo, que es más largo y grande que el que usan para el sculling. Las embarcaciones de remo pueden llevar una, dos, cuatro u ocho personas. Todos los años, por todo el mundo se celebran carreras deportivas llamadas regatas. En los Juegos Olímpicos hay 14 pruebas de remo.

**Equipos en embarcaciones de 8 remos** compiten unos contra otros. La persona que está de cara a los remeros les da indicaciones y timonea la embarcación.

# Renacimiento

El Renacimiento fue un período de grandes cambios en la música, el arte, la literatura y la ciencia. El Renacimiento duró desde el siglo XIV hasta el siglo XVII. Empezó en Italia y luego pasó a Inglaterra, Francia, Alemania, los Países Bajos, España y otros países.

La palabra renacimiento viene de una palabra latina que significa "volver a nacer". Durante el Renacimiento muchos artistas estudiaron el arte y el saber de la Grecia y la Roma antiguas. Querían recuperar en sus propias obras el espíritu de las culturas griega y romana. De modo que el Renacimiento se consideraba un volver a nacer de estas culturas.

A medida que el Renacimiento empezaba, terminaba un período de la historia europea conocido como la Edad Media. Los líderes del Renacimiento no estaban de acuerdo con muchas de las ideas de la Edad Media.

*Virgen de la silla* es una pintura de Rafael, del Renacimiento.

# Renacimiento

Durante la Edad Media la mayor parte del saber y del arte trataban de temas religiosos. Pero muchos pensadores del Renacimiento empezaron a estudiar a los seres humanos y a convertirlos en tema de sus obras de arte. Estudiaron culturas y estilos de vida diferentes. Les parecía que los griegos y los romanos antiguos tenían una comprensión profunda de la gente y de sus problemas. Los pensadores del Renacimiento estudiaron los textos, las obras de arte y las ideas de esos pueblos antiguos. Trataron de copiar el estilo de sus obras. También trataron de hacer que otros trabajaran y pensaran como los griegos y los romanos antiguos. Creían que eso los ayudaría a mejorar su propia vida.

Los cambios producidos por el Renacimiento se fueron desarrollando lentamente a lo largo del tiempo. Mucha gente se resistía a aceptar los estilos nuevos y las ideas nuevas. Pero el Renacimiento tuvo gran influencia sobre la gente del futuro. Produjo grandes cambios en las ciencias y las artes.

Tres artistas famosos del Renacimiento fueron Miguel Ángel, Rafael y Leonardo da Vinci. Aún hoy en día muchos artistas estudian las grandes obras del Renacimiento.

Artículos relacionados: **Edad Media; Leonardo da Vinci; Miguel Ángel.**

**Las familias gobernantes** de las ciudades estado italianas dieron fuerte apoyo al Renacimiento. Emplearon a muchos artistas y estudiosos en sus cortes.

• Renacuajo

Reno

**Renacuajo.** Véase Rana.

# Reno

El reno es un ciervo grande que vive en el extremo norte de Europa, Asia y Norteamérica. Tiene astas más grandes y pelaje más espeso que otros ciervos. Sus anchas pezuñas evitan que se hunda en la nieve. A diferencia de la mayoría de las hembras de los ciervos, el reno hembra tiene astas.

En verano el reno come pastos y hojas. En invierno escarba la nieve para comer líquenes. Para conseguir suficiente alimento, tienen que mudarse a menudo y viajar muy lejos. El reno puede viajar varios cientos de millas en un año. La mayoría de los renos hembra tienen una cría en primavera.

Los renos son muy importantes para ciertos pueblos del norte. Los usan para transportar cargas y tirar de los trineos. También comen carne de reno, beben leche de reno y fabrican ropa con la piel del reno.

# Renoir, Pierre Auguste

Pierre Auguste Renoir (1841-1919) fue un pintor francés. Fue un tipo de pintor llamado impresionista. La pintura impresionista trata de transmitir cierto sentimiento o estado de ánimo al que la observa. Las pinturas impresionistas no muestran la misma clase de detalles realistas que usan las pinturas más tradicionales.

Renoir nació en Limoges, Francia. De joven pintaba persianas y abanicos en París. En la década de los años setenta del siglo XIX, él y otro pintor impresionista llamado Claude Monet desarrollaron el método del color discontinuo usado por los impresionistas. En lugar de mezclar las pinturas completamente usaban toques pequeños de color.

Renoir se hizo famoso por sus pinturas de niños y de la vida francesa. A menudo usaba como modelos a sus amigos, a su esposa y a sus hijos.

**Baile en el campo** de Pierre Auguste Renoir está pintada con muchos toques pequeños de color brillante.

Años más tarde, se le paralizaron las manos. Sin embargo, siguió pintando. Se ataba los pinceles a las manos y pintaba con pinceladas anchas y colores brillantes.

Artículo relacionado: **Impresionismo.**

# Repollo

El repollo es una verdura de hojas. Las hojas del repollo crecen apretadas entre sí formando una pella redonda y compacta. Al principio el repollo crecía en Inglaterra y en el noroeste de Francia. Hoy en día se cultiva en toda Europa, Asia y Norteamérica. Es un alimento nutritivo. Se come crudo en ensaladas, o cocido como verdura caliente. El repollo se usa también para hacer un alimento muy popular llamado chucrut.

El repollo está emparentado con la coliflor, la col de Bruselas, el brócoli y el nabo. Crece de semillas pequeñas. La mayoría de los granjeros cultivan el repollo sembrando las semillas. Pero con frecuencia las personas que tienen huerta en la casa usan plantines, o plantitas pequeñas, de repollo. Los plantines crecen y se transforman en repollos grandes.

Artículos relacionados: **Bróculi; Nabo.**

**El repollo blanco,** que tiene hojas lisas color verde claro, es muy popular en Estados Unidos. Las hojas crecen apretadas entre sí formando una pella redonda y compacta.

• **Reproducción**

# Reproducción

La reproducción es la forma en que los organismos vivos propagan su propia especie. Todos los organismos vivos se reproducen, desde las plantas y los animales más grandes hasta las criaturas más pequeñas. Sin reproducción, todas las formas de vida se extinguirían.

Los organismos vivos hacen organismos jóvenes parecidos a ellos mismos. Pueden hacer esto porque todos los organismos vivos tienen genes. Los genes son pedazos minúsculos de una sustancia que hace que las cosas parezcan, crezcan y actúen de la manera en que lo hacen. Las células, que son las partes más pequeñas de cualquier organismo vivo, contienen genes. Durante la reproducción, los genes pasan a la cría del organismo vivo.

Hay dos clases de reproducción. En una de esas clases, se forma un organismo vivo nuevo cuando cierta célula de un organismo vivo se une a cierta célula de otro organismo vivo de la misma especie. En otras palabras, para hacer un organismo vivo nuevo se necesitan dos organismos vivos de la misma especie. Se reproducen de esta manera los seres humanos y casi todos los demás animales.

En la otra clase de reproducción, un organismo vivo nuevo se desarrolla a partir de un único organismo vivo. Viene de una parte de ese organismo vivo. Los organismos vivos que se reproducen de este modo son formas de vida muy simples, como las bacterias. Algunas plantas y animales, como las esponjas, se pueden reproducir de las dos maneras.

Artículo relacionado: **Gen**.

**Muchos organismos vivos se desarrollan** a partir de las células de dos padres. Una célula de uno de los padres se une a una célula del otro padre, y el organismo vivo nuevo empieza a crecer.

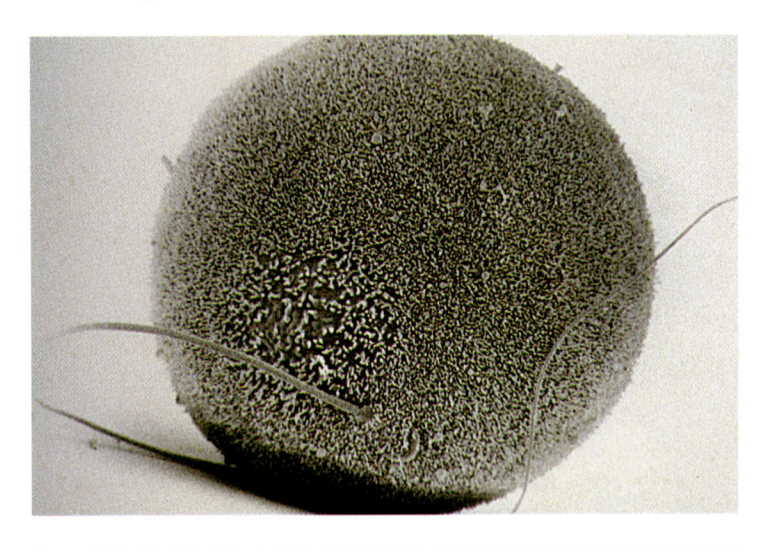

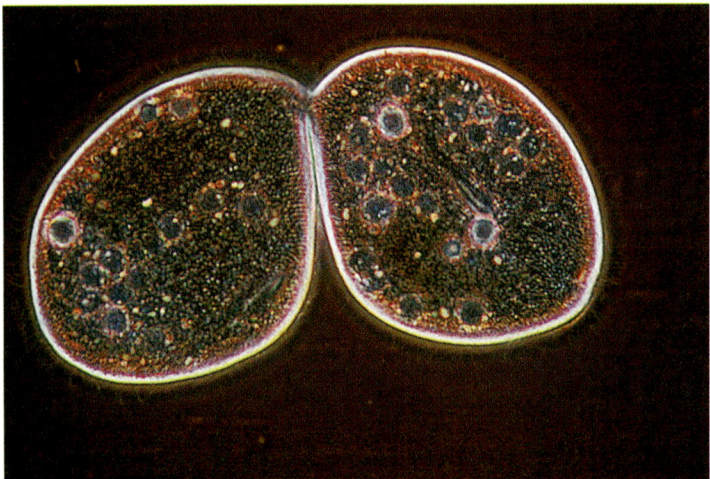

**Los organismos vivos simples** a veces se desarrollan a partir de un solo organismo vivo. Este organismo vivo de una sola célula se reproduce dividiéndose en dos.

# Reproducción humana

La reproducción humana es la manera en que los seres humanos propagan su propia especie. Un ser humano nuevo se desarrolla a partir de la unión de una célula masculina y una célula femenina. La célula femenina se llama óvulo. La célula masculina se llama espermatozoide. Cuando la célula masculina y la femenina se juntan, tiene lugar la fertilización.

La fertilización es el primer paso del embarazo. Durante el embarazo, el óvulo fertilizado se convierte, dentro de la madre, en un bebé plenamente formado. El embarazo dura alrededor de nueve meses.

Al comienzo del embarazo, el óvulo fertilizado es más pequeño que el punto que hay al final de esta oración. Pronto el óvulo se convierte en una masa de células llamada embrión. Con el tiempo, las células se van reordenando y forman tejidos. Los tejidos están formados por una gran cantidad de células similares. Las clases diferentes de tejidos forman las partes diferentes del cuerpo.

Para el final del segundo mes del embarazo, ya se han formado todos los órganos importantes. Entre ellos están el corazón y los pulmones. A estas alturas el embrión ya parece claramente humano. Durante el resto del embarazo el embrión se llama feto. El feto crece lo suficiente para vivir fuera del cuerpo de la madre. El embarazo termina cuando el bebé nuevo sale del cuerpo de la madre.

Artículos relacionados: **Bebé; Gen; Nacimientos múltiples.**

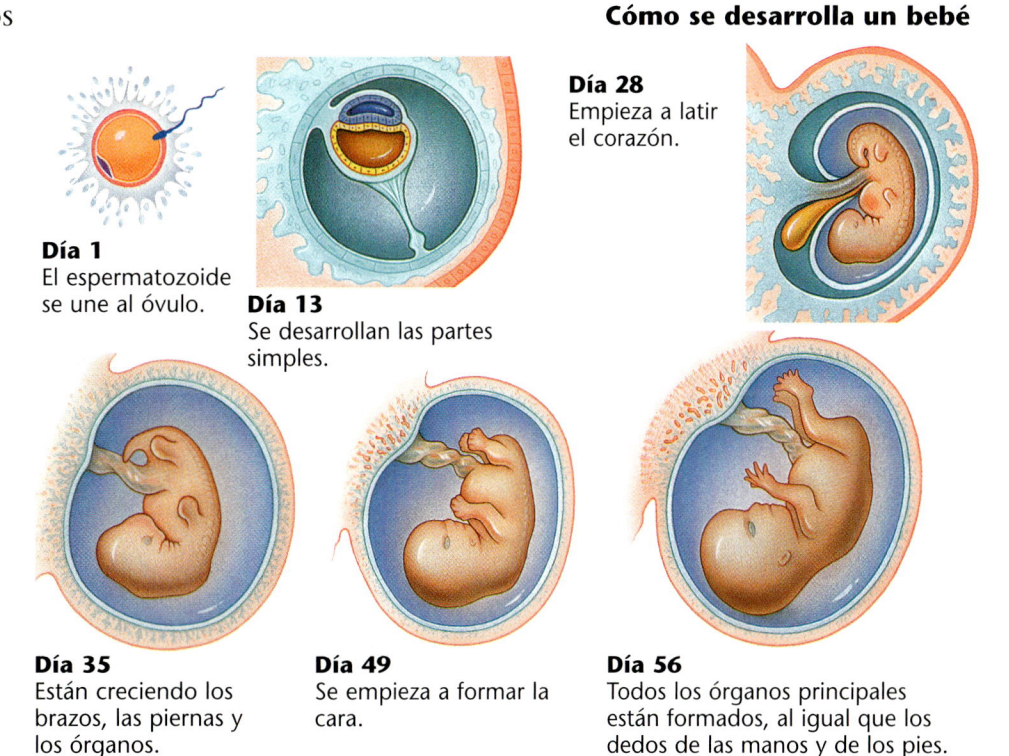

**Cómo se desarrolla un bebé**

**Día 1**
El espermatozoide se une al óvulo.

**Día 13**
Se desarrollan las partes simples.

**Día 28**
Empieza a latir el corazón.

**Día 35**
Están creciendo los brazos, las piernas y los órganos.

**Día 49**
Se empieza a formar la cara.

**Día 56**
Todos los órganos principales están formados, al igual que los dedos de las manos y de los pies.

• Reptil

**Algunas clases de reptiles**

**Tortuga del desierto**

**Tuátara**

**Pitón reticulada**

**Cocodrilo del Nilo**

# Reptil

Los reptiles son animales que tienen la piel seca y escamosa, y que respiran usando los pulmones. Hay unas 6,500 especies de reptiles. Entre ellos están los aligatores, los cocodrilos, los lagartos, las serpientes, las tortugas y el tuátara. La mayoría de los reptiles son inofensivos para los seres humanos.

Los reptiles son animales de sangre fría. Esto quiere decir que la temperatura del cuerpo cambia de acuerdo con la temperatura de su medio ambiente. Para mantenerse vivos, los reptiles tienen que evitar las temperaturas muy altas o muy bajas. Aunque casi todos viven en los trópicos, los reptiles habitan en todos los continentes, excepto en la Antártida.

Los científicos dividen a los reptiles en cuatro grupos principales. Son los lagartos y serpientes, las tortugas, los crocodilios y el tuátara.

Los lagartos y serpientes forman el grupo de reptiles más grande. La mayoría de los lagartos tienen cuatro patas y la cola larga. Además la mayoría tiene aberturas auditivas y párpados móviles. Las serpientes tienen la cola de distinto largo. Pero no tienen patas, párpados ni aberturas auditivas.

Las tortugas son los únicos reptiles que tienen caparazón. Para protegerse, las tortugas pueden meter la cabeza, las patas y la cola dentro del caparazón.

Entre los crocodilios están los aligatores, los caimanes, los cocodrilos y los gaviales. Todos ellos viven en el agua o cerca de ella. Tienen el hocico largo, las mandíbulas fuertes y las patas traseras palmeadas. Para nadar usan su cola larga y poderosa.

El tuátara se encuentra sólo en algunas islas de frente a la costa de Nueva Zelanda. El tuátara se parece a un lagarto, pero está más estrechamente emparentado con los dinosaurios. Los dinosaurios se extinguieron hace más o menos 65 millones de años.

Artículos relacionados: **Aligátor; Cocodrilo; Dinosaurio; Lagarto; Pitón; Serpiente; Serpiente de cascabel; Tortuga; Tortuga terrestre.**

# República

La república es la forma de gobierno de muchos países. En una república a los líderes se los elige, o escoge, por el voto de la gente. Generalmente desempeñan el cargo por un tiempo determinado.

Hay diferentes clases de república. Estados Unidos es una república democrática. En una república democrática, los líderes representan a la gente que los eligió o actúan por ellos. Si la gente cree que sus líderes no los representan bien, pueden decidir no volver a elegirlos.

En otras clases de república a los líderes los elige una pequeña cantidad de gente. A estos líderes se los puede elegir de nuevo aunque la mayoría de la gente del país no esté conforme con ellos.

Una de las primeras repúblicas fue la Roma antigua. Se estableció hace unos 2,500 años.

**El presidente Bill Clinton,** *derecha*, con Hillary, su esposa, *izquierda*, y Chelsea, su hija, *centro*, ocupó durante ocho años, máximo tiempo permitido, el cargo de líder de Estados Unidos, una república democrática.

• República Centroafricana

# República Centroafricana

**Datos sobre la República Centroafricana**

**Capital:** Bangui.

**Superficie:** 240,535 mi² (622,984 km²).

**Población:** Estimada en 1998: 3,555,000.

**Lengua oficial:** Francés.

**Clima:** Cálido todo el año, con una estación de lluvias desde junio hasta octubre.

**Productos principales:**
Agricultura: algodón, animales de granja, bananas, café, caucho, maníes, ñames, semillas de palma, sésamo.
Productos forestales: madera.
Minería: diamantes, oro.

**Forma de gobierno:** República.

**Bandera**

La República Centroafricana es un país que está en la parte central de África. La mayor parte del territorio está cubierta de llanuras altas con pastizales o de colinas ondulantes. En el sur crece la selva lluviosa y por el norte se extiende una zona de tierra desértica. El país no tiene costa de mar. Limita con Chad, Sudán, Congo-Kinshasa, Congo-Brazzaville y Camerún. La capital y ciudad más grande de la República Centroafricana es el puerto de Bangui, que está junto al río Ubangui.

El clima es cálido, con una estación de lluvias desde junio hasta octubre. La mayoría de las lluvias caen en el sur. A menudo las fuertes lluvias destruyen los caminos, y no hay ferrocarriles, así que la mayoría de la gente viaja en bote a lo largo de los muchos ríos.

La población habla muchas lenguas, y la mayoría practica religiones africanas locales. Más o menos un cuarto de los habitantes son cristianos. La gente de las aldeas se gana la vida con la caza, la pesca y la agricultura. Algunas granjas grandes cultivan algodón, caucho y café, pero hay muy pocas fábricas y el país es muy pobre.

A finales del siglo XIX la República Centroafricana pasó a ser una colonia francesa. En 1960 logró su independencia, y el pueblo tuvo el control de su propio país. Pero no siempre ha disfrutado de la paz. En 1976 el presidente Jean Bedel Bokassa se hizo emperador y gobernó hasta 1979. Las rebeliones contra el gobierno terminaron en 1997 con un cese del fuego.

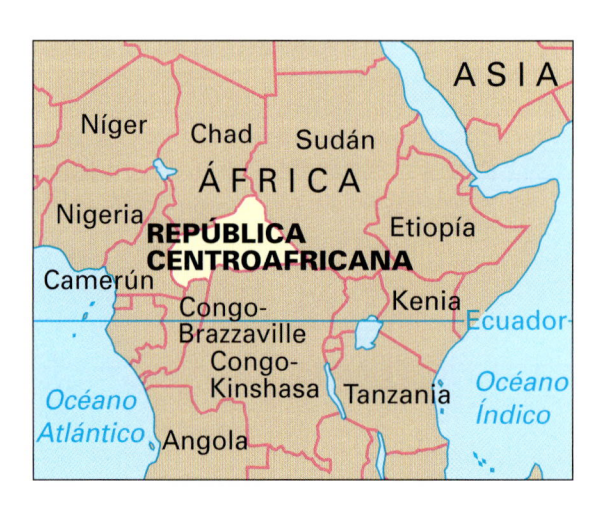

**República Centroafricana y sus vecinos**

# República Checa

La República Checa es un país del centro de Europa. Está entre Alemania y Eslovaquia, y limita al norte con Polonia y al sur con Austria. La capital y ciudad más grande de la República Checa es Praga.

**Territorio.** La República Checa tiene un territorio variado. Las partes norte y oeste del país tienen montañas altas con bosques grandes y parques naturales hermosos. La gente va a las montañas a esquiar y a visitar spas, o clubes de salud. Allí toman baños de agua caliente que sale a borbotones de la tierra. La parte central del país tiene llanuras altas y colinas onduladas. Tiene ricas tierras agrícolas y ciudades industriales importantes. En las zonas bajas y llanas del sur y el este los granjeros siembran cultivos y crían animales.

**Población.** La mayoría de los habitantes de la República Checa son checos. Hoy en día también viven en la República Checa moravos, eslovacos y grupos pequeños de alemanes, gitanos, húngaros y polacos.

Antes de la segunda guerra mundial (1939-1945) Checoslovaquia era el hogar de muchos judíos. Pero durante la guerra los nazis mataron a casi todos los judíos. Los nazis gobernaron a Alemania desde 1933 hasta 1945. Tomaron a Checoslovaquia durante 1938 y 1939, y en 1939 empezaron la segunda guerra mundial. Hoy viven en la República Checa entre 15,000 y 18,000 judíos.

**Recursos y productos.** Más o menos la mitad de los trabajadores de la República Checa trabajan en la industria de servicios. Ésta incluye tiendas, hoteles, hospitales, bancos y empresas que compran y venden terrenos. Otro grupo grande de personas trabaja en fábricas. Esta gente produce telas, zapatos y vidrio.

**La República Checa y sus vecinos**

## Datos sobre la República Checa

**Capital:** Praga.

**Superficie:** 30,450 mi² (78,864 km²).

**Población:** Estimada en 1998: 10,327,000.

**Lengua oficial:** Checo.

**Clima:** Veranos cálidos e inviernos fríos en la mayoría de las regiones; las tierras bajas son más cálidas que las zonas montañosas.

**Productos principales:**

**Agricultura:** avena, aves de corral, cebada, centeno, cerdos, ganado vacuno, lúpulo, maíz, ovejas, papas, remolacha azucarera, semillas de colza, trigo.

**Industria:** hierro y acero, telas, textiles, vidrio, zapatos.

**Minería:** carbón.

**Forma de gobierno:** República.

**Bandera**

### República Checa

**Historia.** En 1918, al final de la primera guerra mundial (1914-1918), las zonas que ahora son la República Checa y Eslovaquia se transformaron en parte de la nación de Checoslovaquia. Desde 1948 hasta 1989 Checoslovaquia estuvo gobernada por los comunistas. El comunismo es una forma de gobierno en que casi todas las propiedades y los negocios pertenecen al gobierno. Bajo el gobierno comunista la economía de Checoslovaquia andaba bien. Pero muchas personas estaban descontentas con el gobierno. Querían más libertad. En 1989 los principales líderes comunistas del país dejaron el poder. Se hicieron cargo del gobierno personas no comunistas y se llamó a elecciones.

No todo el mundo estaba contento con el cambio a un gobierno no comunista. El cambio hizo que se quedara sin trabajo mucha más gente de Eslovaquia que de la zona checa. Había resentimiento entre los checos y los eslovacos, aunque muchos todavía querían mantener unido al país. A mediados de 1992 los líderes checos y eslovacos decidieron dividir a Checoslovaquia en dos naciones, una para los checos y otra para los eslovacos. El 1° de enero de 1993 se reemplazó a Checoslovaquia con la República Checa y Eslovaquia.

**A los turistas les gusta cruzar el puente Carlos** de Praga, la capital de la República Checa.

# República Dominicana

La República Dominicana es un país de las Antillas. Ocupa la parte este de la isla La Española. Limita al oeste con Haití. Al norte está el océano Atlántico y al sur el mar Caribe. La capital y ciudad más grande es Santo Domingo.

Unos tres cuartos de los habitantes de Santo Domingo tienen antepasados africanos negros y europeos blancos. Más o menos un décimo son negros y el resto son blancos. La mayoría de los dominicanos hablan español.

Cerca de dos tercios de la población vive en ciudades y pueblos. La mayoría trabaja en fábricas, en el gobierno o como pescadores. La mayoría de la gente del campo trabaja en granjas.

La República Dominicana es montañosa. Al oeste tiene zonas desérticas y al norte, bosques de pinos. La zona agropecuaria más grande del país es una llanura llamada Vega Real.

Cristóbal Colón llevó los primeros colonizadores españoles a la República Dominicana en 1493. En el siglo XVII se instalaron en el país muchos colonizadores de otros países europeos. En 1697 España entregó la región del extremo oeste de la isla a los franceses. Más tarde esta región se convirtió en Haití.

A principios del siglo XIX los esclavos negros de Haití tomaron el poder de toda la isla. Los líderes dominicanos se rebelaron contra Haití en 1844.

Durante años dictadores militares y otros líderes lucharon por el control del país. En 1965 el pueblo terminó las peleas. Desde 1966 el pueblo ha elegido al presidente y a sus representantes.

### Datos sobre la República Dominicana

**Capital:** Santo Domingo.

**Superficie:** 18,816 mi$^2$ (48,734 km$^2$).

**Población:** Estimada en 1998: 8,217,000.

**Lengua oficial:** Español.

**Clima:** Cálido, con estación de lluvias desde mayo hasta noviembre en el sur y desde diciembre hasta abril en el norte. De vez en cuando hay huracanes.

**Productos principales:**
**Agricultura:** aguacates, arroz, bananas, cacao, café, caña de azúcar, mangos, tabaco.
**Minería:** oro, níquel.
**Industria:** azúcar, melaza.

**Forma de gobierno:** República.

**Bandera**

La República Dominicana y sus vecinos

# Resfriado

Los resfriados son enfermedades que causan dolor de garganta, tos y congestión de la nariz. Un resfriado también puede causar fiebre, problemas respiratorios y dolor de músculos. Se resfría gente de todas las edades.

Causan el resfriado más de 100 virus, o gérmenes pequeños. La mayoría de los resfriados duran unos pocos días, pero un resfriado fuerte puede durar más. Los resfriados pueden ser peligrosos porque pueden traer otras enfermedades. Los resfriados son especialmente peligrosos para la gente mayor y la gente que sufre enfermedades de pulmón o ciertas otras enfermedades. No hay cura para el resfriado, pero los medicamentos ayudan a aliviar los problemas que trae. Las drogas que alivian el dolor disminuyen los dolores musculares. Aerosoles y gotas para la nariz ayudan a facilitar la respiración. Una persona que tiene fiebre debe permanecer en cama. De esta manera la persona descansa y evita contagiar el resfriado. Si el resfriado dura mucho tiempo o empeora se debe llamar a un médico.

Los médicos creen que la gente se resfría respirando los gérmenes de otra gente. Cuando una persona resfriada tose o estornuda, se dispersan por el aire gotas diminutas que llevan los gérmenes del resfriado. Cuando tosen o estornudan, las personas siempre deben taparse la boca y la nariz y luego lavarse las manos.

**La fiebre** es uno de los síntomas de un resfriado. Una persona que tiene fiebre debe descansar en cama.

# Respiración

La respiración es la manera en que los seres humanos y otros organismos vivos toman y usan el oxígeno que necesitan para vivir. El oxígeno es un gas que hay en el aire que nos rodea. La respiración también consiste en eliminar el dióxido de carbono. El dióxido de carbono es un gas que se produce cuando los organismos vivos usan oxígeno.

Para poder funcionar, el cuerpo necesita energía. Para producir energía, el cuerpo usa oxígeno. También produce dióxido de carbono y agua. El dióxido de carbono y el agua son materiales de desecho.

Los animales toman oxígeno de su entorno y lo llevan a sus células. Luego el dióxido de carbono se expulsa de las células. Se va al aire o al agua.

Los seres humanos y muchos otros animales toman el oxígeno y eliminan el dióxido de carbono respirando. La parte del cuerpo que se usa para respirar son los pulmones. Los pulmones están en el pecho. Muchos animales que viven en el agua, como los peces, tienen branquias en lugar de pulmones. Las branquias tienen paredes delgadas que dejan entrar el oxígeno del agua que pasa por la branquia.

En muchas plantas, el oxígeno y el dióxido de carbono entran y salen de las raíces y de los tallos a través de las capas externas de las células. Pero en las plantas la mayor parte del intercambio de gases se hace a través de aberturas pequeñas, llamadas estomas, que hay en las hojas.

Artículos relacionados: **Oxígeno; Pulmón.**

**Los organismos vivos toman oxígeno** y eliminan dióxido de carbono de varias maneras.

**En las plantas,** los gases entran y salen principalmente por aberturas minúsculas de las hojas, llamadas estomas.

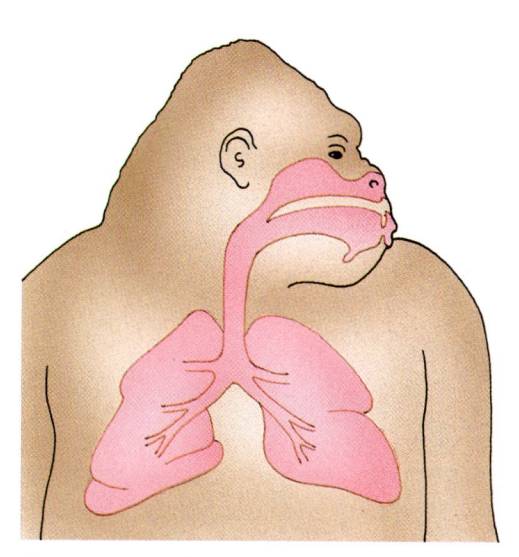

**La gente y algunos animales** tienen pulmones para aspirar y espirar gases.

**Los peces** y muchos otros animales acuáticos tienen branquias en lugar de pulmones.

# Revere, Paul

Paul Revere (1735-1818) fue un norteamericano que en abril de 1775 avisó al pueblo de Lexington, Massachusetts, que las tropas británicas se dirigían hacia allí. Los británicos, que en esa época gobernaban a las colonias norteamericanas, no estaban contentos porque los colonizadores no cumplían con sus órdenes. De modo que las tropas británicas tenían órdenes de tomar o destruir armas y materiales de los norteamericanos del pueblo de Concord y de capturar a algunos líderes, llamados patriotas, de Lexington. Revere se enteró del plan de los británicos, que supuestamente era secreto. Revere partió a caballo a avisarles a los líderes norteamericanos que los británicos iban a buscarlos. Cerca de 100 años después Henry Wadsworth Longfellow escribió el famoso poema "La cabalgata de Paul Revere".

Las luchas en Lexington y Concord empezaron la guerra de la Revolución Norteamericana (1775-1783). Revere contribuyó mucho durante esta guerra. También mantuvo su negocio de artículos de plata en Boston, donde había nacido. Aún hoy los que trabajan con la plata copian el hermoso estilo de sus obras. Revere también hizo cañones de bronce y campanas. Muchas de sus campanas todavía se usan en Nueva Inglaterra.

Paul Revere

**Los quioscos de prensa** tienen muchas clases diferentes de revistas. Hay revistas sobre: noticias, moda, negocios, finanzas, ciencias, viajes, humor, automóviles, películas, deportes, pasatiempos, política, música y muchos otros temas. También hay revistas especiales para mujeres, para hombres y para niños.

# Revista

Una revista es un conjunto de cuentos y artículos que la gente lee. A menudo las revistas tienen historias verdaderas e ilustraciones. Algunas tienen poesías, cómics y fotografías. Otras tienen cuentos inventados escritos por diferentes personas. La mayoría de las revistas salen una vez por semana o una vez por mes.

En Estados Unidos y en Canadá se publican, o imprimen, miles de revistas. Algunas revistas ofrecen información sobre temas especiales, como moda, negocios, deportes, noticias o ciencias.

Las revistas, como los periódicos, tienen artículos de muchos escritores. Pero las revistas no dicen mucho sobre los hechos de todos los días como lo hacen los periódicos. También las revistas se hacen para que duren más tiempo. La mayoría se imprime en papel más fuerte y por lo general son más pequeñas que los periódicos. Además, la mayoría de las revistas tienen cubiertas interesantes a todo color.

Una de las primeras revistas de Inglaterra fue *The Gentleman's Magazine,* que se publicó desde 1731 hasta 1914. Al principio esta revista recogía historias verdaderas, o artículos, de los libros. Más adelante publicaba historias nuevas. La primera revista estadounidense se publicó en los años cuarenta del siglo XVIII. Trataba de la política en las 13 colonias norteamericanas.

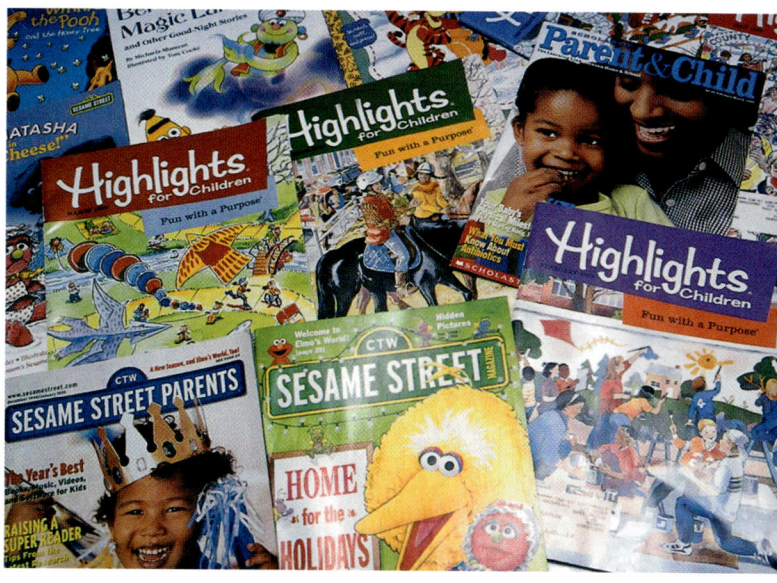

**Hay muchas revistas** infantiles a todo color.

# Revolución francesa

La Revolución francesa fue una guerra en que el pueblo francés luchó contra su gobierno. Duró desde 1789 hasta 1799.

Antes de la revolución los franceses decían que Dios le daba al rey el derecho a gobernar. También tenían derechos especiales las familias de alto rango y la gente que tenía funciones religiosas. No les gustaba que otros grupos tuvieran ciertos derechos y ventajas. La mayoría de la gente común era muy pobre.

En junio de 1789 la gente común empezó a pelear contra los gobernantes. Durante los años siguientes se ejecutó al rey y a mucha gente de alto rango.

El pueblo hizo muchos cambios en el gobierno. Pero también se pelearon entre ellos por el poder y algunos fueron ejecutados. Finalmente, en 1799 Napoleón Bonaparte, un general, tomó el poder, terminando con la revolución.

Artículo relacionado: **Napoleón I.**

**La Revolución francesa** estalló en 1789. Esta ilustración muestra al pueblo francés atacando la Bastilla, un fuerte militar de París.

● **Revolución industrial**

# Revolución industrial

La revolución industrial fue tanto un período de tiempo como una serie de cambios que tuvieron lugar en la manera en que la gente vivía y trabajaba. Estos cambios ocurrieron en el siglo XVIII y a principios del siglo XIX. Durante esta época la gente empezó a usar ciertos tipos de máquinas para hacer su trabajo. Estas máquinas funcionaban con combustibles como el vapor de agua y el carbón. Antes de la revolución industrial la gente había trabajado a mano o con máquinas simples.

La revolución industrial empezó en Gran Bretaña durante el siglo XVIII. Se propagó a otros lugares de Europa y a Norteamérica a principios del siglo XIX.

Antes de la revolución industrial la mayoría de la gente trabajaba en su casa, en granjas o en pequeños talleres de aldea. La mayor parte de la energía para hacer las cosas la producían los trabajadores. También producían energía las ruedas hidráulicas.

En el siglo XVIII la gente empezó a querer comprar más productos. Los comerciantes empezaron a buscar maneras de hacer las cosas de manera más barata. Para esa misma época se inventó el motor de vapor. También se inventaron máquinas de hilado para hacer tela y se descubrieron nuevos métodos de hacer acero.

Estas máquinas nuevas y trabajadores que las usaran se juntaron por primera vez en las fábricas. Las fábricas empezaron a producir cantidades grandes de artículos por menos dinero. Pronto el mundo pasó de ser un mundo de granjas y aldeas donde la gente trabajaba en su casa, a ser uno en que la mayoría de la gente vivía en ciudades y trabajaba en fábricas.

Artículos relacionados: **Carbón; Fábrica; Ferrocarril; Invento.**

**Mujeres y niños operaban las máquinas** en las fábricas durante la revolución industrial.

**Los ferrocarriles se hicieron importantes** para transportar cargamento y gente durante los años treinta del siglo XIX. Trenes tirados por caballos o que funcionaban a vapor de agua, como éste, se usaron en Francia a mediados del siglo XIX.

## Revolución norteamericana.
Véase Revolución estadounidense.

## Rey

Los reyes son hombres que tienen título de gran poder u honor. La esposa de un rey se llama reina. En muchos países la gente creía que el rey venía de una familia de dioses. En las tribus antiguas de Europa a un rey lo elegía el pueblo durante las épocas de guerra. Cuando estos pueblos se hicieron cristianos, el poder de los reyes aumentó. Se creía que el rey hablaba y actuaba en nombre de Dios. Era su deber asegurarse de que el pueblo siguiera las enseñanzas de Dios.

Hoy en día algunas zonas están gobernadas por reyes poderosos. En otros lugares, como el Reino Unido y otros países europeos, los reyes o reinas tienen muy poco poder. Pero sí ocupan una posición importante en su país.

Artículos relacionados: **Corona; Reina.**

**Rey Luis XIV de Francia**

**Rey Fahd de Arabia Saudí**

## Rey Arturo. Véase Arturo, Rey.

## Rey Tut. Véase Tutankamón.

• Rhode Island

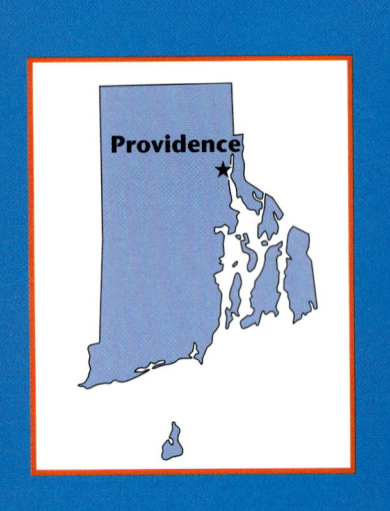

# Rhode Island

Rhode Island es un estado de la región de Nueva Inglaterra de Estados Unidos. Está a lo largo de la bahía de Narragansett, una parte del océano Atlántico, entre Connecticut y Massachusetts. Rhode Island se llama el estado del océano porque la bahía de Narragansett casi lo corta en dos. El estado tiene 36 islas. Debido a que es el estado más pequeño de Estados Unidos a menudo se lo llama Little Rhody.

La capital y ciudad más grande es Providence. Muchos edificios de Providence se remontan a la época cuando Rhode Island era una colonia británica.

La segunda ciudad más grande de Rhode Island es Warwick. Está al sur de Providence a orillas de la bahía de Narragansett. Newport es una ciudad famosa por sus mansiones, o casas enormes y hermosas.

**The Breakers, una hermosa casa de Newport, Rhode Island**

**Territorio.** La costa atlántica de Rhode Island está bordeada de playas de arena y llanuras. También tiene muchas lagunas pequeñas y poco profundas. A lo largo de las costas de las islas de la bahía se elevan acantilados empinados y rocosos.

En el noroeste de Rhode Island, entre pendientes de las colinas hay lagos, lagunas y embalses claros y azules. Un embalse es una masa de agua que se forma cuando se construye una presa en un río.

**Recursos y productos.** Rhode Island no tiene mucha tierra agropecuaria ni tierras ricas en minerales. La mayor parte del dinero que ganan los granjeros viene de flores y plantas de jardín. En la parte sur del estado se cultivan papas. El cultivo frutal más importante son las manzanas. Los granjeros de Rhode Island también crían ganado lechero, gallinas y pavos. El océano provee peces, langostas, almejas y calamares.

**Rhode Island** (azul) es el estado más pequeño.

**Bandera del estado**

**Sello del estado**

# Rhode Island

A pesar de su tamaño pequeño, Rhode Island es un estado industrial líder. Es un centro principal de joyas y productos de plata. Las fábricas de Rhode Island también hacen productos como tuercas, tornillos, accesorios para tuberías, máquinas, bombillas de luz, alambre y utensilios de medicina.

## Fechas importantes de Rhode Island

| | |
|---|---|
| Época Amerindia | Cuando llegaron por primera vez los europeos, en la región de Rhode Island vivían cinco tribus amerindias. Eran las tribus narragansett, niantic, nipmuck, pequot y wampanoag. |
| 1524 | El explorador italiano Giovanni da Verrazzano navegó por la bahía de Narragansett. |
| 1636 | Roger Williams fundó Providence. |
| 1647 | Los asentamientos de Providence, Portsmouth, Newport y Warwick se unieron para formar la colonia de Rhode Island. |
| 1774 | El gobierno de Rhode Island sancionó una ley que prohibía la entrada de esclavos a la colonia. |
| 1776 | Rhode Island declaró su independencia, o libertad, de Inglaterra. |
| 1790 | El 29 de mayo Rhode Island se convirtió en el decimotercer estado. |
| 1843 | Entró en efecto una nueva constitución, o conjunto de leyes, del estado. Daba el derecho a votar a más habitantes de Rhode Island. |
| Fines del siglo XIX | Newport se convirtió en el hogar de vacaciones de verano de mucha de la gente más rica de Estados Unidos. Se construyeron muchas mansiones enormes. |
| 1938 | Un huracán azotó a Rhode Island. |
| 1969 | Se terminó el puente Newport, que pasa sobre la bahía de Narragansett. El puente conecta Newport y Jamestown. |
| 1990 | Rhode Island festejó su bicentenario, o aniversario número doscientos, como estado. |

**El *Liberty*,** un barco británico que quemaron los colonizadores de Rhode Island en 1769.

**Roger Williams** empezó un asentamiento en Providence en 1636.

Artículo relacionado: **Trece colonias, Las.**

## Datos sobre Rhode Island

**Capital:** Providence.

**Superficie:** 1,213 mi$^2$ (3,142 km$^2$).

**Población:** 1,005,984.

**Año de constitución del estado:** 1790.

**Abreviatura del nombre:** R. I. (tradicional), RI (postal).

**Lema del estado:** *Esperanza*.

**Canción del estado:** *Rhode Island*. Letra y música de T. Clark Brown.

**Ciudades más grandes:** Providence, Warwick, Cranston.

**Gobierno:**

Gobierno estatal:
Gobernador: mandato de 4 años.
Senadores estatales: 50; mandato de 2 años.
Diputados estatales: 100; mandato de 2 años.
Ciudades y pueblos: 39 con gobiernos locales (no gobierno de condado).

Gobierno federal:
Senadores nacionales: 2.
Diputados nacionales: 2.
Votos electorales: 4.

**Ave del estado**
Rhode Island Red

**Flor del estado**
Violeta

• Ride, Sally

## Ride, Sally

Sally Ride (1951-   ) fue una astronauta y la primera mujer estadounidense en viajar por el espacio. En junio de 1983 ella y otros cuatro astronautas hicieron un viaje de seis días en el transbordador espacial Challenger. Durante el viaje Ride ayudó con el lanzamiento de satélites y a hacer experimentos. En octubre de 1984 hizo su segundo viaje en transbordador.

Ride nació en Los Ángeles. En 1978 la eligieron para entrenarla como astronauta. Ride dejó el programa para astronautas en 1987. Pasó a enseñar en la Universidad de Stanford, en California.

**La astronauta Sally Ride** en el transbordador espacial Challenger se comunica con el control en tierra. Fue la primera mujer estadounidense en viajar por el espacio.

## Rin, Río

El río Rin es una de las vías fluviales más activas del mundo. También es la vía fluvial interior más importante de Europa. El Rin corre desde los Alpes hasta el mar del Norte. Los Alpes son el sistema de montañas más grande de Europa.

A lo largo de la costa del Rin hay muchas ciudades puerto, y en el valle del Rin se elevan muchos castillos. Los castillos se construyeron para protección durante la Edad Media, cuando los países de Europa a menudo estaban en guerra.

El Rin aparece en muchas leyendas (o historias del pasado) alemanas. Una historia cuenta de un acantilado alto llamado Lorelei. La leyenda dice que el eco que se oye allí es la voz de Lorelei, una ninfa del río, o espíritu, que atrae a los marineros a la muerte con su hermosa voz.

**El río Rin** corre desde los Alpes hasta el mar del Norte. Es la vía fluvial interior más importante de Europa.

68 World Book Enciclopedia estudiantil hallazgos

## Rinoceronte

El rinoceronte es uno de los animales terrestres más grandes. Algunas clases de rinocerontes pueden medir un poco más de 6 pies (1.8 metros) de altura y pesar unas 7,000 libras (3,178 kilogramos).

El rinoceronte está emparentado con el caballo. Tiene el cuerpo grande, las patas cortas y la piel gruesa, con arrugas en las articulaciones. Hay cinco especies, o clases, de rinocerontes. La mayoría de las especies tienen poco pelo. Los rinocerontes tienen uno o dos cuernos verticales en la nariz. Los cuernos son de un material similar a una mezcla de pelo y uñas.

Los rinocerontes salvajes viven en África, en el sudeste de Asia y en unas cuantas islas grandes que están cerca de Asia. Se alimentan de pasto, ramas con hojas y arbustos. Tienen pocos enemigos excepto la gente. A muchos rinocerontes los han matado por sus cuernos, que alguna gente cree que tienen poderes mágicos. Las cinco especies de rinocerontes están todas en peligro de extinción.

**Rinoceronte**

## Riñón

Los riñones son órganos o partes del cuerpo de los seres humanos y de todos los demás organismos vivos que tienen columna vertebral. La tarea más importante de los riñones es la producción de orina. La orina es un líquido que saca los desechos del cuerpo. Si una persona pierde un riñón en un accidente o por una enfermedad, el otro riñón puede aumentar su tamaño y hacer el trabajo de los dos. Si una persona pierde o tiene dañados los dos riñones, las toxinas se quedan en el cuerpo y la persona muere. Pero mucha gente que tiene los riñones dañados puede vivir con un dializador. Esta máquina hace el trabajo de los riñones. Alguna gente se hace un transplante de riñón. Así vuelven a tener un riñón sano.

Los riñones de los seres humanos se parecen a frijoles reniformes de color marrón púrpura. Tienen el tamaño aproximado del puño de un adulto. Están por debajo del medio de la espalda, a cada lado de la columna vertebral.

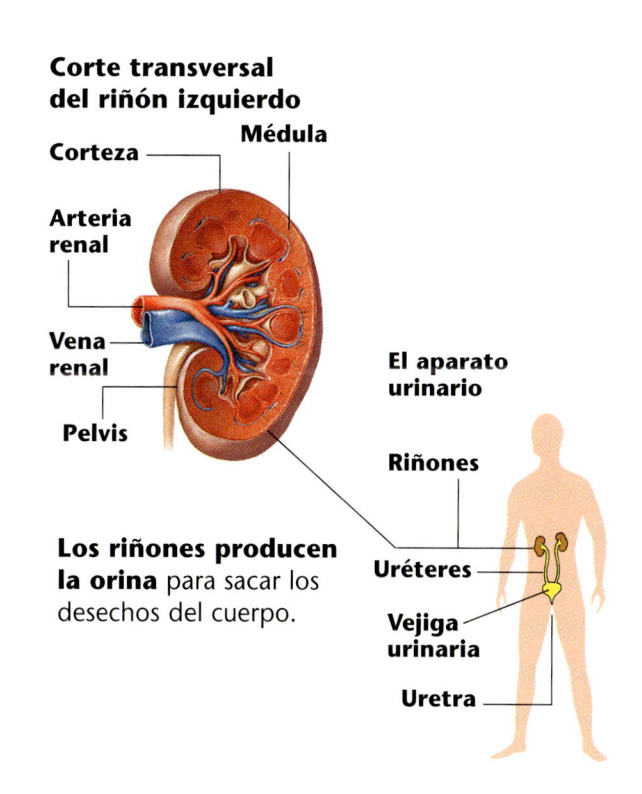

**Corte transversal del riñón izquierdo**
Corteza
Médula
Arteria renal
Vena renal
Pelvis

**Los riñones producen la orina** para sacar los desechos del cuerpo.

El aparato urinario
Riñones
Uréteres
Vejiga urinaria
Uretra

World Book Enciclopedia estudiantil hallazgos

• Río

# Río

**U**n río es una masa grande de agua que fluye por la tierra. Fluye en un canal largo.

La mayor parte del agua de los ríos viene de las lluvias. Los ríos también obtienen agua de la nieve y el hielo que se derriten, de un manantial o de un lago que se desborda. A medida que el río fluye recibe más agua de riachuelos, otros ríos y las lluvias. En la desembocadura, o fin, de un río el agua entra en un río más grande, un lago o el mar.

Debido a que el río disminuye de velocidad al llegar a su desembocadura, la tierra que lleva el río a veces se deposita allí. La tierra se acumula y forma una región de tierra llamada delta. El delta se extiende hacia el lago o mar donde el río termina.

Los ríos pueden ser de muchos tamaños. Unos son tan pequeños que se secan durante las épocas calurosas y secas. Otros son tan largos que corren a través de varios países. El río más largo es el río Nilo de África. El segundo río más largo es el río Amazonas de Sudamérica. A pesar de que el río Nilo es más largo, el río Amazonas lleva más agua.

Los ríos han sido importantes para la gente por miles de años. Han sido importantes para el transporte, llevando a gente o cosas de un lugar a otro. También han sido importantes para el comercio, que es el negocio de intercambiar productos por dinero u otros objetos. La gente ha construido casas y aldeas a lo largo de los ríos más importantes. Por ejemplo, las ciudades estadounidenses de Minneapolis, Saint Paul, Saint Louis, Memphis y Nueva Orleans están todas a orillas del río Misisipí.

**Un río empieza** con el agua de un manantial, un lago o un glaciar. Recibe más agua de riachuelos, otros ríos y la lluvia. Puede formar un cañón o una catarata donde desgasta la roca. En las zonas más bajas forma planicies de inundación. En la desembocadura un río desagua en un lago, el mar u otro río.

Los ríos también son importantes para la producción agropecuaria. La zona de alrededor de un río tiene tierra muy buena para los cultivos. Los granjeros de zonas secas usan el agua de río para irrigar la tierra. Cavan acequias para dirigir el agua del río a la tierra agropecuaria.

Los ríos también son una fuente importante de energía. La fuerza con que fluye el agua en las cataratas u otros lugares empinados a lo largo de un río se puede usar para hacer funcionar máquinas y para producir energía eléctrica. Hoy en día el agua ayuda a producir gran parte de la energía eléctrica del mundo.

Cuando hay muchas lluvias o la nieve del invierno se derrite rápidamente, los ríos pueden desbordarse y causar inundaciones. Las inundaciones se llevan tierra de cultivo, destruyen edificios y hieren o matar gente y animales.

Artículos relacionados: **Cañón; Catarata; Delta; Dique; Inundación; Valle;** y los artículos de cada río por separado.

# Río de Janeiro

Río de Janeiro es la segunda ciudad de Brasil, Sudamérica, por su tamaño. Sólo São Pablo tiene más habitantes. Río de Janeiro a menudo se llama sólo "Río". Río es la capital del estado de Río de Janeiro del sudeste de Brasil.

Río de Janeiro es una de las ciudades más hermosas del mundo. Río se extiende entre montañas arboladas y las azules aguas del océano Atlántico y de la bahía de Guanabara. A lo largo de la costa hay playas de arena blanca y palmeras. Sobre la bahía se eleva la montaña del Pan de Azúcar.

Río es una ciudad populosa. Aún así muchos de sus habitantes creen que Río es el mejor lugar de Brasil para vivir. Río es famoso por su festival llamado Carnaval. El Carnaval tiene lugar todas las primaveras, justo antes del período religioso de la cuaresma. El Carnaval son cuatro días y noches de desfiles y baile en las calles.

**La montaña del Pan de Azúcar** domina el panorama de Río de Janeiro, Brasil. En la cima descuella una estatua del Cristo Redentor.

# Rivera, Diego

Diego Rivera (1886-1957) fue un artista mexicano. Se hizo famoso por sus murales. Los murales son pinturas grandes hechas sobre muros. Sus murales mostraban la vida y la historia mexicana.

Rivera nació en Guanajuato, México. En los años veinte Rivera empezó a experimentar con el fresco, un tipo especial de pintura sobre muros. Rivera pronto inventó su propio estilo de pintura al fresco. Pintó figuras grandes y simples y usó colores fuertes. Algunos de los mejores murales de Rivera están en el Palacio Nacional de la ciudad de México y en la Escuela Nacional de Agricultura de Chapingo, cerca de la ciudad de México. Frida Kahlo, esposa de Rivera, también era una pintora muy conocida.

Artículo relacionado: **Kahlo, Frida**.

**Este mural de Diego Rivera** muestra a los amerindios zapotecas del sur de México haciendo joyas de oro antes que España se apoderara de México en el siglo XVI. Las obras de Rivera a menudo mostraban la historia de México.

# Rizal, José

José Rizal (1861-1896) fue un miembro de la Liga Filipina, un partido político de las Filipinas. Un partido político es un grupo de personas que creen que un gobierno debe dirigir de cierta manera. Cuando Rizal era activo políticamente, a las Filipinas las gobernaba España. La Liga Filipina pidió cambios en la manera en que los españoles gobernaban las Filipinas.

Rizal nació cerca de Manila. Se hizo famoso por su trabajo en medicina y economía, o el estudio del dinero. También fue famoso por su poesía y otros escritos. Rizal trató de cambiar el gobierno hasta 1896. Luego lo arrestaron y ejecutaron por sus actividades políticas.

**José Rizal**

# Robeson, Paul

Paul Robeson (1898-1976) fue un cantante, actor y activista político afroamericano. Un activista político es una persona que trabaja para cambiar cosas del gobierno. Robeson trabajó para ayudar a los afroamericanos de Estados Unidos y a la gente negra de todo el mundo.

Robeson nació en Princeton, New Jersey. En 1923 obtuvo el título de abogado. Luego fue actor y cantante e hizo muchas películas y grabó muchos discos. A fines de los años treinta Robeson empezó a trabajar por la paz y otras causas políticas. Ayudó a las colonias africanas en su lucha para independizarse de los gobernantes europeos.

En 1958 Robeson se mudó a Londres. Pero se enfermó y volvió a Estados Unidos en 1963.

**Paul Robeson**

# Robin Hood

Robin Hood era el héroe de un libro de cuentos. Era un bandido inglés que robaba a los ricos y daba a los pobres. Cuentan sus aventuras muchos cuentos y canciones. Algunos de estos cuentos y canciones se remontan hasta el siglo XIV. Robin Hood era bondadoso con la gente pobre y peleó contra el representante real de Nottingham, quien trataba mal a la gente pobre.

Robin Hood vivía con su alegre grupo en el bosque de Sherwood, en Nottinghamshire. Sus amigos más famosos incluían a Friar Tuck, Little John y la doncella Marian. La doncella Marian era la novia de Robin Hood. Alguna gente dice que al personaje de Robin Hood lo inspiró una persona real, pero nadie lo sabe con seguridad.

**Robin Hood**

# Robinson, Jackie

Jackie Robinson (1919-1972) fue el primer afroamericano en jugar en las ligas mayores de béisbol modernas. Durante los diez años de su carrera en las ligas mayores, Robinson jugó para los Brooklyn Dodgers. Entró a los Dodgers en 1947. Antes a los jugadores de color no les habían permitido jugar en las ligas mayores.

Jack Roosevelt Robinson nació en Cairo, Georgia. Fue estrella en cuatro deportes en la Universidad de California de Los Angeles. Entró a los Dodgers como jugador de primera base, pero se hizo muy famoso como jugador de segunda base. Robinson era muy buen bateador y corredor, y también se destacó robando bases. En 1949 ganó el premio al jugador más valioso de la National League así como también el campeonato de bateo de la liga con un promedio de .342. En 1962 lo eligieron para el Salón de la Fama del Béisbol Nacional. En 1956 recibió la Medalla Spingarn, un premio que se da a afroamericanos sobresalientes.

**Jackie Robinson**

# Robinson Crusoe

Robinson Crusoe es el personaje principal de la historia de un hombre que se queda solo en una isla frente a la costa norte de Sudamérica. Daniel Defoe escribió esa historia en un libro llamado *Robinson Crusoe* en 1719. Basó su cuento parcialmente en las experiencias reales de la vida de un marinero escocés llamado Alexander Selkirk. El cuento imaginario de Defoe sobre la vida de Crusoe se ha convertido en uno de los libros más famosos escritos en inglés.

El libro explica cómo Crusoe ingeniosamente logra hacerse un cómodo hogar mientras vive en la isla. Después de vivir solo durante 26 años, Crusoe salva a un hombre de los caníbales, o gente que come carne de ser humano. Crusoe llama Viernes a este hombre porque lo conoció ese día. Viernes se convierte en amigo fiel y sirviente de Crusoe. Dos años después rescatan a Crusoe y a Viernes, y éstos se van a vivir a Inglaterra.

*Robinson Crusoe* es una historia basada en las experiencias reales de la vida de un marinero que quedó solo en una isla.

# Robot

Los robots son máquinas controladas por computadoras. La computadora almacena instrucciones que le dicen al robot exactamente qué pasos debe seguir para completar un trabajo determinado. Los robots hacen trabajos como perforar, pintar y ensamblar partes de automóviles. Son especialmente útiles para trabajos que son muy aburridos, duros o peligrosos para la gente. La palabra robot viene de la palabra checa robota, que significa trabajo aburrido.

La mayoría de los robots no son como las máquinas parecidas a humanos de los cuentos de ciencia ficción. La mayoría de los robots son máquinas que se quedan en un lugar y tienen un solo brazo. Usan ese brazo para levantar objetos y manejar herramientas.

Artículo relacionado: **Computadora**.

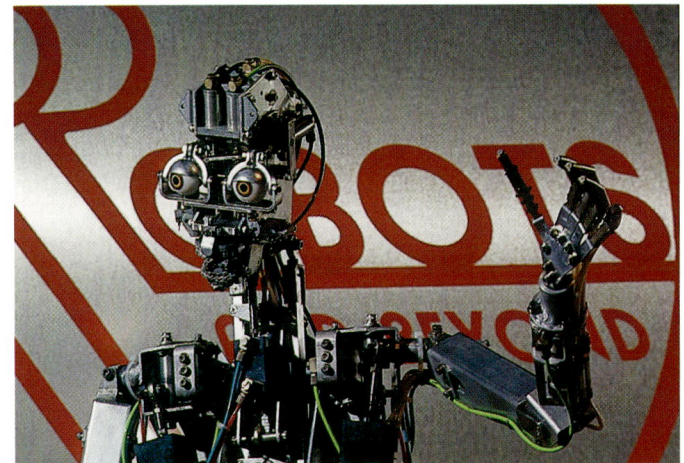

**Este robot** se hizo para mostrar cómo se cree que van a ser los robots en el futuro. Tiene partes que son como las manos y los ojos humanos.

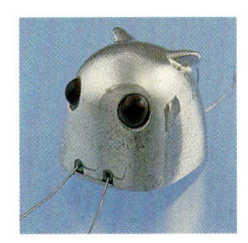

**Este robot trepador pequeño** lo hicieron unos científicos japoneses. Sus "ojos" ven la luz y sus "antenas" lo ayudan a recargarse.

# Roca

La roca es un material duro y sólido que forma parte de la tierra. En muchos lugares la roca está cubierta de una capa de tierra en que pueden crecer plantas o árboles. La tierra está hecha de pedazos pequeños de roca mezclados con materiales de plantas y animales muertos. También hay roca debajo de los océanos.

Donde hay autopistas cortadas en las colinas, a menudo se ven capas de roca en las laderas de la colina. Muchos ríos cortan a través de la roca y forman cañones. A lo largo de la costa del mar de lugares como el estado de Maine y el país de Noruega, hay grandes acantilados de roca. En las regiones desérticas pueden elevarse acantilados y torres de roca de entre las llanuras de arena.

# Roca

## Tipos de roca

La mayoría de las rocas están hechas de uno o más minerales. Los tres tipos principales de roca son las ígneas, las sedimentarias y las metamórficas.

Las rocas ígneas empiezan como roca derretida, llamada magma, muy dentro de la Tierra. Los terremotos y otros movimientos de la corteza terrestre a veces hacen que el magma salga a la superficie. Las rocas ígneas se forman cuando el magma se enfría y se endurece. Son ejemplos de rocas ígneas una roca gris verdusca o negra llamada basalto, una roca vidriosa negra llamada obsidiana y el granito.

Las rocas sedimentarias están hechas de capas de materiales sueltos que alguna vez formaron parte de rocas más antiguas o plantas y animales muertos. La mayoría de estas capas se forman en el lecho de los océanos, pero algunas se forman en la tierra y en el agua dulce. Con el tiempo, los materiales sueltos se convierten en roca sólida y dura. Las rocas sedimentarias incluyen la caliza, la arenisca y el esquisto.

La roca metamórfica es roca ígnea y roca sedimentaria que la presión y el calor transformaron muy debajo de la corteza terrestre. Esta presión y este calor cambian el aspecto de las rocas. En muchos casos se forman minerales nuevos en la roca. Son rocas metamórficas el mármol y la pizarra.

**Unas capas de basalto,** un tipo de roca, se ven donde cortaron la ladera de una colina para hacer esta carretera.

## Usos de la roca

Las rocas y los minerales se usan de muchas maneras. Los constructores usan granito, mármol y otras rocas. El cemento, que se hace con caliza y otras rocas, se mezcla con piedras para formar hormigón resistente, que se usa en la construcción de edificios, diques y autopistas.

Los metales como el aluminio, el hierro, el plomo y el estaño vienen de rocas llamadas menas. Las menas pueden estar cerca de la superficie de la tierra o a gran profundidad. En algunos lugares, grandes cantidades de menas de hierro o de cobre forman montañas enteras. Casi todas las piedras preciosas vienen de las rocas. Las piedras preciosas son piedras hermosas, como el diamante o la esmeralda.

Las rocas también dan información sobre la Tierra y su historia. Unos científicos llamados geólogos aprenden sobre la historia de la Tierra estudiando las rocas. Descubren dónde encontrar petróleo estudiando las capas de roca. Otros científicos estudian los fósiles para aprender sobre la vida en la Tierra de hace millones de años. Los fósiles son los restos de plantas y animales que se encuentran en las rocas.

## Coleccionar rocas

Miles de jóvenes y adultos coleccionan rocas y minerales como pasatiempo. Se puede encontrar rocas y minerales interesantes en muchos lugares. Algunos lugares buenos para ir en busca de rocas pueden ser las minas, las canteras, los lugares en construcción, los acantilados y las playas del mar, las orillas de ríos y los costados de carreteras construidas a través de montañas.

Los coleccionistas de rocas le ponen una etiqueta a cada roca con el nombre del lugar donde la encontraron, la fecha y el tipo de roca o mineral. Muchos coleccionistas de roca guardan sus rocas en cajas de cartón poco profundas, con pequeños compartimentos, o secciones. Muchos también llevan una lista de los nombres de todas las rocas en un libro de registro.

Artículos relacionados: **Aluminio; Carbón; Cobre; Coral; Estaño; Fósil; Geología; Hierro y acero; Mármol; Oro; Piedra preciosa; Plata; Plomo; Tierra; Tiza.**

**Granito (ígnea)**

**Caliza (sedimentaria)**

**Cuarcita (metamórfica)**

• Rocío

## Rocío

Rocío es el nombre que se da a las brillantes gotas de agua que vemos temprano por la mañana. Se forma sobre el césped, las hojas y el techo de los autos.

El rocío se forma durante cierto tipo de tiempo. Durante el día los objetos toman el calor del sol. Por la noche pierden ese calor. A medida que los objetos que están cerca del suelo se enfrían, también se enfría el aire que está a su alrededor. El aire más frío no puede contener tanto vapor de agua, o humedad, como el aire más cálido. Si el aire se enfría mucho, parte del vapor de agua se hace líquido y forma el rocío.

A la mañana, el sol calienta el suelo y el aire a medida que sale. El aire más cálido puede contener más vapor de agua. Entonces el aire más cálido absorbe, o toma, el rocío y las gotas de rocío desaparecen.

Artículo relacionado: **Escarcha**.

**Las gotas de rocío** se forman sobre muchos tipos de superficies, como las hojas de césped que se muestran aquí.

## Rocosas, Montañas

Las montañas Rocosas son la cadena de montañas más grande de Norteamérica. Las Rocosas se extienden más de 3,000 millas (4,800 kilómetros) a través de Estados Unidos y Canadá. En algunos lugares la cadena tiene unas 350 millas (563 kilómetros) de ancho. En Estados Unidos, las Rocosas se extienden a través de Nuevo México, Colorado, Utah, Wyoming, Idaho, Montana, Washington y Alaska. Las Rocosas canadienses pasan a través de Alberta, Columbia Británica, los Territorios del Noroeste y el Territorio del Yukón.

La actividad agropecuaria principal en las Rocosas es la cría

**Las Maroon Bells en las montañas Rocosas de Colorado**

de ganado y ovejas. Los otros negocios importantes de las Rocosas son la minería y la explotación forestal. A los visitantes de las Rocosas les gusta la gran belleza de la región, que incluye picos nevados y lagos brillantes. En las montañas Rocosas hay varios parques nacionales estadounidenses y canadienses. La región también es famosa por sus centros de esquí y sus animales salvajes como cabras de las Rocosas, ovejas bighorn, osos, alces y leones americanos.

Las Rocosas forman la divisoria continental, que separa los ríos que van hacia el oeste, al océano Pacífico, de los que van hacia el este, al océano Atlántico. Las Rocosas canadienses también separan los ríos que van hacia el norte, al océano Ártico, de los que van hacia el sudoeste y desembocan en el océano Pacífico. En las Rocosas nacen varios ríos entre los cuales se encuentran el Arkansas, el Colorado, el Columbia, el Misuri y el río Grande.

Artículo relacionado: **Yellowstone, Parque nacional.**

**Las montañas Rocosas**

# Rodeo

El rodeo es un deporte que combina las destrezas de los vaqueros y las vaqueras con el espíritu del viejo Oeste. Los rodeos tienen lugar en muchas partes de Estados Unidos, Canadá y Australia.

En una competición o concurso de rodeo, la gente mide sus destrezas de jineteo y lazo en pruebas emocionantes. Los ganadores reciben como premio una cantidad de dinero. Los payasos de rodeo contribuyen a la diversión.

Los dos grupos principales de pruebas de rodeo son las pruebas de ganado y las pruebas contra reloj. En las pruebas de ganado los vaqueros y las vaqueras tratan de montar caballos o toros corcoveantes durante cierto número de segundos. El animal que corcovea trata de tirar al jinete de su lomo. Dos eventos populares son el

**En un jineteo de toros,** un jinete trata de mantenerse en el lomo de un toro sujetándose a una soga con una sola mano.

### Rodeo

jineteo de caballos con correa y el jineteo de toros. En el jineteo de caballos con correa se usan potros salvajes, o caballos que no fueron entrenados para montar. El jinete debe permanecer montado durante ocho segundos y debe espolear, o golpear con las espuelas, al caballo mientras corcovea. En el jineteo de toros, el jinete trata de mantenerse sobre el lomo del toro durante ocho segundos sosteniéndose de una soga colocada alrededor de la panza del toro. Los jueces dan puntos a los concursantes, o personas que participan en la prueba, principalmente por su estilo y por la manera en que manejan los animales. Los eventos contra reloj se califican según la velocidad con que el concursante termina una tarea determinada. Por ejemplo, cada concursante trata de ser el más rápido en enlazar las patas de becerros o novillos.

**En el derribe de novillo,** el vaquero se desliza de su caballo y lucha para tirar al novillo al suelo. Un ayudante hace que el novillo corra en línea recta.

Los animales que se usan en los rodeos son valiosos y están bien cuidados. La Asociación Humanitaria Estadounidense tiene reglas para asegurar que no se lastime a los animales.

El rodeo femenino tiene algunas pruebas planeadas especialmente para mujeres y otras que son iguales a los de los hombres. En la carrera de barriles, por ejemplo, una vaquera monta su caballo lo más rápido que puede, haciendo un recorrido en forma de trébol alrededor de tres barriles. Pierde puntos por cada barril que derriba. En el rodeo femenino las vaqueras también compiten en el jineteo de caballos con correa y el jineteo de toros.

Los rodeos vienen de varias actividades del campo de fines del siglo XIX. Por ejemplo, después de trabajar arreando o rodeando ganado, los vaqueros se juntaban y competían en destrezas como el jineteo de caballos y el enlace de novillos. El primer rodeo en cobrar entrada y ofrecerle un premio a los concursantes tuvo lugar en Prescott, Arizona, en 1888.

Artículo relacionado: **Vaquero**.

# Rodríguez, Juan *Chi Chi*

Juan *Chi Chi* Rodríguez (1935-    ) es un golfista puetorriqueño. Se le conoce también por la ayuda que da a los niños necesitados. Obtuvo su mayor éxito como golfista después de los 50 años de edad. Como profesional del golf, ganó ocho torneos en 25 años. Ganó 22 torneos en sus diez primeros años en la temporada de los mayores. En su infancia fue pobre. Sufrió algunas enfermedades infantiles que le causaron daños corporales. A pesar de eso, Rodríguez se convirtió en un gran atleta. Aprendió a jugar golf usando ramas como palos de golf y bolas hechas de tarros de lata. Cuando adquirió el éxito, quiso ayudar a los niños pobres, así que creó la Fundación Juvenil *Chi Chi* Rodríguez del campo de golf de Clearwater, Florida. Rodríguez ha ayudado a muchas instituciones de beneficencia.

**Juan *Chi Chi* Rodríguez**

# Roedor

Los roedores son animales peludos con dientes delanteros que usan para roer, o masticar, objetos duros. Sus dientes se desgastan a medida que el animal roe, pero siguen creciendo hasta que el animal es viejo. Los muchos tipos de roedores incluyen a las ardillas, los castores, los hámsters, los puercoespines, las ratas, las ratas de abazones y los ratones. Las ardillas pueden romper la cáscara de las nueces con sus dientes delanteros. Los castores pueden roer troncos duros y las ratas pueden roer paredes de madera y de yeso.

Los roedores viven en casi todos los lugares del mundo. Para la gente son tanto útiles como dañinos. Algunos roedores comen insectos y malezas perjudiciales, y algunos tienen piel valiosa. Pero los roedores también dañan los cultivos y otras propiedades y muchos roedores transmiten enfermedades.

Artículos relacionados: **Ardilla; Ardilla listada; Castor; Conejillo de Indias; Hámster; Jerbillo; Perrillo de las praderas; Puerco espín; Rata almizclera; Rata de abazones; Rata; Ratón.**

**Ardilla gris Norteamérica**

**Castor Norteamérica**

• Rojo, Mar

# Rojo, Mar

El mar Rojo es un brazo largo y angosto del océano Índico. Está entre la península Arábiga y África. Por el mar Rojo pasan muchos barcos que viajan entre Europa y Asia, lo que lo hace una de las vías fluviales más activas del mundo.

En el extremo norte, el mar Rojo se conecta con los golfos de Suez y de Aqaba. El golfo de Suez lleva al canal de Suez, que une el mar Rojo con el mar Mediterráneo.

Debido a que esta región es muy calurosa, el agua se evapora rápidamente y deja tras sí la sal. Esto hace que el mar Rojo sea uno de los mares más salados del mundo. El mar tiene muchos arrecifes de coral y muchos tipos de peces.

**El mar Rojo** está en una región donde muchos valles corren a través de partes del África oriental y del sudoeste de Asia. Es una de las vías fluviales más activas del mundo.

**Rollerblading.** Véase **Patinaje en línea**.

# Roma

Roma es la capital de Italia. Esta histórica ciudad está a orillas del río Tíber, en el centro de Italia. Está construida sobre unas 20 colinas. Roma es famosa por sus bellas plazas, así como por sus palacios antiguos, museos, iglesias, estatuas y fuentes. Uno de los edificios antiguos más famosos de la ciudad es el Coliseo, un enorme teatro al aire libre que se construyó hace unos 2,000 años. Roma también tiene edificios modernos. En Roma viven casi tres millones de personas.

A los visitantes les gustan las excelentes tiendas y restaurantes. Roma es uno de los centros más importantes de arte y música del mundo. Roma es una ciudad importante desde hace más de 2,000 años.

Artículos relacionados: **Ciudad del Vaticano; Coliseo; Roma antigua.**

**El Foro,** la plaza pública que se ve en primer plano, y el Coliseo, el edificio circular del fondo, son ruinas de la Roma antigua que todavía están en la ciudad de Roma moderna.

82 World Book Enciclopedia estudiantil hallazgos

# Roma antigua

**L**a Roma antigua fue una ciudad del centro de Italia que se fundó hace más o menos 2,700 años. A lo largo de cientos de años Roma creció de una pequeña comunidad de pastores hasta llegar a ser un imperio poderoso. Un imperio es una nación que gobierna a más de un país. El Imperio romano abarcaba más o menos la mitad de Europa, gran parte del Oriente Medio y la costa norte de África.

Los millones de personas que vivían en el Imperio romano hablaban muchas lenguas, practicaban muchas religiones diferentes y llevaban estilos de vida distintos. Pero el imperio las mantenía unidas bajo un mismo sistema de leyes y un mismo gobierno.

**Muchos edificios** de la Roma antigua tenían tiendas donde la gente compraba alimentos, se encontraba con amigos y vendía las cosas que había hecho. La gente iba a las fuentes que había en la calle, como la que se ve en esta pintura, a buscar agua para llevar a su casa.

● Roma antigua

# ¡MANOS A LA OBRA!

## ¡Haz un serpienzalete!

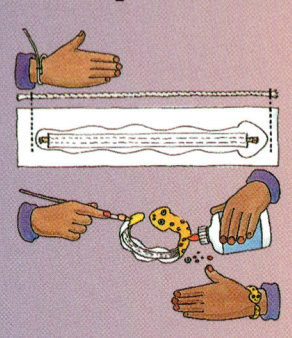

En algunos países la gente usa brazaletes con forma de serpiente para tener buena suerte. Puedes hacerte un "serpienzalete" para usarlo en la muñeca, el brazo o el tobillo.

Usa un cordel para medir el contorno de tu muñeca, brazo o tobillo. Dibuja en el cartón la figura de una serpiente más o menos del largo del cordel. Recorta la figura.

Da vuelta a la serpiente. Con la cinta de pegar pégale en el centro de extremo a extremo un trozo de limpiapipas del mismo largo. Dobla cuidadosamente la serpiente de cartón para darle forma de brazalete.

Pinta la serpiente de dorado. Una vez que la pintura esté seca, pega con cola brillantina o una lentejuela para hacerle cada ojo. Si quieres, puedes usar más brillantina o lentejuelas para decorar la piel de tu serpienzalete.

**Vas a necesitar:**
- cartón delgado
- lápiz
- limpiapipas
- cinta de pegar
- pintura dorada
- pincel
- tijeras
- cola
- brillantina o lentejuelas

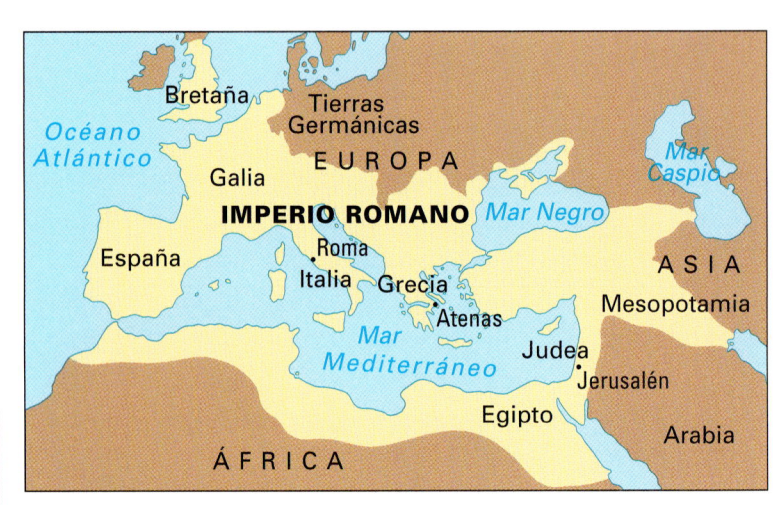

**El Imperio romano** abarcaba más o menos la mitad de Europa, gran parte del Oriente Medio y la costa norte de África.

El Imperio romano duró más de mil años. Pero finalmente el imperio se hizo demasiado grande para controlarlo desde Roma. Hace unos 1,500 años, los gobernantes germánicos y sus soldados se apoderaron de gran parte del Imperio romano y la dividieron en reinos más pequeños.

El Imperio romano tuvo muchos efectos duraderos sobre el mundo. El francés, español e italiano modernos vienen del latín, la lengua de los romanos antiguos. El derecho y el gobierno romanos fueron modelos para las leyes y los gobiernos de muchos países de Europa occidental, de Norteamérica y de Sudamérica. Las carreteras y los puentes de los romanos antiguos, algunos de los cuales se usan todavía, sirvieron de modelo a constructores futuros. Algunos de los grandes edificios y muchas obras de arte hermosas hechas durante el Imperio romano se ven todavía en la ciudad de Roma moderna.

Artículo relacionado: **Roma**.

# Roosevelt, Franklin Delano

Franklin Delano Roosevelt (1882-1945) fue el trigésimo segundo presidente de Estados Unidos. Se lo conocía por sus iniciales, FDR. Roosevelt se desempeñó como presidente por más de 12 años, más tiempo que cualquier otra persona. Fue el único presidente elegido cuatro veces: en 1932, en 1936, en 1940 y en 1944.

Roosevelt nació en Hyde Park, Nueva York. De 1929 a 1932 fue gobernador de Nueva York. Franklin Roosevelt y Theodore Roosevelt, el vigésimo sexto presidente de Estados Unidos, eran primos en quinto grado.

Roosevelt llegó a la presidencia durante la Gran Depresión. Era una época dura para la economía. Uno de cada cuatro trabajadores había perdido su trabajo. Muchas familias no tenían dinero para comprar alimento. Otras perdieron su hogar porque no podían pagar las cuotas de la casa. Para ayudar a la gente el presidente Roosevelt creó un programa de gobierno llamado el Nuevo Trato. Mucha gente consiguió un trabajo nuevo o recibió dinero del gobierno para ayudar a pagar el alimento y la vivienda.

Mientras Roosevelt era presidente empezó la segunda guerra mundial (1939-1945). Al principio Estados Unidos se mantuvo fuera de la guerra. Pero en 1941 aviones japoneses atacaron a los barcos de la Marina de Estados Unidos que estaban en Pearl Harbor, Hawai. Estados Unidos declaró la guerra contra Japón y entró en la segunda guerra mundial. Roosevelt fue un líder fuerte durante toda la guerra. Murió poco antes de que la guerra terminara, en 1945.

**Franklin Delano Roosevelt**

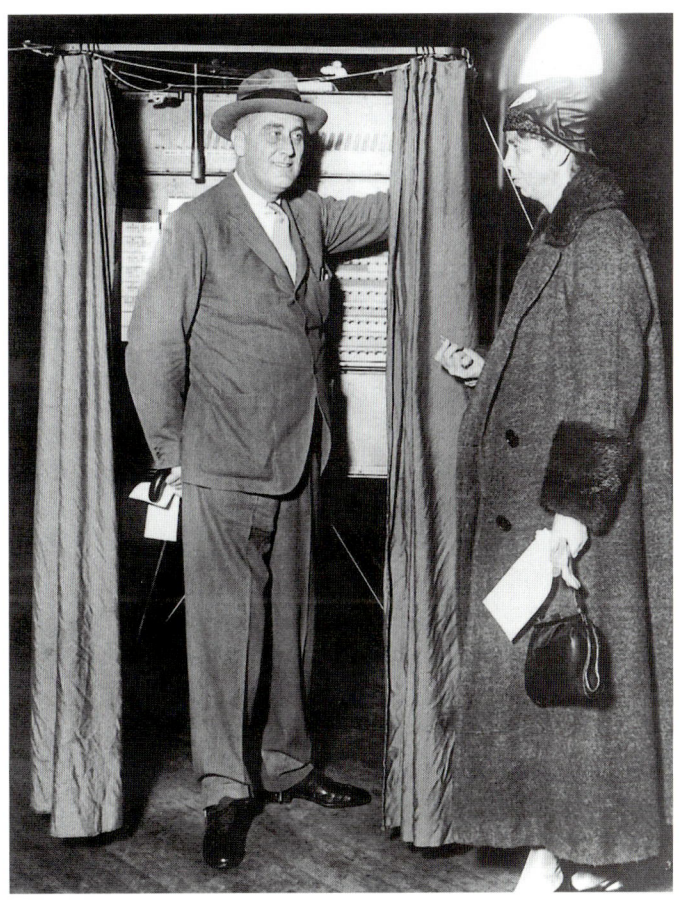

**El presidente Roosevelt** y Eleanor Roosevelt, la primera dama, fotografiados cuando votaban en unas elecciones.

# Roosevelt, Theodore

Theodore Roosevelt (1858-1919) fue el vigésimo sexto presidente de Estados Unidos. Fue presidente desde 1901 hasta 1909. Roosevelt fue la persona más joven que haya llegado a ser presidente jamás. Cuando asumió el cargo tenía 42 años. Su sobrenombre era Teddy. En honor a él se nombró osito teddy a un animal de peluche.

Theodore Roosevelt nació en la ciudad de Nueva York. Se convirtió en un héroe nacional cuando dirigió a un grupo de soldados llamados Rough Riders durante la guerra Hispano-estadounidense de 1898. Después de la guerra lo eligieron gobernador de Nueva York. Theodore Roosevelt y Franklin Roosevelt, el trigésimo segundo presidente de Estados Unidos, eran primos en quinto grado.

Theodore Roosevelt resultó electo vicepresidente de Estados Unidos en 1900. Era el vicepresidente de William McKinley. Cuando en 1901 mataron al presidente McKinley, el vicepresidente Roosevelt asumió el cargo como presidente. En 1904, en las siguientes elecciones para presidente, Roosevelt ganó, así que fue presidente por cuatro años más.

El presidente Roosevelt trabajó para hacer de Estados Unidos un líder mundial. Fue el primer estadounidense en ganar el Premio Nobel de la Paz. Roosevelt también quiso mejorar la vida del pueblo estadounidense. Trató de limitar el poder de las enormes compañías de negocios. Mientras Roosevelt fue presidente, el Congreso aprobó leyes para controlar los ferrocarriles, para proteger a la gente de las drogas y los alimentos dañinos y para salvar los bosques de la nación.

**Theodore Roosevelt**

# Rosa

La rosa es una de las flores más hermosas. Hay rosas de muchos colores, incluso el rosa, el amarillo, el blanco y el púrpura claro. Algunas rosas huelen a té o a fruta, algunas tienen un perfume dulce y otras casi no tienen perfume.

Hay miles de variedades de rosa, pero solamente tres grupos principales de rosa. Las rosas antiguas florecen una vez por año. Las rosas perpetuas florecen una vez en verano y una vez en otoño. Las rosas reflorecientes florecen muchas veces por año.

Las rosas crecen en muchos lugares del mundo, en tierras y climas de distintos tipos. La rosa es la flor nacional de Estados Unidos y de Irán.

**Rosa de té híbrida**

# Ross, Betsy

Betsy Ross (1752-1836) fue una mujer estadounidense que hacía banderas. En la época de la guerra de la Revolución Norteamericana (1775-1783) trabajaba en una tienda. Alguna gente cree que hizo la primera bandera estadounidense con estrellas y rayas.

William J. Canby, un nieto de Betsy Ross, escribió un artículo sobre ella en 1870. Escribió que cuando tenía once años su abuela le contó la historia de que en 1776 había hecho la primera bandera oficial de Estados Unidos. Dijo que un grupo de hombres encabezados por George Washington le pidieron que la cociera. Nadie sabe con certeza si la historia es verdadera.

Betsy Ross nació en Filadelfia. Era una confeccionadora de banderas para la marina de Pensilvania.

Artículo relacionado: **Bandera**.

**Betsy Ross cociendo la primera bandera estadounidense**

# Ruanda

## Datos sobre Ruanda

**Capital:** Kigali.

**Superficie:** 10,169 mi² (26,338 km²).

**Población:** Estimada en 1998: 7,261,000.

**Lenguas oficiales:** Francés, inglés, kinyaruanda y swahili.

**Clima:** Caluroso en la meseta, más fresco en las montañas; precipitaciones moderadas.

**Productos principales:**
Agricultura: bananas, batatas, café, frijoles, ganado vacuno, mandioca, piretro, sorgo, té.
Minería: estaño, wolframita.

**Forma de gobierno:** República.

**Bandera**

## Ruanda

Ruanda es un país pequeño de la parte este del centro de África. Al norte limita con Uganda, al este con Tanzania, al sur con Burundi y al oeste con Congo-Kinshasa. Ruanda es uno de los países más pobres y más poblados de África. Su capital y ciudad más grande es Kigali.

La mayoría de los habitantes de Ruanda pertenecen al grupo hutu. Los tutsi son un grupo más pequeño de Ruanda. Otro pequeño grupo de gente lo forman los twa, también conocidos como pigmeos.

Gran parte del oeste de Ruanda está cubierta de montañas volcánicas. El este está cubierto de zonas altas y planas llamadas mesetas. En el noroeste de Ruanda está el Parque nacional de los Volcanes, una zona protegida para los gorilas de montaña, que están en peligro de extinción.

La mayoría de los ruandeses son granjeros que siembran cultivos para alimentar a la familia. El cultivo principal es el café, que se vende a otros países. Ruanda tiene poca industria.

Por cientos de años los tutsi fueron la gente más rica de Ruanda y gobernaron al país. En 1959 hubo un período de lucha sangrienta. Entonces los hutu obtuvieron el control del gobierno y la economía. A principios de los años noventa volvió a haber una lucha generalizada y ganaron el control del gobierno los tutsi.

Para escapar de la lucha, dejaron Ruanda unos 2 millones de personas, en su mayoría hutu. Miles murieron a causa de enfermedades o hambre en los campos de refugiados en lo que hoy es el Congo-Kinshasa.

**Ruanda y sus vecinos**

# Rubéola

La rubéola se llama también sarampión alemán. Es una enfermedad causada por un virus. El virus se propaga cuando una persona infectada tose o estornuda.

La mayoría de las personas que se contagian de rubéola se contagian en la niñez o en la adolescencia. Los primeros signos de la enfermedad incluyen un poco de fiebre, dolor de garganta y goteo de nariz. Otro de los primeros síntomas es una inflamación dolorosa de los ganglios del cuello y de detrás de los oídos. Luego puede aparecer una erupción cutánea de color rosado. La erupción empieza en la cara. Después se extiende al resto del cuerpo. Dura dos o tres días. Es posible que la erupción no se note en las pieles más oscuras. Un niño que ha tenido rubéola por lo general puede volver a la escuela una semana después de que la erupción haya desaparecido.

La rubéola puede prevenirse. Se puede dar a los niños una vacuna contra la enfermedad.

Artículo relacionado: **Sarampión**.

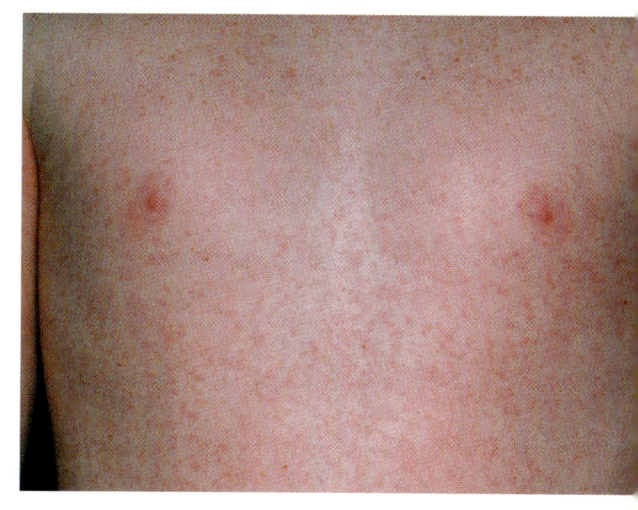

**Las personas que contraen rubéola**, o sarampión alemán, a menudo tienen erupciones cutáneas de color rosado en la cara, el pecho, los brazos y las piernas.

# Rubí

El rubí es una piedra preciosa dura y de color rojo que se usa en anillos, collares, brazaletes u otros adornos. El rojo de la mayoría de los rubíes es ligeramente marrón o amarillo, pero los mejores rubíes tienen un color rojo que es levemente azul. Los rubíes buenos están entre las joyas más caras. El rubí es la piedra natalicia de los nacidos en julio.

Los mejores rubíes vienen de Myanmar (antes Birmania). También hay rubíes de Tailandia, de Sri Lanka y de la India. Estos rubíes se sacan de la tierra. Los rubíes también se pueden hacer. Cada año se producen muchos rubíes artificiales.

Los rubíes se hacen de un mineral que se llama corindón. Un trozo de corindón se llama rubí si es rojo, o se llama zafiro si es azul. Cuando es de otro color que no sea rojo ni azul se llama zafiro fantasía.

**Rubí rojo**

## Rudolph, Wilma

Wilma Rudolph (1940-1994) fue una corredora estadounidense. En los Juegos Olímpicos de 1960 en Roma fue la primera mujer estadounidense en ganar tres medallas de oro en competiciones de atletismo. Ganó la carrera de los 100 metros y la de los 200 metros, y era miembro del equipo estadounidense que ganó la carrera de relevos de 400 metros.

Wilma Glodean Rudolph nació en St. Bethlehem, Tennessee. A los 4 años de edad se enfermó mucho. No pudo caminar bien hasta los 11 años. Rudolph trabajó muy duro para convertirse en una buena corredora. Participó por primera vez en los Juegos Olímpicos a los 16 años de edad. Más tarde estableció récords mundiales en las carreras de los 100 y los 200 metros.

**Wilma Rudolph,** *derecha*, ganó la carrera de los 100 metros en los Juegos Olímpicos de 1960.

## Rueda gigante

Las ruedas gigantes son juegos de parques de diversiones con forma de rueda. La mayoría tiene de 40 a 45 pies (12 a 14 metros) de altura. Las personas se sientan en 12 o más coches llamados cabinas que están fijos al borde de la rueda.

Las ruedas gigantes se llamaban en una época ruedas de placer. La más grande se construyó para una feria especial, que se hizo en 1893 en Chicago, Illinois. Tenía 250 pies (76 metros) de diámetro y cada una de las 36 cabinas podía llevar 60 personas. Le pusieron el nombre de su constructor, George W. Gale Ferris.

Más tarde la Compañía de Puentes Eli construyó ruedas gigantes que podían moverse fácilmente de un lugar a otro. En Inglaterra una rueda gigante se llama rueda Eli o rueda grande.

**Rueda gigante**

# Rugby

El rugby es un deporte rápido que se juega entre dos equipos. Los jugadores de cada equipo pueden anotar puntos pateando la pelota por encima de la portería del otro equipo. También pueden anotar puntos haciendo que la pelota toque el suelo detrás de la línea de gol del equipo contrario. Gana el equipo que anota más puntos.

Un juego de rugby se llama partido. Se divide en dos mitades de 40 minutos cada una. Entre las dos mitades hay un período de descanso de no más de cinco minutos. El partido también se detiene si un jugador se lastima, cuando se anotan los puntos, si la pelota se sale de los límites o si alguien quebranta las reglas del juego.

Las dos clases de rugby se llaman rugby union y rugby a 13. Los juegos se parecen mucho, pero el rugby union lo juegan los que lo hacen por diversión. Los jugadores profesionales (personas que ganan dinero jugando al rugby) juegan al rugby a 13. El resto de este artículo describe cómo se juega al rugby union.

**El rugby es un deporte popular** en muchos países. Argentina y Estados Unidos jugaron este partido de rugby en Tokio, Japón.

## Cómo se juega al rugby

El rugby se juega en una cancha rectangular. Las líneas de gol están separadas por una distancia de 109 yardas (100 metros). Sobre cada línea de gol hay dos postes de meta unidos por un travesaño. Cada equipo tiene 15 jugadores. Los jugadores no usan almohadillas protectoras.

El partido empieza con una patada a la pelota. El equipo que tiene la pelota trata de llevarla del otro lado de la línea de gol del equipo contrario. Los jugadores hacen mover la pelota corriendo con ella, pateándola o pasándola. Los pases de la pelota se pueden hacer sólo hacia los costados o hacia atrás. El equipo contrario trata de impedir que la pelota se mueva. Una manera de parar la pelota es placar al jugador que la lleva. Un jugador placado debe soltar la pelota. En ese momento cualquier jugador puede recoger la pelota y correr con ella o patearla.

**Una cancha de rugby union** tiene más o menos el mismo tamaño que una cancha de rugby a 13. La zona de juego es más pequeña, y algunas otras marcas son distintas.

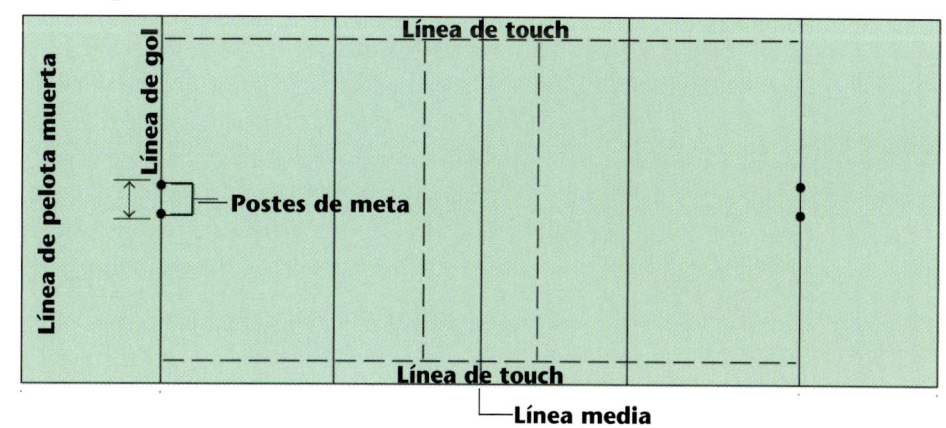

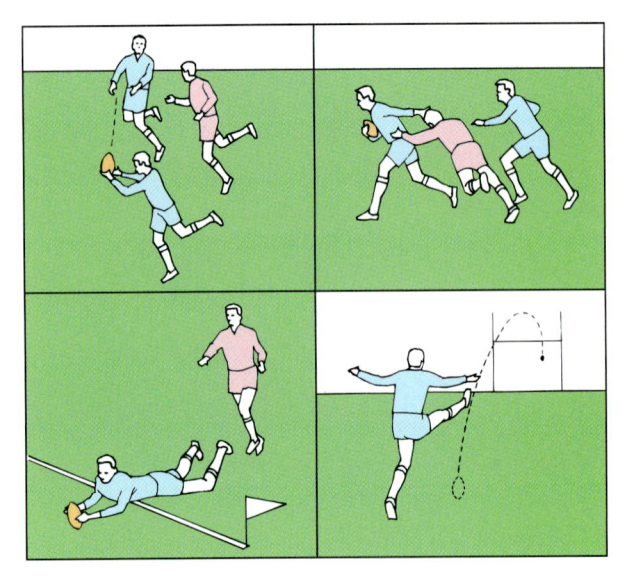

• Ruiseñor azul

**Los jugadores de rugby** pueden pasar la pelota de costado, *arriba a la izquierda.* Pueden apartar a un adversario con la mano, *arriba a la derecha.* Pueden anotar un ensayo llevando la pelota al suelo, *abajo a la izquierda,* o anotar un gol pateándola, *abajo a la derecha.*

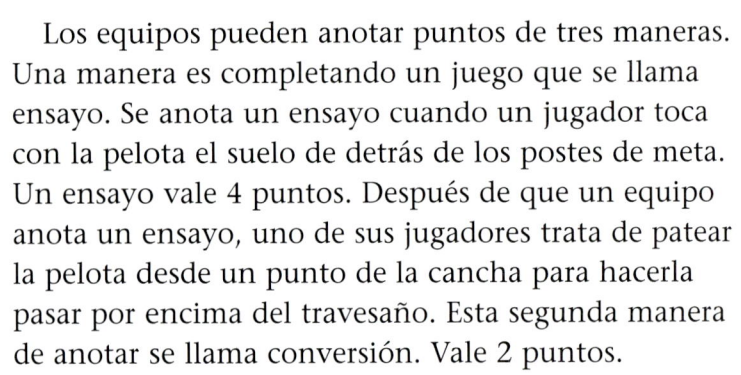

**El ruiseñor azul** es conocido por sus brillantes plumas azules.

Los equipos pueden anotar puntos de tres maneras. Una manera es completando un juego que se llama ensayo. Se anota un ensayo cuando un jugador toca con la pelota el suelo de detrás de los postes de meta. Un ensayo vale 4 puntos. Después de que un equipo anota un ensayo, uno de sus jugadores trata de patear la pelota desde un punto de la cancha para hacerla pasar por encima del travesaño. Esta segunda manera de anotar se llama conversión. Vale 2 puntos.

La tercera manera de ganar puntos es anotando un gol. Un jugador anota un gol dejando caer la pelota y pateándola por encima del travesaño en el primer rebote. Esto se llama drop.

Un jugador también puede anotar un gol por golpe de castigo pateando la pelota y haciéndola pasar por encima del travesaño desde un lugar fijo de la cancha. Se puede tratar de hacer un gol por golpe de castigo después de que el equipo contrario ha quebrantado ciertas reglas. Tanto el drop como el gol por golpe de castigo valen 3 puntos.

# Ruiseñor azul

Los ruiseñores azules son pájaros cantores de Norteamérica. Miden entre 6 y 7 pulgadas (15 a 18 centímetros) de largo y tienen el pico y las patas negros.

Los ruiseñores azules orientales tienen la cabeza, el lomo, la cola y las alas de color azul oscuro. Las hembras tienen un azul más pálido que los machos. Los ruiseñores azules occidentales tienen el cuello azul y la parte de arriba del lomo medio marrón. Los ruiseñores de montaña macho son celestes. Las hembras son parduscas.

Los ruiseñores azules comen insectos. En invierno también comen bayas. Viven en bosques abiertos y pastizales. La hembra construye el nido y pone de tres a siete huevos. Ella cuida a los polluelos y el macho les lleva comida. Cuando los polluelos son más grandes, les dan de comer los dos padres.

En otoño los ruiseñores azules vuelan a lugares más cálidos. La mayoría de los ruiseñores azules viven uno o dos años.

# Rumania

**R**umania es un país del este de Europa. Rumania significa "tierra de los romanos". En la antigüedad fue parte del Imperio romano. Rumania limita al norte con Ucrania; al este con Moldavia, Ucrania y el mar Negro; al sur con Bulgaria; y al oeste con Hungría y Yugoslavia. La capital y ciudad más grande de Rumania es Bucarest.

**Territorio.** A través de las partes norte y central de Rumania hay un círculo de montañas. Las montañas rodean una porción de territorio alta y plana llamada meseta. Al este, sur y oeste de las montañas hay llanuras. En la parte sudeste Rumania tiene una línea costera corta junto al mar Negro, así como también muchos ríos y lagos.

**Población.** Casi toda la población de Rumania viene de familias rumanas antiguas. Casi todos hablan el rumano, la lengua oficial de la nación. La mayoría de los rumanos pertenecen a la iglesia ortodoxa rumana.

Más o menos la mitad de la población de Rumania vive en las ciudades, y la otra mitad vive en el campo. La mayoría de la gente de ciudad vive en apartamentos atestados. La mayoría de la gente de campo vive en casas de madera pequeñas de dos o tres habitaciones.

A los rumanos les gusta comer carne asada, incluyendo unas bolas de carne que se llaman mititei y unas salchichas que se llaman patricieni. Otro alimento preferido en Rumania es la mamaliga, un pan o papilla hecha con harina de maíz.

**Rumania y sus vecinos**

## Datos sobre Rumania

**Capital:** Bucarest.

**Superficie:** 92,043 mi$^2$ (239,391 km$^2$).

**Población:** Estimada en 1998: 22,698,000.

**Lengua oficial:** Rumano.

**Clima:** Veranos calurosos e inviernos fríos.

**Productos principales:**
**Agricultura:** lana, leche, maíz, papas, remolacha azucarera, trigo, uvas.
**Industria:** cemento, combustibles, hierro y acero, maquinarias, productos alimenticios, productos de madera, ropa, zapatos.
**Minería:** carbón, gas natural, petróleo.

**Forma de gobierno:** República.

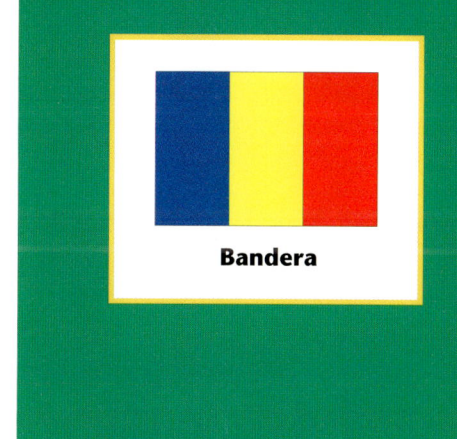

**Bandera**

# Rumania

A mucha gente de ciudad le gusta ir a restaurantes y a salones de conciertos donde hay orquestas que tocan la música folklórica rumana. El deporte más popular es el fútbol.

**Recursos y productos.** Un poco más de la mitad del territorio de Rumania es bueno para la agricultura. Los cultivos principales son los granos, especialmente el maíz y el trigo. Otros cultivos incluyen uvas y otras frutas, papas y remolachas azucareras. Los granjeros de Rumania crían ovejas más que cualquier otra clase de animales. También crían ganado vacuno, caballos, cerdos y gallinas.

Los bosques de Rumania proveen madera para la construcción. Las montañas y la meseta contienen petróleo, gas natural y otros minerales valiosos como bauxita, carbón, cinc, cobre, mineral de hierro, oro, plata y plomo. Las fábricas de Rumania hacen cemento, combustibles, madera de construcción, maquinarias, productos alimenticios, productos químicos, ropa y zapatos.

**Historia.** Hace más de 2,000 años vive gente en lo que hoy es Rumania. El primer pueblo que se sabe que vivió allí fueron los dacios. Durante este período Rumania se llamaba Dacia. En el año 106 los romanos convirtieron a Dacia en parte del Imperio romano. Dacia pasó a conocerse como Rumania.

A comienzos del siglo III empezaron a ocupar partes de Rumania grupos de pueblos que venían del norte y del este. Estos grupos incluían a búlgaros, eslavos, godos, hunos, magiares y tártaros. Durante cientos de años varios grupos pelearon por el control de la región, pero ninguno consiguió controlarla por completo.

**Bucarest es** la capital y ciudad más grande de Rumania. Muchas partes de la ciudad tienen bulevares anchos y edificios modernos construidos desde los años sesenta del siglo pasado. Otros sectores tienen siglos de antigüedad.

**Rumania**

Entre 1250 y 1350 los pueblos de las regiones de Valaquia y de Moldavia formaron en cada una un principado, o estado gobernado por un príncipe. Pero en 1476 los otomanos del Asia Menor (hoy Turquía) tomaron a Valaquia y en 1504 tomaron a Moldavia, y las hicieron parte del Imperio otomano.

A mediados del siglo XIX Valaquia y Moldavia se separaron del Imperio otomano y formaron una nación, que se llamó Rumania. En 1881 Rumania se convirtió en reino.

Después de la primera guerra mundial (1914-1918) se hicieron parte de Rumania la región norte de Transilvania y otros territorios vecinos. El famoso cuento de ficción del vampiro llamado conde Drácula está basado en la historia verdadera de un príncipe cruel que vivió en Transilvania en el siglo XV.

Desde 1947 hasta 1989 Rumania estuvo gobernada por los comunistas. El gobierno comunista se apoderó de casi todas las granjas y fábricas, y el pueblo tenía poca libertad. Mucha gente estaba descontenta con los gobernantes comunistas. En 1989, los que querían libertad obligaron a los comunistas a irse. En 1990 en Rumania hubo elecciones libres. Se eligió a un gobierno nuevo con un presidente a la cabeza. Hubo elecciones otra vez en 1992 y 1996.

Artículos relacionados: **Gitanos; Negro, Mar.**

**Polana Sibiului** está situada en las estribaciones de los montes Cárpatos en Transilvania, Rumania.

● Rusia

# Rusia

## Datos sobre Rusia

**Capital:** Moscú.

**Superficie:** 6,592,850 mi$^2$ (17,075,400 km$^2$).

**Población:** Estimada en 1998: 146,120,000.

**Lengua oficial:** Ruso.

**Clima:** La mayor parte de Rusia tiene inviernos largos y excesivamente fríos, y veranos cortos de templados a cálidos. En el noreste de Siberia, la zona más fría, la temperatura media de enero está por debajo de los –50 °F (–46 °C). La nieve cubre más de la mitad del país seis meses al año.

**Productos principales:**

**Agricultura:** avena, cebada, centeno, cerdos, frutas, ganado vacuno, girasol, lino, ovejas, papas, remolacha azucarera, trigo.

**Industria pesquera:** arenque, bacalao, eglefino, salmón.

**Industria:** equipo eléctrico, hierro y acero, madera de construcción, maquinaria, materiales de construcción, papel, productos químicos.

**Minería:** carbón, gas natural, manganeso, mineral de hierro, níquel, petróleo, metales del grupo del platino.

**Forma de gobierno:** República.

Rusia es el país que tiene el territorio más grande del mundo. Es casi dos veces más grande que Canadá, el segundo país más grande. Rusia se extiende desde el océano Ártico, al norte, hasta el mar Negro, Georgia, Azerbaiyán, el mar Caspio, Kazajistán, China, Mongolia y Corea del Norte, al sur. Al oeste limita con Noruega, Finlandia, Estonia, Letonia, Bielorrusia y Ucrania, y al este con el océano Pacífico. Rusia cubre gran parte de los continentes de Europa y Asia. La capital y ciudad más grande de Rusia es Moscú.

Desde 1922 hasta 1991 Rusia fue la república más grande de la Unión Soviética, que en ese momento era el país comunista más poderoso del mundo. El comunismo es un sistema en que el gobierno es dueño de la mayor parte de la industria y de la tierra, que se supone que se repartan entre la población con igualdad. En 1991 la Unión Soviética se dividió en 15 países individuales. Uno de esos países fue Rusia.

**Territorio.** Se puede dividir a Rusia en cuatro zonas territoriales principales. Cada zona es muy diferente de las demás.

A través de la parte norte de Rusia se extiende una zona llana llamada tundra. La tundra tiene inviernos largos y fríos. Más de

**Rusia y sus vecinos**

la mitad de la tundra tiene congelada la tierra todo el año. En esta zona vive poca gente. Allí crecen árboles pequeños, arbustos y algunos musgos.

Al sur de la tundra está el cinturón de bosques. Este tramo de tierra boscosa incluye muchos pinos y otros árboles de hojas perennes. Más al sur crecen abedules, arces, olmos y robles.

Al sur del cinturón de bosques de Rusia se extienden llanuras con pastizales llamadas estepas. En estas estepas del sur se encuentran las mejores tierras de Rusia y la mayor parte de esta zona es tierra agropecuaria.

En algunos lugares que están al sur de las estepas hay zonas secas y desérticas. En otros se levantan montañas. Los montes Urales se extienden de norte a sur a través de las cuatro zonas para formar la frontera entre la parte de Rusia que está en Europa y la parte que está en Asia.

A Rusia también se la conoce por sus muchos lagos. En el sudoeste de Rusia está el salado mar Caspio, el lago más grande del mundo. En el sur de Rusia está el lago Baikal, el lago más profundo del mundo.

**Bandera**

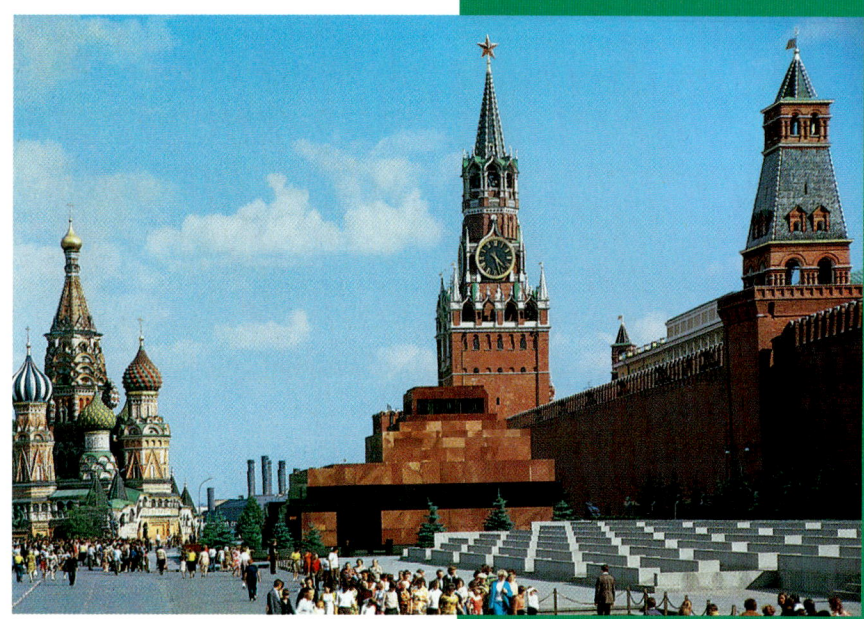

**Población.** Rusia tiene unos 146 millones de habitantes. La mayoría de ellos son rusos, pero también viven en Rusia otros 100 grupos más.

La mayoría de los rusos viven en la parte oeste del país. Muy pocas personas viven en las escarpadas montañas del este. Más de la mitad de los habitantes de Rusia viven en ciudades y pueblos. Las ciudades de Rusia están atestadas de gente.

**La plaza Roja,** en Moscú, está rodeada de muchos edificios famosos, entre ellos la catedral de San Basilio, *izquierda*, la tumba de Lenin, *centro*, y el Kremlin, *derecha*.

En el severo clima frío del lejano norte viven pequeños grupos de gente. Entre ellos se encuentran los aleutas y los inuit. Estos pueblos tienen lenguas diferentes, pero sus formas de vida en el frío norte son muy parecidas.

Durante gran parte del siglo XIX y principios del siglo XX Rusia fue un centro popular para las artes. Entre sus grandes escritores están Antón Chéjov, Fyodor Dostoevsky y Liev Nikoláievich

# Rusia

Tolstoi. El país también fue el hogar de muchos grandes compositores que escribieron música que disfrutamos todavía hoy en día. Eran rusos los compositores Modest Mussorgsky, Nikolai Rimsky-Korsakov y Peter Ilich Tchaikovsky. También ha habido muchos arquitectos, bailarines y pintores rusos importantes.

**Recursos y productos.** Rusia es rica en recursos naturales. La nación tiene grandes bosques, enormes yacimientos petroleros y grandes depósitos de gas natural, carbón y hierro.

El país produce muchas clases de máquinas grandes, tractores, barcos y equipos eléctricos. En sus fábricas se hacen productos químicos y plásticos, materiales de construcción, automotores y otros productos. Rusia también produce metales y refina petróleo.

Cuando Rusia formaba parte de la Unión Soviética, la gente del campo trabajaba en granjas enormes dirigidas por el gobierno. Después de que la Unión Soviética se disolvió, Rusia empezó a dividir estas granjas. Hoy en día la gente dirige su propia granja. Uno de los cultivos más importantes de la nación son los granos como la avena, la cebada y el trigo.

**Historia.** La historia de Rusia se remonta al siglo IX, cuando la parte europea del país la controlaba un pueblo llamado eslavo. Los eslavos construyeron pueblos y desarrollaron el comercio. Los pueblos importantes estaban gobernados por un príncipe. Al soberano del pueblo más poderoso lo llamaban gran príncipe. Desde el siglo XIII hasta el siglo XV controlaron gran parte de Rusia los mongoles, que venían del Asia central. Después de que terminó el dominio mongol, Moscú se convirtió en la ciudad más poderosa de Rusia.

**Un pastor lleva a sus renos** a través de la nieve, en Siberia.

# Rusia

En 1547 el gran príncipe Iván IV de Moscú, también conocido como Iván el Terrible, fue el primer soberano ruso en ser coronado zar, o rey. Desde el siglo XVI hasta el XIX los zares rusos construyeron un gran reino que se extendía desde Europa oriental hasta el océano Pacífico. Los zares tenían gran poder, pero la mayoría del pueblo ruso era pobre y tenía poca educación.

Iván el Terrible murió en 1584. Poco después Rusia tuvo un período de guerra civil y de invasión por otros países. Este período se llama la edad de los disturbios, y duró desde 1604 hasta 1613. En 1613 Miguel Romanov se convirtió en zar. La dinastía de zares Romanov, que empezó con Miguel, duró hasta 1917.

Durante fines del siglo XIX y principios del XX, el pueblo ruso empezó a luchar contra el control del zar. En 1917 personas llamadas bolcheviques ganaron la lucha contra el gobierno ruso. Rusia se convirtió en la República Socialista Soviética Federada de Rusia (R.S.S.F.R). Se cree que los bolcheviques asesinaron a tiros al zar Nicolás y a su familia en julio de 1918. En 1922 la R.S.S.F.R. y otras tres repúblicas fundaron un país nuevo llamado Unión de Repúblicas Socialistas Soviéticas (U.R.S.S.), también conocida como la Unión Soviética. La R.S.S.F.R. era la república más grande y más poderosa de la Unión Soviética. Para 1956 la Unión Soviética tenía 15 repúblicas.

**El lago Baikal** está en Siberia. Es el lago más profundo del mundo.

En 1991 terminó el dominio comunista en la Unión Soviética. Cada una de las 15 repúblicas se convirtió en país independiente. Como país recientemente independizado, Rusia ha tenido que enfrentarse con muchos problemas económicos y políticos.

Artículos relacionados: **Caspio, Mar; Comunismo; Moscú; Unión de Repúblicas Socialistas Soviéticas; Volga, Río.**

# Ruth, Babe

Babe Ruth (1895-1948) fue el primer gran bateador de jonrones de la historia del béisbol. Durante su carrera bateó 714 jonrones. Éste fue un récord hasta que en 1974 Henry Aaron bateó su jonrón número 715.

George Herman Ruth nació en Baltimore, Maryland. En 1914 lo hicieron lanzador de los Boston Red Sox. En 1918 empezó a jugar regularmente en el campo exterior.

En 1920 vendieron a Ruth a los New York Yankees. Tantos aficionados iban a verlo jugar en el estadio Yankee, que a éste se le dio el sobrenombre de "la casa que construyó Ruth". En 1927 bateó 60 jonrones durante una temporada de 154 partidos.

Ruth terminó su carrera como jugador en 1935 con los Boston Braves. En el partido final, Ruth bateó tres jonrones. En 1936 fue uno de los cinco primeros jugadores elegidos para el Salón de la Fama del Béisbol Nacional de Cooperstown, Nueva York.

**Babe Ruth**

# Ss es la vigésima letra del alfabeto español.

**Maneras especiales de expresar la letra S**

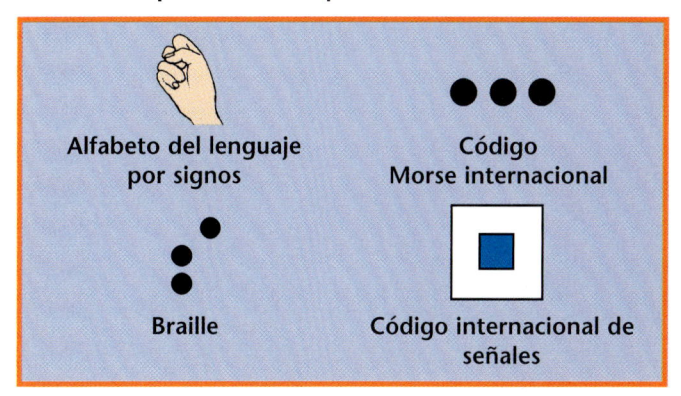

Alfabeto del lenguaje por signos

Código Morse internacional

Braille

Código internacional de señales

## Desarrollo de la letra S

| LOS ANTIGUOS EGIPCIOS | LOS SEMITAS | LOS FENICIOS | LOS GRIEGOS | LOS ROMANOS |
|---|---|---|---|---|
| alrededor del año 3000 a. de C., dibujaron este símbolo de un colmillo. | alrededor del año 1500 a. de C., desarrollaron una letra que llamaron *shin*, su palabra para *diente*. | alrededor del año 1000 a. de C., le dieron trazos rectos a la letra. | Alrededor del año 600 a. de C., pusieron la letra de costado y la llamaron sigma. | Alrededor del año 114 d. de C., dieron a la letra S su forma mayúscula actual. |

## Sabana

Una sabana es un pastizal con árboles y arbustos muy espaciados. La mayoría de las sabanas se encuentran en zonas cálidas y húmedas, y generalmente están situadas entre desiertos y selvas lluviosas.

Las sabanas cubren gran parte de África y áreas extensas de Australia, India y Sudamérica. Se extienden a través de zonas que tienen estaciones lluviosas y secas.

En la sabana más seca, los pastos crecen solamente unas pocas pulgadas y no hay muchos árboles. La sabana más húmeda tiene pastos más altos y más árboles.

Las acacias, los baobabs y las palmas son algunos de los árboles que crecen en la sabana. Entre los animales que viven en ella están los antílopes, las cebras, las chitas, las hienas, los leones, aves y reptiles.

**Algunas plantas y animales de la sabana africana**

World Book Enciclopedia estudiantil hallazgos

• Sabandija

# Sabandija

Las sabandijas son insectos rastreros de pico puntiagudo. Usan el pico para chupar y hacer agujeros.

Algunas sabandijas dañan los cultivos, o pican y molestan a la gente o a otros animales, pero la mayoría de ellas no son dañinas. Generalmente las sabandijas se controlan con sustancias químicas llamadas insecticidas. También ayudan a tenerlas bajo control otras clases de insectos que se las comen.

Mucha gente usa la palabra sabandija para referirse a todos los insectos. Pero las verdaderas sabandijas son insectos que pertenecen a un grupo llamado hemípteros. Algunas son muy grandes y otras son tan pequeñas que casi no se ven. Algunas tienen alas y otras no. Algunas sabandijas viven en el agua pero la gran mayoría vive en la tierra.

Algunas de las sabandijas son chinches, como las chinches de las camas, las chinches del maíz y las chinches de agua. Otras incluyen los áfidos, las cigarras, las cigarrillas y las chinches hediondas. Otras sabandijas pertenecen a la familia de los escarabajos, como los escarabajos de junio, las mariquitas y los escarabajos del estiércol.

**Chinche arlequín**

**Chinche de las camas**

**Chinche del maíz**

## Cuerpo

Como todos los insectos, las sabandijas tienen tres pares de patas y un cuerpo con tres partes principales: cabeza, tórax y abdomen. También tienen una caparazón dura que las cubre por fuera.

Una sabandija tiene dos ojos y entre los ojos, dos antenas, o sensores largos y finos. Los ojos están siempre abiertos porque no tienen párpados. Una sabandija no tiene dientes ni partes masticadoras. En su lugar tiene un pico largo con cuatro aguijones delgados y puntiagudos. Con estos aguijones, las sabandijas perforan las plantas o pinchan a los animales y luego chupan la savia o la sangre.

102 World Book Enciclopedia estudiantil hallazgos

# Sabandija

El tórax es la parte media del cuerpo de una sabandija. Los músculos que hacen mover las patas y las alas están sujetos a la pared interior del tórax.

El abdomen de una sabandija tiene órganos que le permiten alimentarse, deshacerse de lo que no necesita y tener crías.

## Sentidos y sonidos

Las sabandijas usan los ojos para ver. No los pueden mover ni enfocar. Ven sólo a corta distancia, pero sí ven rápidamente los movimientos.

Las sabandijas oyen, pero la mayoría no tiene oídos. En su lugar, en las antenas u otra parte del cuerpo tienen pelillos que las ayudan a oír. Los sonidos mueven el aire y estos movimientos agitan los pelillos de la sabandija de manera que ésta siente el sonido. Sólo unas pocas especies de insectos tienen "oídos". Estos oídos son partes delgadas y chatas del cuerpo que se mueven hacia atrás y hacia delante cuando les llega el sonido, tal como lo hace nuestro tímpano. Las cigarras tienen oídos como éstos a ambos lados del cuerpo.

Muchas sabandijas emiten sonidos. Probablemente las chinches más ruidosas son las cigarras. Se reconoce al macho por el zumbido de su canto. En el abdomen tiene dos lugares especiales que puede mover hacia atrás y hacia delante rápidamente. Este movimiento rápido causa un sonido fuerte que atrae a las hembras o reúne a gran cantidad de machos.

Las sabandijas tienen el sentido del tacto muy desarrollado y la mayoría de ellas pueden también oler y saborear. Para oler y sentir usan las antenas.

**Chinche acuática gigante**

**Barquero**

**Algunas sabandijas acuáticas,** como la chinche gigante y el barquero, *arriba,* y la nadadora de espalda, *izquierda,* usan las patas traseras para ayudarse a nadar. La nadadora de espalda se mueve sobre la espalda.

**Nadadora de espalda**

# Sabandija

## Movimiento

Las sabandijas se mueven caminando, nadando o volando. Cuando las sabandijas caminan, generalmente mueven la pata del medio de un costado al mismo tiempo que mueven las patas delantera y trasera del otro costado. De esta forma siempre están bien apoyadas, como una banqueta de tres patas. Algunas sabandijas acuáticas, como la chinche gigante o la nadadora de espalda, usan las patas traseras como remos para ayudarse a nadar. Estas patas son largas y chatas.

La sabandija usa las alas para volar. Tiene dos pares de alas, traseras y delanteras. Cuando la sabandija está descansando, cruza las puntas de las alas delanteras. Estas alas cruzadas parecen una X sobre la espalda del insecto.

Para volar las sabandijas usan dos grupos de músculos. Estos músculos, cuando se tensan y se relajan, causan el movimiento de las alas. Otros músculos controlan la dirección del vuelo de la sabandija. Le permiten quedarse volando en un mismo lugar, como un helicóptero, o hasta volar hacia atrás.

## El ciclo de vida de la sabandija

Las sabandijas ponen los huevos en diferentes lugares, como dentro de plantas, sobre plantas, o adheridos a pelos. Los huevos son de formas extrañas y algunos son de colores. Después de salir de los huevos, algunas sabandijas se ven diferentes que sus padres. Estas crías se llaman ninfas. Cambian de forma a medida que se hacen adultas. Algunas se desarrollan rápidamente mientras que otras tardan años en hacerlo. Algunas cigarras demoran casi 17 años en llegar a adultas. Algunas clases de sabandijas se encargan de cuidar a las crías, pero la mayoría de éstas se las arreglan por sí solas.

La vida de la sabandija está llena de peligros. Puede ser comida o la gente la puede aplastar, quemar o envenenar. Puede enfermarse. El clima seco y caluroso puede matar las plantas de las cuales se alimenta y así se puede morir de hambre. Puede matarla también el frío. Y si en un mismo lugar viven demasiadas

**Pulgón de la raíz del maíz**

# Sabandija

sabandijas de la misma especie, se les agotan las fuentes de alimento. Entonces también morirán.

Las sabandijas tienen distintas formas de autoprotección. Para escapar del peligro, la mayoría de las sabandijas vuelan, saltan o se van corriendo. Algunas sabandijas tienen otras formas de escapar. Por ejemplo, las chinches hediondas despiden un olor feo para hacer que el enemigo se vaya, y muchas chinches acuáticas pican dolorosamente. No importa lo bien que se protejan, la mayoría de las chinches tienen una vida corta.

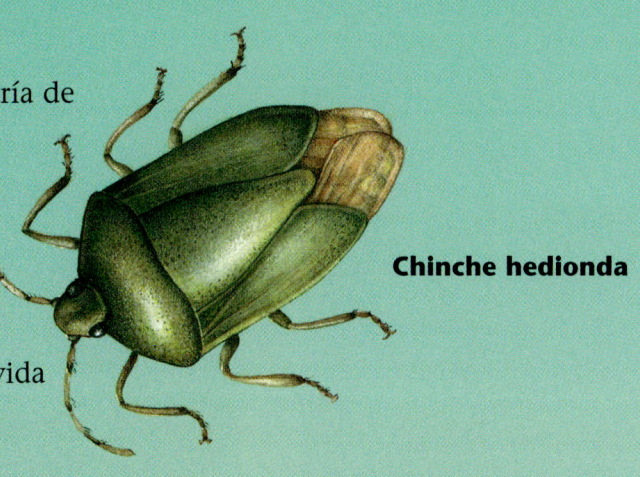

**Chinche hedionda**

**El ciclo de vida de la cigarra.** Las ninfas de la cigarra salen de los huevos puestos en árboles. Las ninfas caen al suelo y se arrastran adentro de pequeñas hendiduras de la tierra. Pasan años bajo la tierra, chupando el jugo de las raíces de los árboles y creciendo.

Luego las ninfas de cigarra hacen túneles para salir a la superficie. Se van hacia los árboles o los arbustos. Cada ninfa pierde la piel y se convierte en una adulta con alas. Más adelante, las adultas se aparean, las hembras ponen huevos en los árboles y vuelve a empezar el ciclo.

World Book Enciclopedia estudiantil hallazgos **105**

• Sacajawea

## Sacajawea

Sacajawea (¿1787?-1812) fue una mujer india shoshone que viajó con un grupo de exploradores por el noroeste de Estados Unidos.

Meriwether Lewis y William Clark, dos oficiales del ejército de Estados Unidos, dirigieron el viaje. Contrataron al marido de Sacajawea, Toussaint Charbonneau, un comerciante francocanadiense, porque sabía los idiomas de los indígenas. De igual forma, pensaron que Sacajawea podría ayudar cuando llegaran al territorio de los indios shoshones.

En agosto de 1805, cuando viajaban por las montañas rocosas, se encontraron con un grupo de shoshones. El jefe resultó ser hermano de Sacajawea. Ella ayudó a los exploradores a comunicarse con los shoshones y a conseguir caballos. A muchos sitios y monumentos se les ha dado el nombre de Sacajawea.

**Sacajawea**

## Sacro Imperio Romano

El Sacro Imperio Romano fue un imperio de Europa. Un imperio es un grupo de naciones bajo el mando de un líder llamado emperador. El Sacro Imperio Romano empezó en el año 962 d. de C. y duró hasta 1806. Tenía relaciones estrechas con la Iglesia católica romana, pero los emperadores a menudo estaban en desacuerdo con el Papa, que es el líder de la iglesia.

En el siglo X, el rey Otón I de Alemania se adueñó de buena parte de Italia. En el año 962, el papa Juan XII coronó a Otón como emperador de lo que se denominó El Sacro Imperio Romano. Desde el principio los emperadores tuvieron problemas con líderes alemanes poderosos y con algunos papas que querían imperar. Además, el imperio se volvió tan grande que los emperadores no lo podían gobernar bien.

Mientras los papas y los emperadores luchaban por el poder, los líderes alemanes se apoderaron del imperio. Durante varios años no hubo emperador.

**El Sacro Imperio Romano en 1250**

Luego, en 1438, Alberto II fue coronado emperador del Sacro Imperio Romano. Él pertenecía a una importante familia alemana llamada los Habsburgo. Los miembros de esta familia gobernaron el imperio durante casi 400 años, período durante el que se establecieron ejércitos, cortes y un grupo que hacía leyes.

Con el pasar del tiempo, los Habsburgo perdieron mucho de su poder y a principios del siglo XIX, Napoleón I de Francia invadió buena parte del imperio. En 1806, Francisco II, el último emperador del Sacro Imperio Romano, declaró su fin.

# Sahara

El Sahara es el desierto más grande del mundo. Cubre cerca de $3\frac{1}{2}$ millones de millas cuadradas (9 millones de kilómetros cuadrados) del territorio africano, una extensión igual a la de Estados Unidos. El Sahara está situado en el norte de África y está formado principalmente por montañas, llanuras rocosas sin vegetación y planicies altas llamadas mesetas. El resto es un inmenso mar de arena. En algunos sitios la arena se amontona formando colinas llamadas dunas. El desierto es caliente y seco, pero se vuelve frío durante la noche. Recibe menos de 4 pulgadas (10 centímetros) de lluvia al año.

En el Sahara viven cerca de dos millones de personas, muchas de las cuales son nómadas. Los nómadas son personas que viajan de sitio en sitio en busca de comida y agua para sus rebaños de ovejas, cabras, camellos o reses. Algunas personas viven y cultivan en los oasis, que son sitios donde el agua proviene de pozos o manantiales.

Pocas plantas pueden vivir en el desierto. Algunas clases solamente viven unas pocas semanas, pero sus semillas permanecen en el suelo hasta que llueve de nuevo. Otras

**Una población en un oasis del Sahara** está al pie de una gigantesca duna. En Argelia, oasis como éste están esparcidos a lo largo de las zonas secas del inmenso desierto.

● Sahara Occidental

**El Sahara** es el desierto más grande del mundo. Está situado en el norte de África.

tienen raíces profundas o toman la humedad a través de sus hojas.

En las dunas viven gacelas blancas, unos antílopes llamados áddax y unos pequeños zorros llamados fenecs, al igual que serpientes, lagartos y jerbillos. En las mesetas viven ovejas de Berbería.

Hace más de 10,000 años, el Sahara tenía lagos y riachuelos. Después, hace cerca de 6,000 años, la región empezó a volverse un desierto. Desde esa época, el Sahara ha ido creciendo poco a poco.

## Sahara Occidental

Sahara Occidental es una región de la costa noreste de África. Se encuentra entre Marruecos, Argelia, Mauritania y el océano Atlántico. Un desierto rocoso cubre casi toda la región.

Casi todos los habitantes de Sahara Occidental son árabes o los llamados beréberes. La mayoría de los árabes y los beréberes son musulmanes, o sea, personas que siguen la religión del islam. Gran parte de los habitantes de Sahara Occidental son nómadas. Viajan de un lugar a otro en busca de alimento para sus camellos, cabras y ovejas. Algunos pescan a lo largo de la costa.

Marruecos y España han controlado la región en diversas épocas. Hoy en día, Marruecos reclama como suyo el territorio de Sahara Occidental, pero muchos de los que viven en Sahara Occidental declaran su deseo de ser independientes.

**Sahara Occidental y sus vecinos**

**Sahara Occidental** es casi toda un desierto rocoso.

108 World Book Enciclopedia estudiantil hallazgos

# Sal

La sal es un mineral transparente que se encuentra en la tierra, los mares, los lagos salados y los océanos. Desde la antigüedad, la sal se ha usado para dar sabor a los alimentos y para evitar que se descompongan. La sal está compuesta por dos sustancias químicas: sodio y cloro.

Una manera de obtener sal es del agua de mar. El agua se deja evaporar, o sea que se deja secar, y se recogen los granitos de sal que quedan.

También se extrae sal de minas subterráneas. Se puede extraer excavando la tierra, o también, bombeando agua bajo la tierra para disolver, o descomponer, la sal; después, el agua salada se bombea a la superficie y se deja evaporar.

La sal se clasifica de acuerdo a su calidad, se muele y se separa según el tamaño de los granos. La sal de mesa es sal de alta calidad que se ha molido hasta obtener granos muy finos.

**La sal** se usa para darles sabor a los alimentos.

# Salamandra

Las salamandras son unos animales pequeños e inofensivos. Parecen lagartos, pero realmente están emparentados con los sapos y las ranas. Las salamandras viven en todos los continentes, excepto la Antártida y Australia.

Hay cerca de 300 clases de salamandras. La mayoría tienen apenas unas pulgadas, o centímetros, de largo, pero hay salamandras gigantes en China y Japón que alcanzan hasta cinco pies (1.5 metros) de largo.

Las salamandras son anfibias. Los anfibios viven parte del tiempo en la tierra y parte del tiempo en el agua. Casi todas las salamandras se aparean y ponen los huevos en el agua, pero por lo demás viven en la tierra en troncos podridos, bajo rocas, en cuevas y otros lugares frescos y oscuros. Algunas salamandras, como los perros de aguas, viven solamente en el agua, y otras viven solamente en tierra.

**Salamandra maculada**

**Salamandra roja**

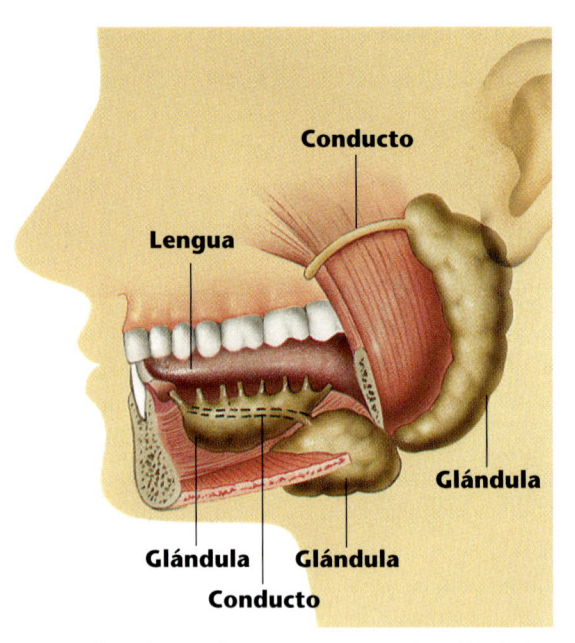

• Saliva

**La saliva** la producen tres pares de glándulas que se encuentran dentro de la boca y las mejillas. Un par está delante de los oídos. Otro par está bajo la mandíbula, y un tercero está debajo de la lengua.

# Saliva

La saliva es un líquido pegajoso que se produce en la boca. Ayuda a digerir, o descomponer los alimentos. La saliva tiene una apariencia clara y acuosa, pero contiene un líquido viscoso conocido como mucosidad. La saliva ayuda a proteger el cuerpo de los ácidos que contienen algunos alimentos y bebidas. También contiene una sustancia que descompone el almidón de los alimentos.

La saliva humedece y ablanda los alimentos que tomamos. Nos ayuda a masticar y a tragar. También evita que la boca se seque.

Dentro de la boca y las mejillas hay tres pares de órganos llamados glándulas que producen saliva. Un par está delante de los oídos; otro, bajo la mandíbula; y un tercero, bajo la lengua. Hay otras glándulas pequeñas en la membrana mucosa de la boca que también ayudan a producir saliva.

# Salk, Jonas Edward

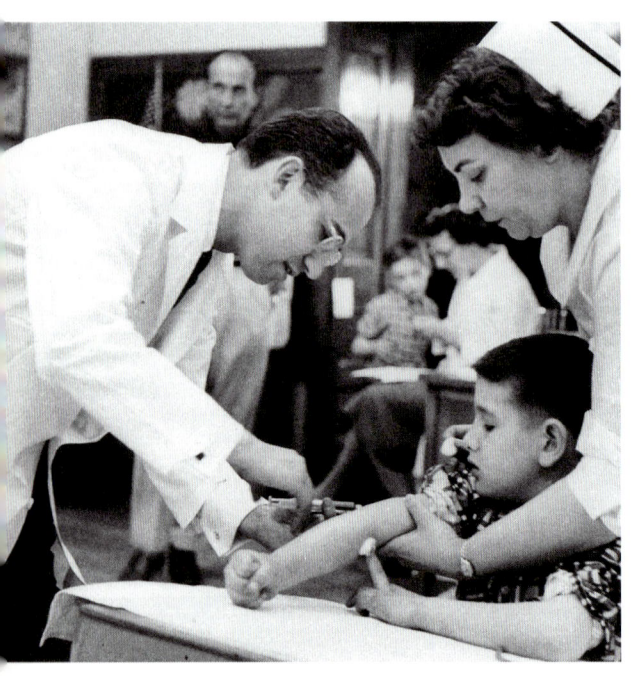

Jonas Edward Salk (1914-1995) fue un científico estadounidense. Desarrolló la primera vacuna para prevenir una enfermedad llamada polio, que produce una lesión permanente de las extremidades. Una vacuna es un medicamento especial que impide que las personas se enfermen o sufran los daños producidos por cierta enfermedad.

Salk nació en la ciudad de Nueva York. Se graduó de la Facultad de Medicina de la Universidad de Nueva York en 1939. Después, empezó a estudiar los gérmenes llamados virus que causan la gripa y la polio.

Muchos científicos habían estudiado lo que inmuniza, o protege, a las personas de las enfermedades. Salk aprendió de lo que ellos habían hecho, y usó lo que él mismo había aprendido para producir la vacuna contra la polio. Tenía que debilitar el virus que produce la polio, pero sin destruirlo completamente. El virus debilitado no podría producir

**Jonas E. Salk** aplica la vacuna contra la polio a un niño en 1954. La vacuna fue la primera en prevenir esta enfermedad.

110 World Book Enciclopedia estudiantil hallazgos

la polio, pero ayudaría el sistema inmunológico de las personas a protegerlas de la enfermedad. Así, el sistema inmunológico crearía sustancias llamadas anticuerpos para combatir la enfermedad.

En 1953, Salk ensayó la vacuna en su propio cuerpo, su esposa y sus tres hijos. Era segura y parecía eficaz. En 1954, ensayaron la vacuna en más de dos millones de niños. Tuvo éxito, y Salk recibió muchos honores. Él no quiso recibir ningún premio monetario, y regresó a seguir trabajando para mejorar la vacuna.

Salk pasó gran parte de su vida enseñando. En 1963, se fundó un instituto con su nombre en California, y él continuó su trabajo allí.

# Salmón

El salmón es uno de los pescados comestibles más importantes. La gente también disfruta de la pesca de salmón como deporte. Hay ocho variedades de salmón. Cinco variedades viven en el océano Pacífico norte y constituyen la mayor parte del salmón que se consume; dos variedades viven en aguas asiáticas, y una vive en el océano Atlántico.

Los salmones nacen en riachuelos y lagos de agua dulce. Casi todos van al océano y allá pasan parte de la vida. Después, regresan al lugar donde nacieron para desovar, o poner los huevos. La mayoría de los salmones del Pacífico muere después de desovar.

Los pescadores sacan el salmón justo cuando sale del mar para nadar corriente arriba por los riachuelos de agua dulce. Hoy en día, los salmones se cultivan en criaderos y después se sueltan en los ríos, lagos y arroyos.

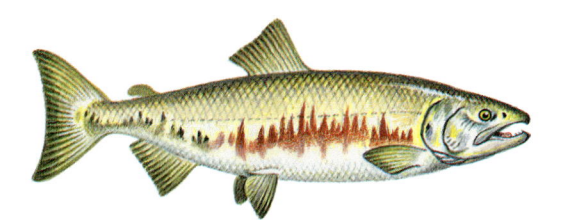

**Salmón keta**

**Salmón rojo**

**Salmón chinook**

- **Saltamontes**

**Saltamontes**

Un saltamontes es un insecto que, como su nombre lo dice, salta. Los saltamontes se encuentran en casi todas partes del mundo. La mayoría de ellos viven en el suelo y son verdes, negros, grises o de color castaño.

El saltamontes tiene cinco ojos y dos antenas en la cabeza. Como todos los insectos, tiene seis patas. Usa las dos traseras, que son muy fuertes, para saltar y camina usando todas las seis. Casi todos los saltamontes tienen dos pares de alas; las delanteras protegen a las traseras, que usan para volar.

La mayoría de los saltamontes comen plantas. Algunos son plagas que pueden destruir campos enteros de cultivo.

Cuando alguien toca un saltamontes, éste expele un líquido marrón, que lo puede ayudar a protegerse de los ataques de otros insectos.

**Saltamontes**

**Saltar a la cuerda**

Saltar a la cuerda es a la vez un juego y un deporte. Además es un buen ejercicio. Uno puede saltar a la cuerda solo o con otras personas. A veces los saltadores hacen piruetas y recitan versos mientras saltan.

Los saltadores usan una cuerda de peso mediano o una cuerda hecha especialmente para saltar. La cuerda de saltar tiene empuñaduras que permiten que la cuerda gire fácilmente.

A veces los saltadores usan una cuerda larga. Dos personas baten la cuerda y otras pasan por turno a saltar. En el salto doble a la cuerda dos personas baten dos cuerdas a la vez en direcciones contrarias. Los saltadores saltan hacia atrás y hacia adelante sobre ambas cuerdas.

Muchas veces las escuelas y los clubes tienen equipos de salto a la cuerda que compiten para ganar premios. La gente también salta a la cuerda para hacer ejercicio y fortalecer el corazón, los pulmones y los músculos.

**Saltar a la cuerda** es buen ejercicio.

112 World Book Enciclopedia estudiantil hallazgos

# Saltos de trampolín

Los saltos de trampolín son un deporte acuático emocionante. Casi todos los saltadores se lanzan a la piscina desde una tabla elástica que se llama trampolín o desde una plataforma alta. Un saltador hábil puede dar vueltas y giros antes de entrar al agua. Algunos se lanzan desde acantilados altos o realizan saltos acrobáticos en los espectáculos acuáticos.

Los competidores de salto participan en competencias nacionales e internacionales. Los saltadores de trampolín se lanzan desde tablas de aluminio flexibles que están a un metro ($3\frac{1}{2}$ pies) o tres metros (10 pies) de altura. La plataforma que se usa para el salto de palanca está a 10 metros (33 pies) del agua. En las competencias, los saltadores ganan de 0 a 10 puntos por cada salto.

Artículo relacionado: **Natación**.

**Un saltador hábil** da vueltas y giros antes de entrar al agua.

**Este saltador demuestra elegancia** y coraje en sus movimientos en el aire después de lanzarse de una plataforma que está a gran altura del agua.

• Salud

# Salud

La salud es el estado del cuerpo, de la mente y de los sentimientos de una persona. Tener buena salud significa más que no estar enfermo; significa tener el cuerpo en buena forma física y, una buena actitud frente a la vida. Una persona sana además se lleva bien con los demás.

La gente que está sana físicamente tiene fuerza y energía, y puede disfrutar muchas actividades.

Una persona puede hacer muchas cosas para mantenerse sana físicamente. Esto incluye comer una variedad de alimentos como frutas, verduras, carne, pescado, huevos y frijoles. Los panes, los cereales y la leche, los quesos y otros productos lácteos también forman parte de una dieta saludable. Una dieta con una variedad de alimentos buenos se conoce como una dieta balanceada. Una dieta saludable significa además no comer ni demasiado ni muy poco.

El ejercicio mantiene el cuerpo en forma y fuerte. Descansar y dormir lo suficiente nos ayuda a recuperar las energías después de un día de mucho trabajo. Mantener el cuerpo libre de suciedad ayuda a alejar los gérmenes que causan enfermedades. Podemos mantener el cuerpo limpio tomando baños o duchas y lavándonos los dientes. También es importante ir a chequeos al médico y al dentista.

Cuidar nuestros sentimientos, o emociones, es otra parte importante de nuestra salud. La gente emocionalmente sana vive contenta consigo misma, no se preocupa demasiado y no se deja llevar por la furia o la tristeza cuando las cosas salen mal.

Artículos relacionados: **Enfermedad; Nutrición; Sueño.**

**El ejercicio** mantiene el cuerpo en forma y fuerte.

**Una dieta saludable** incluye una variedad de alimentos buenos.

114 World Book Enciclopedia estudiantil hallazgos

# Salvador, El

**E**l Salvador es un país de Centroamérica. Centroamérica es el puente de tierra de Norteamérica que la conecta a Sudamérica. El Salvador es el país más pequeño en superficie de Centroamérica, pero el tercero en población. Limita con Guatemala, Honduras y el océano Pacífico. San Salvador es la capital y ciudad más grande.

**Territorio.** El Salvador tiene tres regiones principales: las tierras bajas costeras, la región central y las tierras altas del interior.

Las tierras bajas costeras están situadas a lo largo de la costa del océano Pacífico y se extienden de 10 a 20 millas (16 a 32 kilómetros) hacia el interior. Grandes extensiones de esta área se usan para la agricultura.

La región central posee la mayoría de la industria y de la tierra agrícola del país. Cerca de tres cuartos de la población vive allí.

Las tierras altas del interior en el norte del país tienen una población menor. El río más largo de El Salvador, el Lempa, nace ahí, en una cordillera llamada la Sierra Madre.

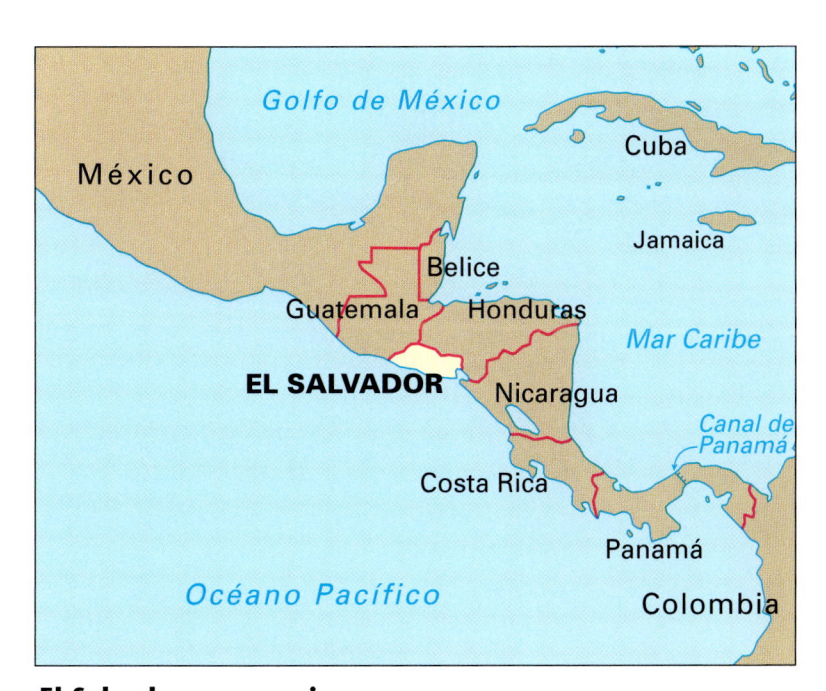

El Salvador y sus vecinos

## Datos sobre El Salvador

**Capital:** San Salvador.

**Superficie:** 8,124 mi$^2$ (21,024 km$^2$).

**Población:** Estimada en 1998: 6,150,000.

**Lengua oficial:** Español.

**Clima:** Cálido durante todo el año, pero ligeramente más frío en las montañas. La estación lluviosa dura de mayo a octubre. La lluvia es más abundante cerca de la costa.

**Productos principales:**
**Agricultura:** algodón, arroz, café, caña de azúcar, frijoles, maíz.
**Industria:** artículos de cuero, cigarrillos, productos alimenticios y bebidas, productos químicos, telas.

**Forma de gobierno:** República.

Bandera

# Salvador, El

**Población.** La mayoría de los salvadoreños son mestizos, o personas cuyos antepasados son tanto amerindios como blancos. Algunos descienden de blancos de origen europeo y el resto son amerindios. Casi todos los indígenas están relacionados con los indios pipiles, que vivían en El Salvador cuando llegaron los españoles.

Los mestizos y los blancos siguen la forma de vida hispanoamericana y hablan español. Algunos amerindios viven de acuerdo con la manera de vivir de sus antepasados y hablan el idioma de los pipiles.

**Recursos y productos.** El principal recurso natural de El Salvador es su suelo fértil; por esa razón, la producción agropecuaria es muy importante. Los ganaderos crían ganado de carne y de leche. Muchos de los agricultores tienen granjas pequeñas y otros trabajan en granjas grandes llamadas fincas. El principal producto agrícola de El Salvador es el café.

En los últimos años se han abierto nuevos negocios en El Salvador; sin embargo, los productos manufacturados todavía constituyen una parte pequeña del ingreso nacional.

**Historia.** Los indios nahua llegaron a lo que hoy es El Salvador hace casi 5,000 años. Entre hace 1,000 y 2,000 años, los mayas construyeron pirámides enormes al oeste del país. Hace aproximadamente 1,000 años, los indios pipiles tomaron control de las tierras al oeste del río Lempa.

Los primeros europeos en el área fueron los soldados españoles que invadieron El Salvador en 1524. El Salvador se independizó de España en 1821. A finales de los años setenta del siglo pasado, se inició una guerra civil en el país, que terminó en 1992.

**La producción agropecuaria** es la actividad generadora de dinero más importante de El Salvador. Más de la mitad de los trabajadores del país son agricultores o granjeros.

# Samoa

Samoa es un país insular en el océano Pacífico sur. Se encuentra en la parte occidental del archipiélago de Samoa. Samoa Oriental, territorio controlado por Estados Unidos, se encuentra en la parte oriental del archipiélago. Samoa es uno de los países más pequeños del mundo. Está compuesto de dos islas principales, Upolu y Savai'i, y además de muchas islas menores. Apia es la capital y única ciudad de Samoa.

Las islas de Samoa son de origen volcánico. Hay un volcán en Savai'i que todavía hace erupción y arroja lava y gases. La última vez que estuvo en estado de erupción fue entre 1905 y 1911, cuando cubrió parte de la isla con roca en forma de lava.

Las costas de la isla están cubiertas de palmas de coco. El suelo cercano a las costas es rocoso, de color marrón rojizo y bueno para el cultivo de bananas. Entre otros cultivos están el taro, que tiene un tallo subterráneo comestible y el cacao, árbol cuyas semillas sirven para hacer chocolate y cocoa.

Los habitantes de Samoa son isleños que se llaman polinesios. Los polinesios han vivido en Samoa durante más de 2,000 años.

La agricultura es la principal fuente de ingreso de Samoa. Casi todos sus habitantes son agricultores. Los principales productos alimenticios son las bananas, el cacao, los cocos, una fruta tropical llamada árbol del pan y el taro. Además, crían cerdos, pollos, y pescan.

Las familias reales de la Polinesia gobernaron las islas de Samoa hasta finales del siglo XIX. En la primera mitad del siglo XX, Samoa pasó a ser gobernada por Alemania y luego por Nueva Zelanda. En esa época se llamaba Samoa Occidental. Logró su independencia en 1962, y en 1997 cambió su nombre a Samoa.

Artículo relacionado:
**Samoa, Islas de.**

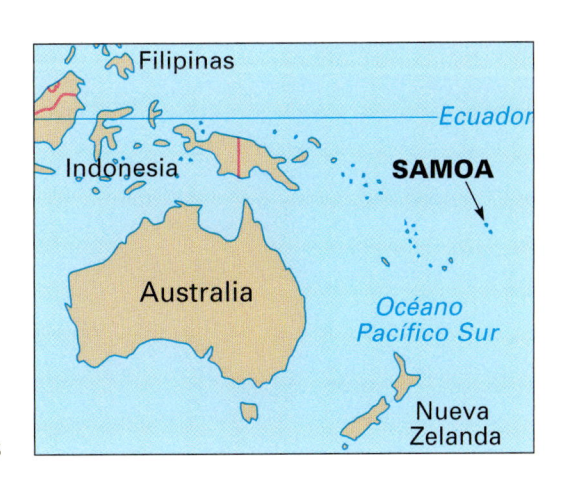

**Samoa y sus vecinos**

## Datos sobre Samoa

**Capital:** Apia.

**Superficie:** 1,093 mi² (2,831 km²).

**Población:** Estimada en 1998: 180,000.

**Lenguas oficiales:** Samoano e inglés.

**Clima:** Cálido y húmedo.

**Productos principales:**
Agricultura: bananas, cacao, coco, taro.

**Forma de gobierno:** Monarquía constitucional. Los reyes británicos son también reyes de Samoa, pero Samoa elige su propio gobierno.

**Bandera**

# Samoa, Islas de

Las islas de Samoa son un grupo de islas del océano Pacífico sur. Este grupo de islas se llamó en una época islas del Navegante, porque los marineros europeos apreciaban las excelente canoas que construían los samoanos. Unas 193,000 personas viven actualmente en las islas de Samoa. La mayoría de los habitantes son isleños, llamados polinesios.

Las islas de Samoa están divididas en dos grupos. Las islas orientales, que incluyen Tutuila y otras islas menores, son parte de Samoa Oriental que está controlada por Estados Unidos. Las islas occidentales del archipiélago forman el país de Samoa, que incluye Savai'i, Upolu y muchas otras islas menores. Samoa ha sido un país independiente desde 1962.

Artículo relacionado: **Samoa**.

**Muchas casas de Samoa** tienen techos de paja, y no tienen paredes porque el clima de las islas es cálido y agradable.

**Samoa Occidental.** Véase Samoa.

# Samoa Oriental

Samoa Oriental es un territorio controlado por Estados Unidos. Está ubicado a unas 2,300 millas (3,700 kilómetros) al sureste de Hawai, en el océano Pacífico sur. Las islas que conforman Samoa Oriental tienen una superficie total de 77 millas cuadradas (199 kilómetros cuadrados). Seis de las siete islas forman el archipiélago de Samoa, a saber: Aunuu, Ofu, Olosega, Rose, Tau y Tutuila. La séptima, la isla Swains, está a 200 millas (320 kilómetros) al norte.

La isla más grande e importante de Samoa Oriental es Tutuila. Pago Pago, la ciudad capital, se encuentra en Tutuila y tiene uno de los puertos más bellos del sur del Pacífico.

Las islas Rose y Swains son atolones coralinos. Las otras islas son los restos de volcanes que ya no están activos. Samoa Oriental tiene un clima tropical cálido y húmedo. Sólo un tercio del territorio es apto para la producción agropecuaria ya que el resto es montañoso. Los mejores suelos agrícolas se encuentran en los valles. Los recursos naturales de las islas son escasos.

En 1961 Estados Unidos lanzó un programa para ayudar económicamente a Samoa Oriental. La industria principal de Samoa Oriental es el enlatado de atún. El territorio vende muchos productos derivados del pescado a otros países.

Casi toda la población de Samoa Oriental, 48,000 habitantes, son polinesios. Hablan samoano, un idioma polinesio, pero mucha gente también habla inglés.

Los primeros polinesios en llegar a lo que hoy en día es Samoa Oriental, lo hicieron hace más de 2,000 años. Estados Unidos se adueñó de las islas a principios del siglo XX. Los habitantes de Samoa Oriental adoptaron una constitución en 1960.

**Pago Pago** es la capital de Samoa Oriental.

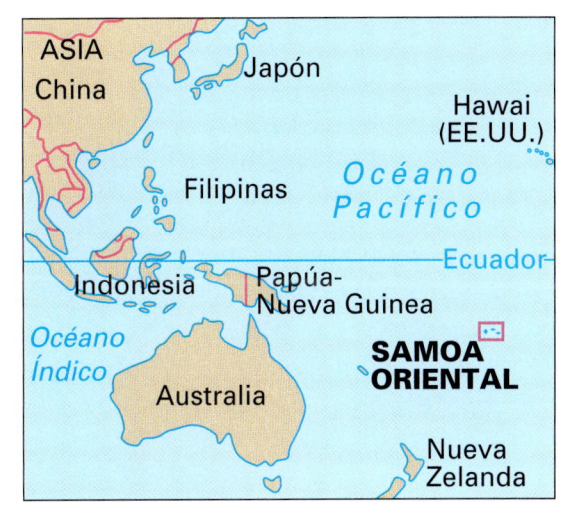

**Samoa Oriental**

● San Antonio

# San Antonio

San Antonio es una ciudad de Texas. Se encuentra en las praderas, cerca de la frontera entre Estados Unidos y México. San Antonio a veces recibe el nombre de ciudad de El Álamo, en honor a la famosa batalla de El Álamo. Los tejanos y los mexicanos pelearon esa batalla en 1836, en una misión que se llamaba El Álamo. Una misión es un lugar donde los religiosos viven y trabajan.

San Antonio es un centro comercial y artístico. Algunas de las bases militares más grandes de Estados Unidos están en la región de San Antonio.

San Antonio fue fundada en 1718 por los españoles. Con el paso de los años, fue controlada por España, México y la república independiente de Texas.

Artículo relacionado: **Álamo**.

**El paseo del Río** está sobre el río San Antonio en el centro de San Antonio.

# San Cristóbal y Nieves

San Cristóbal y Nieves es un pequeño país insular del mar Caribe. Sus dos islas están al este de Puerto Rico. San Cristóbal es casi el doble de grande que Nieves y la mayoría de la población vive ahí. Basseterre, en San Cristóbal, es la capital y la ciudad más grande.

Las islas se encuentran a una distancia aproximada de 2 millas (3.2 kilómetros) entre sí. Las islas son las cimas de montañas formadas por volcanes. Tienen colinas, llanuras angostas con suelos fértiles, y un clima cálido con buen volumen de lluvias.

Casi toda la gente de San Cristóbal y Nieves habla inglés y viene de familias africanas negras. Alrededor de dos tercios de la gente vive en pequeñas poblaciones a lo largo de las costas. La mayoría trabaja en granjas pequeñas o grandes, llamadas plantaciones, donde se cultivan la caña de azúcar o el coco.

El país recibe la mayoría de sus ingresos de la caña de azúcar y de los turistas, o visitantes. Nieves tiene suelos fértiles y muchas granjas pequeñas, pero no hay suficiente trabajo. Mucha gente de ambas islas está sin trabajo durante una parte del año.

Los primeros habitantes de la isla fueron los indios arawak; después llegaron los caribes. En el siglo XVII, los británicos y los franceses se asentaron allí y trajeron esclavos africanos para trabajar en las plantaciones de caña de azúcar.

Los británicos se adueñaron completamente de San Cristóbal en 1713. Más tarde, los británicos gobernaron las dos islas. San Cristóbal y Nieves se convirtieron en naciones independientes en 1983.

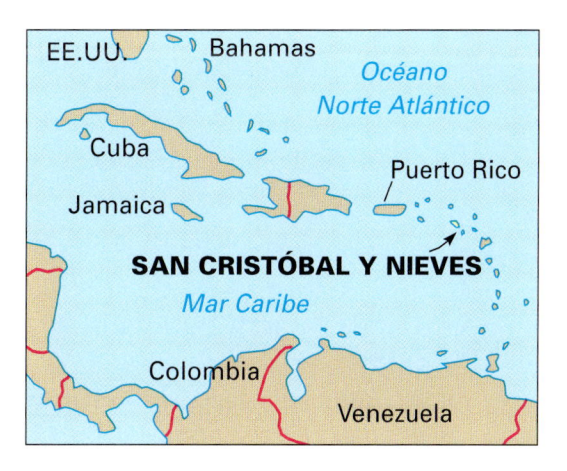

## Datos sobre San Cristóbal y Nieves

**Capital:** Basseterre.

**Superficie:** 101 mi² (262 km²).

**Población:** Estimada en 1998: 41,000.

**Lengua oficial:** Inglés.

**Clima:** Caliente y suave.

**Productos principales:**
Agricultura: algodón, caña de azúcar, cocos, frutas, verduras.
Industria: calzado, ropa.

**Forma de gobierno:** Monarquía constitucional. Los reyes de Gran Bretaña son también reyes de San Cristóbal y Nieves. Pero el país es independiente y está gobernado por mandatarios elegidos dentro del país.

**Bandera**

San Cristóbal y Nieves y sus vecinos

## San Diego

San Diego es una ciudad de California. Es la sexta ciudad más grande de Estados Unidos. Está bordeada por el océano Pacífico y México. Es una base de operaciones importante para la marina de Estados Unidos.

San Diego tiene uno de los mejores puertos profundos del mundo. El puerto, en la bahía de San Diego, acomoda buques enormes y barcos de la Marina de Estados Unidos. Mucha gente va a San Diego todos los años para visitar el zoológico y Sea World. La ciudad también tiene muy buenos museos y teatros.

San Diego a veces recibe el nombre de Lugar de nacimiento de California. Fue fundada en 1769, cuando las tropas españolas construyeron allí el primer fuerte militar de California.

El edificio del Jardín Botánico en el parque Balboa, San Diego

## San Francisco

San Francisco es una ciudad de California. Es un importante centro artístico, bancario y comercial de Estados Unidos. Es famoso por los funiculares, las colinas y el precioso puente Golden Gate Bridge. Millones de turistas visitan a San Francisco cada año.

San Francisco está construido sobre 40 colinas y sus alrededores. Algunas de las calles más empinadas del mundo están en Nob Hill y Russian Hill, en el centro de la ciudad.

San Francisco está casi todo rodeado de agua. El océano Pacífico está al oeste; y la bahía de San Francisco está al este. Por el norte, un estrecho, o vía navegable angosta, conecta el océano Pacífico con la bahía de San Francisco.

Los españoles fundaron a San Francisco en 1776. Después de la guerra contra México (1846-1848), toda la región de California pasó a ser parte de Estados Unidos.

Artículos relacionados: **Alcatraz; Funicular.**

Un funicular sube el Russian Hill en San Francisco

# San Juan

San Juan es la capital y la ciudad más grande de Puerto Rico. Es también el principal puerto marítimo de la isla. La parte más antigua de San Juan se encuentra en una isla frente a la costa de Puerto Rico. Las áreas más modernas están en la isla principal. Las dos áreas están conectadas por cuatro puentes y una carretera elevada. Casi todos los trabajadores en San Juan trabajan para el gobierno, el comercio y las fábricas.

San Juan fue fundado por los españoles en 1521. Algunos de los fuertes españoles y de las murallas alrededor de la parte más antigua de la ciudad tienen más de 250 años. Muchos de estos fuertes están situados en la zona histórica de San Juan.

**San Juan, Puerto Rico, sobre la bahía de San Juan y el océano Atlántico**

# San Lorenzo, canal de

El canal de San Lorenzo es un canal navegable importante de Canadá y Estados Unidos. Está formado por el río San Lorenzo y varios lagos y canales. Los barcos usan el canal para navegar entre el océano Atlántico y los Grandes Lagos. Transportan granos, mineral de hierro, carbón, petróleo, acero y automóviles. La mayoría de la carga viaja de Canadá y Estados Unidos a varios países de Europa.

Los Grandes Lagos y el océano Atlántico están a diferentes niveles. Los barcos que viajan desde el océano Atlántico hacia los Grandes Lagos viajan "aguas arriba". Los canales y las esclusas hacen posible el viaje. Una esclusa es una sección de un canal con compuertas enormes en cada extremo. Un barco entra en una esclusa cuando las compuertas en el otro extremo están cerradas para contener el agua que está a un nivel más alto. Las compuertas detrás del barco se cierran. El agua entra lentamente a la esclusa levantando el barco. Luego, la compuerta que está frente al barco se abre y el barco se mueve hacia adelante sobre aguas que están a un nivel más alto.

El canal de San Lorenzo mide cerca de 450 millas (724 kilómetros) de largo. Con buen tiempo, un barco puede hacer todo el recorrido en un día y medio. El canal está abierto desde fines de marzo o principios de abril hasta fines de diciembre. Canadá y Estados Unidos empezaron a construir el canal de San Lorenzo en 1954 y lo terminaron en 1959. Cada país construyó su propia sección del canal y ahora la maneja.

**Los canales y las esclusas del canal de San Lorenzo** ayudan a los barcos a viajar "aguas arriba" desde el océano Atlántico hasta los Grandes Lagos.

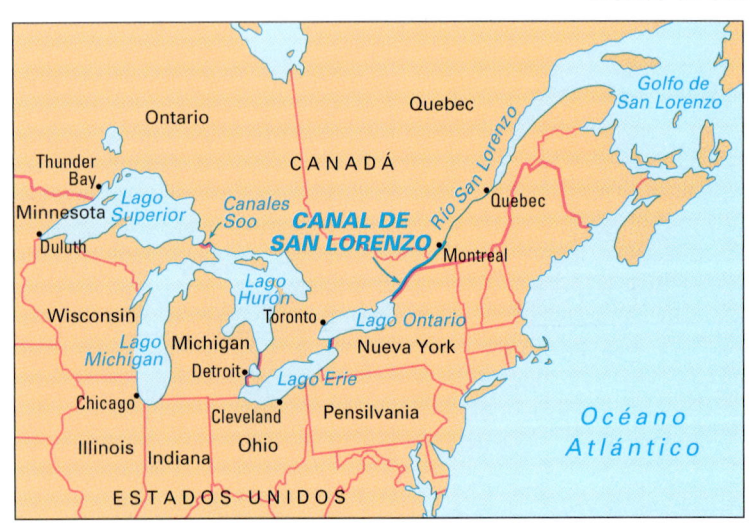

**El canal de San Lorenzo** va desde el extremo oriental del lago Erie hasta Montreal. Mide cerca de 450 millas (724 kilómetros) de largo.

# San Marino

San Marino es un pequeño país de Europa y uno de los países más pequeños del mundo. San Marino está rodeado por el norte de Italia. Está ubicado en los montes Apeninos, cerca del mar Adriático. Casi todo el país se halla sobre el monte Titano. La capital y ciudad más grande también se llama San Marino.

El monte Titano tiene tres picos. En la cima de cada pico hay una torre construida hace mucho tiempo, en la época llamada la Edad Media. Las torres aparecen en la bandera de San Marino. La capital, San Marino, está rodeada por una muralla alta de piedra cerca de la cima del monte.

La gente de San Marino tiene orígenes comunes con los italianos del norte. Su estilo de vida se parece mucho al de los italianos.

San Marino recibe la mayor parte de su dinero del turismo, o sea, de los visitantes. Muchos de sus habitantes trabajan en negocios que sirven a los turistas. Mucha gente va a San Marino para disfrutar del panorama que se contempla desde sus montañas y de los coloridos festivales. San Marino también obtiene ingresos por la venta de sus bellos sellos de correo.

Algunos de los habitantes de San Marino trabajan en las canteras, y otros elaboran cueros o quesos. Los granjeros crían ganado y ovejas, y cultivan uva y trigo.

San Marino se ha gobernado a sí mismo desde el siglo IV, y ha sido una república desde el siglo XIV. Es la república más antigua del mundo.

## Datos sobre San Marino

**Capital:** San Marino.

**Superficie:** 24 mi² (61 km²).

**Población:** Estimada en 1998: 26,000.

**Lengua oficial:** Italiano.

**Clima:** Moderado, con bastante lluvia. Durante el invierno, a veces las temperaturas llegan debajo del punto de congelación.

**Productos principales:**
**Agricultura:** cebada, frutas y verduras, trigo, vinos.
**Industria:** artículos de cuero, azulejos, barnices, cerámicas, piedra de construcción, ropa.

**Forma de gobierno:** República.

**Bandera**

**San Marino y sus vecinos**

• San Pedro, Basílica de

# San Pedro, Basílica de

La basílica de San Pedro es la iglesia cristiana más grande del mundo. Se encuentra dentro de Roma, en la Ciudad del Vaticano, centro de la Iglesia católica romana. La basílica está construida sobre la tumba, o sepulcro, que se cree contiene los restos de San Pedro, el primer Papa.

La iglesia tiene forma de cruz. Tiene una enorme y bella cúpula que fue diseñada por el gran artista italiano Miguel Ángel. La nave central tiene una altura equivalente a un edificio de 15 pisos. Al frente de la iglesia hay una plaza enorme rodeada por dos hileras curvas de altas columnas de piedra.

La Iglesia de San Pedro se construyó inicialmente alrededor del año 325. La gente rindió culto allí por más de mil años. Fue reconstruida en el siglo XVI. Desde el siglo XVII se le han hecho adiciones y cambios.

Artículo relacionado: **Miguel Ángel.**

**El interior de la basílica de San Pedro** contiene un baldaquino diseñado por uno de los más famosos arquitectos de la iglesia, Gian Lorenzo Bernini. El baldaquino se halla bajo la enorme cúpula diseñada por Miguel Ángel.

**La basílica de San Pedro,** en la Ciudad del Vaticano, está sobre el sepulcro que se cree contiene los restos de San Pedro. La basílica, construida en forma de cruz, da cabida a más de 50,000 personas. Hay una plaza grande al frente de la basílica.

# San Vicente y las Granadinas

San Vicente y las Granadinas es un pequeño país insular en el mar Caribe. El país está compuesto por la isla de San Vicente y unas cien islas más, de la cadena Granadina. Kingstown, en la isla de San Vicente, es la capital y ciudad más grande.

San Vicente y las Granadinas es montañoso y de origen volcánico. En el norte de la isla de San Vicente, uno de los volcanes, el monte Soufrière, todavía está activo, o sea que lanza lava y gases. La mayor parte del país está cubierta por bosques y plantas tropicales. El clima es cálido y llueve mucho en las montañas.

La mayoría de los habitantes del país son descendientes de africanos negros que trajeron los colonizadores británicos y franceses. El inglés es la lengua oficial, pero mucha gente habla una mezcla de francés y lenguas africanas.

La mayoría de los habitantes viven en aldeas pequeñas y trabajan en las granjas. Cultivan bananas y cocos para vender. El país es el mayor productor mundial de maranta, una planta de cuyas raíces se saca almidón.

Los indios arawak fueron los primeros habitantes de las islas. Los caribes de Sudamérica se apoderaron de las islas alrededor del año 1300. En los siglos XVII y XVIII, caribes, británicos y franceses pelearon por el control de las islas. Los británicos vencieron a los caribes y se adueñaron de las islas en los años noventa del siglo XVIII. Para entonces, los británicos y los franceses habían llevado esclavos del África a trabajar en las enormes granjas llamadas plantaciones.

San Vicente y las Granadinas poco a poco asumió su propio gobierno. Logró su independencia en 1979.

## Datos sobre San Vicente y las Granadinas

**Capital:** Kingstown.

**Superficie:** 150 mi$^2$ (388 km$^2$).

**Población:** Estimada en 1998: 115,000.

**Lengua oficial:** Inglés.

**Clima:** Cálido y húmedo, con mayor precipitación en las montañas.

**Productos principales:**
Agricultura: bananas, cocos, maranta.

**Forma de gobierno:** Monarquía constitucional. Los reyes de Gran Bretaña son también reyes de San Vicente y las Granadinas. Pero el país es independiente y está gobernado por mandatarios elegidos dentro del país.

Bandera

San Vicente y las Granadinas y sus vecinos

● Sandía

## Sandía

La sandía es una fruta grande y dulce. Tiene una cáscara lisa y dura que se llama corteza, y por dentro es jugosa y dulce. La mayoría de las sandías tienen muchas semillas. La corteza es rayada o de un solo color, y su color va del verde grisáceo al verde oscuro. Por dentro puede ser blanca, blanca verdosa, amarilla, anaranjada, rosada o roja. Algunas sandías son redondas y otras son alargadas. Se comen en ensalada, como refrigerio o como postre.

Las sandías crecen en enredaderas. Una sandía totalmente desarrollada generalmente pesa de 5 a 40 libras (de 2.3 a 18.1 kilogramos), pero algunas llegan a pesar hasta 100 libras (45.4 kilogramos). Cuando se golpea una sandía madura, se escucha un sonido hueco.

**Sandía**

## Sangre

La sangre es un fluido que mantiene al cuerpo con vida. El corazón bombea sangre a cada una de las partes de nuestro cuerpo. La sangre lleva oxígeno y alimento a las células que conforman el cuerpo. La sangre también se lleva el dióxido de carbono y otros desechos de las células. La sangre tiene dos partes: una líquida, llamada plasma, y los glóbulos sanguíneos que flotan en el plasma.

El plasma es casi todo agua. El resto incluye alimento disuelto, desechos y sustancias químicas. Las sustancias químicas cumplen funciones especiales como la de controlar el crecimiento de la gente.

Los glóbulos rojos son redondos, chatos y tienen una abolladura en el medio. Son tan pequeños que pueden pasar por los vasos sanguíneos más pequeños. Llevan oxígeno a todas las partes del cuerpo y retiran el dióxido de carbono.

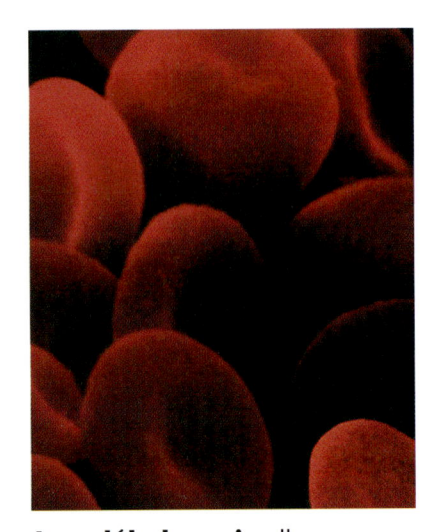

**Los glóbulos rojos** llevan oxígeno a todas las partes del cuerpo. También retiran el dióxido de carbono.

# Sangre

La mayoría de los glóbulos blancos son redondos e incoloros. Combaten las infecciones. Algunos matan gérmenes rodeándolos y comiéndoselos. Otros producen sustancias que luchan contra las enfermedades.

Las plaquetas son discos pequeños y chatos que ayudan a detener la hemorragia. Se pegan en los bordes de un corte y forman un tapón para cerrar la abertura.

Los médicos usan análisis de sangre para encontrar la causa de enfermedades. Los análisis miden las cantidades de ciertos elementos en la sangre como, por ejemplo, la cantidad de glóbulos rojos o de azúcar.

Hay varios tipos de sangre. Algunas veces se realizan transfusiones de sangre a la gente que está herida o que perdió sangre durante una operación. El enfermo recibe sangre de una persona sana. El tipo de sangre que da la persona sana debe ser el tipo de sangre correcto para la persona enferma.

Artículos relacionados: **Corazón; Mamífero.**

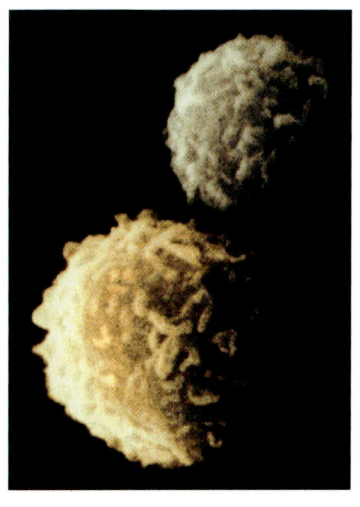

**Los glóbulos blancos** combaten las infecciones.

**La sangre** se transporta dentro del cuerpo por pequeños tubos llamados vasos sanguíneos. Los vasos sanguíneos que se llaman venas llevan sangre a tu corazón y a tus pulmones. Los vasos sanguíneos que se llaman arterias se llevan la sangre de tu corazón y de tus pulmones. En el diagrama de arriba, las venas están en color azul y las arterias en rojo.

World Book Enciclopedia estudiantil hallazgos

• Santa Claus

# Santa Claus

Santa Claus, según se dice, es un anciano jovial que les trae regalos a los niños en la Navidad. Santa Claus es popular principalmente en Estados Unidos. Se le ha representado desde hace mucho como un hombre con barba blanca, que viste un traje rojo con ribete de piel.

Los relatos sobre Santa Claus provienen de las historias sobre un personaje real que se llamaba San Nicolás. Esos relatos cuentan que una vez San Nicolás le dio dinero a un hombre pobre que tenía tres hijas. San Nicolás tiró tres bolsas llenas de dinero por una ventana abierta de la casa del hombre.

La idea de dar regalos en un día especial en el invierno empezó antes de que la religión cristiana empezara. Con el tiempo, San Nicolás se convirtió en un símbolo de esta costumbre entre los cristianos. Durante el siglo XVI, algunos pueblos usaron otros personajes para dar los regalos. En Inglaterra, por ejemplo, el santo fue reemplazado por un hombre bondadoso que se llamaba Papá Noel.

En los países bajos, a la gente le gustaba San Nicolás. Cuando algunos de ellos llegaron a América, continuaron celebrando su fiesta el 6 de diciembre. Les decían a los niños que San Nicolás visitaba las casas y dejaba los regalos en la víspera del día de San Nicolás. Con el tiempo, los vecinos de los holandeses hicieron lo mismo. Cuando los niños de habla inglesa decían el nombre holandés del santo, Sinterklaas, sonaba como Santy Claus o Santa Claus.

Artículo relacionado: **San Nicolás.**

**Santa Claus** es popular en Estados Unidos. Se cree que él es un anciano jovial que trae regalos en Navidad.

# Santa Helena, Monte

El monte Santa Helena es un volcán que está cerca de Seattle, Washington, en la Cordillera de las Cascadas. El monte Santa Helena entró en erupción, o hizo explosión, el 18 de mayo de 1980. La erupción causó muchos daños y muchas muertes. El Monte Santa Helena es el primer volcán de Estados Unidos, fuera de Alaska, que hace explosión desde 1917.

El Monte Santa Helena ha entrado en erupción muchas veces en los últimos 4,500 años. Sin embargo, estuvo inactivo desde 1857 hasta 1980. Durante la erupción de 1980, las cenizas candentes ocasionaron incendios forestales. Además, el calor derritió la nieve en la parte superior de la montaña. Como consecuencia, las inundaciones y las avalanchas de barro arrasaron edificios, carreteras y puentes.

Entre 1980 y 1986 ocurrieron muchas erupciones pequeñas. Los científicos creen que el Monte Santa Helena continuará entrando en erupción de vez en cuando.

**El Monte Santa Helena,** cerca de Seattle, Washington, entró en erupción en 1980 y ocasionó muchos daños y muertes.

● Santa Lucía

# Santa Lucía

## Datos sobre Santa Lucía

**Capital:** Castries.

**Superficie:** 240 mi² (622 km²).

**Población:** Estimada en 1998: 148,000.

**Lengua oficial:** Inglés.

**Clima:** Cálido y húmedo.

**Productos principales:**
Agricultura: bananas, cacao, cocos.
Industria: textiles y confección, piezas eléctricas, productos de papel.

**Forma de gobierno:** Monarquía constitucional. Los reyes británicos son también reyes de Santa Lucía, pero Santa Lucía es un país independiente que elige sus propios gobernantes.

**Bandera**

Santa Lucía es un país insular en el mar Caribe, justo al norte de Venezuela. Es una de las islas Windward, un grupo de islas de las Antillas. Castries es la capital y ciudad más grande.

Santa Lucía es montañosa, con muy poco terreno plano. La mayor parte del país está cubierta por selvas tropicales y plantas. El clima es cálido y lluvioso.

La mayoría de los habitantes proviene de africanos negros que llevaron los colonizadores franceses. El resto son principalmente blancos que provienen de familias de colonizadores franceses e ingleses. La lengua oficial de Santa Lucía es el inglés, pero la mayoría de la gente habla una forma de francés.

Más o menos la mitad de los isleños viven en pequeñas aldeas. El resto vive en pueblos y ciudades a lo largo de la costa. Muchos trabajan en el campo y consumen casi todo lo que cultivan, pero venden bananas, cocos y cacao. El cacao se usa para hacer chocolate.

La agricultura es la fuente principal de ingresos de Santa Lucía. También obtienen ingresos del turismo, o los visitantes. Unas cuantas fábricas producen ropa, piezas eléctricas, productos de papel y textiles.

Los indios arawak fueron los primeros que habitaron Santa Lucía. Los caribe se apoderaron del área en el siglo XIV. A fines del siglo XVII, los franceses establecieron una colonia en la isla.

Tanto los franceses como los británicos construyeron asentamientos en Santa Lucía. Gran Bretaña y Francia controlaron la isla en distintas ocasiones; Gran Bretaña asumió el gobierno en 1814. Santa Lucía logró su independencia en 1979.

**Santa Lucía y sus vecinos**

# Santo

Los santos son personas virtuosas que se vuelven héroes religiosos. Son personas especialmente buenas de acuerdo con las creencias de su religión. Todas las religiones principales del mundo respetan a los santos, pero cada religión los ve de modo diferente.

Los judíos honran a héroes santos como Hillel el mayor y Akiba ben Ioséf. Sin embargo, el judaísmo prohibe rezarle a cualquier ser que no sea Dios. En el culto judío las grandes acciones de la gente virtuosa son ejemplos de fidelidad a Dios.

El islam solamente reconoce el poder divino de Alá, pero los musulmanes honran a héroes como Mahoma y Alí. Cada zona de las naciones musulmanas tiene su propio santo especial, que llaman wali. Se cree que los santos musulmanes tienen ciertos poderes especiales. Así, se cree que los sitios donde están enterrados ellos y sus pertenencias, especialmente sus vestiduras guían a la gente, curan enfermedades y, ayudan a tener hijos.

El budismo honra a los budas, o maestros sabios, y a sus seguidores cercanos, lo mismo que los sitios y cosas que tienen relación con ellos. Los monjes y monjas budistas ven a ciertos santos como guardianes, y las personas que murieron por el budismo son honrados como héroes.

El hinduismo no tiene santos para todos los hindúes. Una población, tribu o grupo religioso hindú puede convertir a sus héroes en santos.

El sintoísmo no tiene santos. Todas sus personas venerables son consideradas dioses.

Muchas religiones cristianas honran a los santos. Cada santo tiene un día celebrado por la iglesia. Se cree que las reliquias de los santos, es decir, el cuerpo y pertenencias, conceden bendiciones especiales.

**Santa Bernadette de Lourdes** es una santa de la Iglesia católica. Se dice que la Virgen María la visitó cuando tenía 14 años.

**Santa María Magdalena** fue una seguidora de Jesucristo. Fue la primera persona que vio a Jesús después de que él se levantara de la tumba.

## Santo

En la mayoría de las Iglesias protestantes, los santos son los héroes del nuevo testamento de la Biblia cristiana. En el catolicismo, los dirigentes de la Iglesia estudian la vida y las obras de una persona. Una persona virtuosa puede ser, en primer lugar, beatificada, lo que oficialmente significa que es "bendita". Luego, si se puede demostrar que ocurrieron dos milagros relacionados con esa persona, puede ser canonizada, o sea reconocida como santa.

A los hijos de padres católicos y a otros niños, a veces se les da el nombre de algún santo. El nombre puede ser el del santo en cuyo día el niño nació o fue bautizado. A ese santo se le ve como el guardián especial del niño.

Artículos relacionados: **Francisco de Asís, San; Juana de Arco, Santa; San Nicolás.**

**San Cristóbal** es el santo patrono de los trabajadores, de los transbordadores y de los viajeros.

# Santo Tomé y Príncipe

Santo Tomé y Príncipe es un país de África. Está formado por dos islas principales y muchas islas pequeñitas en el golfo de Guinea, frente a la costa occidental de África. El país deriva su nombre de las dos islas principales, la isla de Santo Tomé y la isla Príncipe. La isla de Santo Tomé es mucho más grande que la isla Príncipe y tiene la mayoría de los habitantes del país. La ciudad de Santo Tomé, en la isla del mismo nombre, es la capital y ciudad más grande de la nación.

Las islas son parte de un grupo de volcanes inactivos. La parte occidental de la isla de Santo Tomé se levanta bruscamente desde el mar. Formaciones rocosas se elevan hacia el centro de la isla. Después, el terreno empieza a descender hacia la costa este. En la isla Príncipe la formación del terreno es similar.

La mayoría de la gente de Santo Tomé y Príncipe descienden de africanos negros y europeos blancos. A veces se les llama criollos y probablemente fueron los primeros habitantes de las islas. Gente de Cabo Verde, país africano, y de África continental componen el segundo grupo más grande.

Santo Tomé y Príncipe recibe la mayor parte de sus ingresos de las granjas. La mayor parte de la tierra cultivable de Santo Tomé y Príncipe está controlada por grandes compañías. Pero algunas personas son dueñas de granjas o negocios pequeños. La pesca también es importante para el país.

En 1470, unos exploradores portugueses descubrieron las islas de Santo Tomé y Príncipe. En esa época, nadie vivía en las islas. Los portugueses empezaron a colonizar la isla en 1485. Los portugueses llevaron esclavos africanos a trabajar en las grandes granjas llamadas plantaciones. La esclavitud fue abolida en las islas en el siglo XIX. En 1975, Santo Tomé y Príncipe se convirtió en un país independiente.

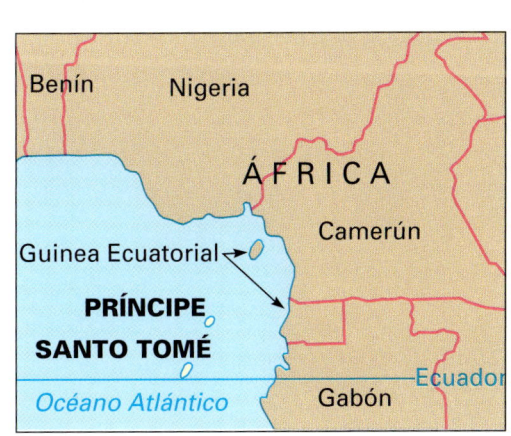

**Santo Tomé y Príncipe y sus vecinos**

## Datos sobre Santo Tomé y Príncipe

**Capital:** Santo Tomé (ciudad).

**Superficie:** 372 mi² (964 km²).

**Población:** Estimada en 1998: 141,000.

**Lengua oficial:** Portugués.

**Clima:** Cálido y lluvioso de septiembre a mayo; caliente y seco de junio a agosto.

**Productos principales:**
Agricultura: bananas, cacao, café, coco, copra, ganado.

**Forma de gobierno:** República.

**Bandera**

● São Paulo

## São Paulo

São Paulo es la ciudad más grande y el principal centro comercial de Brasil. Es la capital del estado de São Paulo en el sudeste de Brasil.

En 1554, religiosos de Portugal fundaron São Paulo. Fue una ciudad pequeña hasta mediados del siglo XIX. Después se convirtió en el centro de la industria cafetera de Brasil, adonde llegó mucha gente de Asia y Europa a trabajar en las grandes plantaciones de café. Hoy en día la ciudad y sus alrededores tienen muchos negocios. Va tanta gente a vivir y trabajar en São Paulo, que ésta se ha convertido en una de las ciudades más grandes y de mayor crecimiento del mundo.

**Edificios modernos en el centro de São Paulo, Brasil**

## Sapo

El sapo es un animal pequeño, sin cola. Los sapos son como las ranas en muchos aspectos. Tanto los sapos como las ranas son anfibios, es decir, que viven parte del tiempo en el agua y parte en tierra.

Los sapos se parecen mucho a las ranas, pero los sapos son más anchos y tienen la piel más seca. Además, los sapos tienen las patas traseras más cortas y menos fuertes que la mayoría de las ranas.

Muchos sapos son de color pardo pálido o grises, pero algunos tienen rayas verdes o manchas rojas. Varían en tamaño de una pulgada (2.5 centímetros), a nueve pulgadas (23 centímetros) de largo.

**Los sapos se parecen mucho a las ranas,** pero los sapos son más anchos y tienen la piel más seca.

La mayoría de los sapos tienen piel seca y áspera, cubierta de granos duros que se llaman verrugas. A una persona no le salen verrugas por tocar un sapo, pero los sapos pueden expulsar un veneno que tienen en dos glándulas en la parte de arriba de la cabeza; ese veneno puede causar enfermedades o producir ardor en los ojos.

El sapo usa su lengua larga y pegajosa para atrapar y comer insectos y otros animales pequeños. Puede expeler la lengua, atrapar el insecto y comérselo, todo en menos tiempo del que toma leer esta frase.

Los sapos crecen en el agua, pero pasan la mayor parte de su vida adulta en tierra. Regresan al agua para aparearse y poner huevos.

A los sapos no les gusta el sol ni el calor. Son más activos durante la noche o en los días de lluvia.

Artículo relacionado: **Rana**.

**La lengua pegajosa de los sapos** sirve para atrapar los insectos.

# Sarampión

El sarampión es una enfermedad que causa una erupción cutánea rosada en todo el cuerpo. A mucha gente le da sarampión en la niñez.

El sarampión es causado por una partícula muy pequeña llamada virus que se propaga por el aire cuando alguien tose o estornuda. Los que se enferman de sarampión sienten fiebre, moquean, tienen los ojos llorosos y les da tos; después aparecen unas manchas rosadas pequeñas. Cuando la tos desaparece, también desaparece la erupción cutánea.

A los niños se les debe suministrar una inyección con la vacuna contra el sarampión. Esta inyección protege a la mayoría de la gente del sarampión.

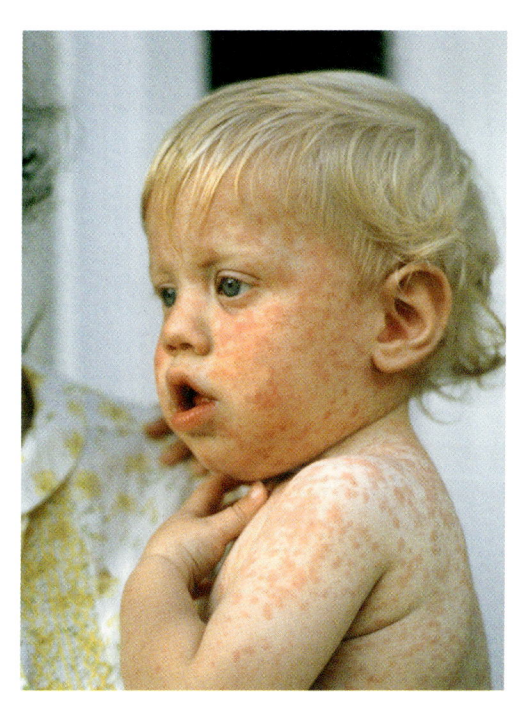

**El sarampión** produce una erupción cutánea rosada en todo el cuerpo. A mucha gente le da sarampión durante la niñez.

# Saskatchewan

Saskatchewan es una de las provincias de las Praderas de Canadá. Limita con Estados Unidos al sur y con los Territorios del Noroeste al norte. Está situada entre las provincias de Alberta y Manitoba.

Regina, en el sur de Saskatchewan, es la capital de la provincia y la segunda ciudad más grande. Es el centro comercial, bancario e industrial de la provincia. Saskatoon, la ciudad más grande, es uno de los centros comerciales más importantes de Canadá. Se encuentra sobre el río Saskatchewan Sur, en la parte sur de la provincia.

**Saskatchewan** (rojo) es la quinta provincia por su tamaño.

**Bandera de la provincia**

**Sello de la provincia**

**La siega del heno en una granja de Saskatchewan**

**Territorio.** Llanuras altas y rocosas cubiertas de bosques se extienden al norte de Sakatchewan. La región tiene ríos y muchos lagos dispersos por todo el territorio. El lago Athabasca es el más grande.

Pastizales planos, interrumpidos por algunas colinas bajas, conforman la mayor parte del territorio al sur. Hay menos lagos y ríos y no tantos árboles. Esta región tiene las mejores tierras para la agricultura y la alimentación de animales.

**Recursos y productos.** El rico suelo del sur de Saskatchewan hace de ésta una de las más grandes regiones productoras de trigo de Norteamérica. Los agricultores de Saskatchewan cultivan cerca de la mitad del trigo que se produce en Canadá. La provincia produce tanto trigo, que con frecuencia se le llama el *Granero de Canadá*. También se cultiva cebada, canola, semilla de lino, heno, lentejas, semilla de mostaza.

Las tierras del sur de Saskatchewan también son buenas para la crianza de ganado. El ganado vacuno se alimenta de pasto y plantas en las praderas de la región. También hay muchas fincas lecheras y de ganado porcino.

# Saskatchewan

El sur de Saskatchewan tiene mucho petróleo. En algunas partes, los pozos petroleros están en los cultivos de trigo. El petróleo se usa para el funcionamiento de los automóviles, la calefacción de los hogares y otros fines.

En el sur y el centro de Saskatchewan se extrae la potasa, que se usa en la elaboración de fertilizantes para el suelo. En el norte de Saskatchewan hay uranio, cobre, oro, plata y zinc. La industria manufacturera de Saskatchewan no es tan importante como la agricultura y la minería, pero la provincia tiene algunas empacadoras de carne y molinos harineros.

## Fechas importantes de Saskatchewan

| | |
|---|---|
| Época amerindia | Entre las diversas tribus que vivieron en Saskatchewan antes de la llegada de los europeos estaban las de los assiniboine, chipewyan y crec. |
| 1690-1692 | Henry Kelsey de la Compañía de la Bahía de Hudson, de Inglaterra, exploró la región de Saskatchewan. En esa época la región era parte de un enorme territorio llamado Tierra de Ruperto. |
| Década de los cuarenta | Los hermanos Vérendrye, comerciantes de pieles francocanadienses, construyeron asentamientos comerciales a lo largo del río Saskatchewan. |
| 1774 | Se estableció la Casa Cumberland, primer asentamiento permanente. |
| 1870 | Canadá adquirió la Tierra de Ruperto y la anexó a los Territorios del Noroeste. |
| 1882-1883 | Se construyó el ferrocarril canadiense del Pacífico (ahora el sistema ferroviario CP) a través de Saskatchewan. |
| 1885 | Los métis pelearon contra el gobierno canadiense en la rebelión del Noroeste. Los métis son las personas que provienen de antepasados blancos e indígenas. El gobierno venció a los métis. |
| 1905 | Saskatchewan se convirtió en provincia el 1 de septiembre. |
| 1951-1952 | Se descubrieron grandes cantidades de petróleo en Saskatchewan. El petróleo se convirtió en el producto de extracción más importante de Saskatchewan. |

**Henry Kelsey** fue el primer europeo en explorar la región en 1690-1692.

**La Casa Cumberland**, primer asentamiento europeo, fue construida en 1774.

## Datos sobre Saskatchewan

**Capital:** Regina.

**Superficie:** 251,866 mi² (652,330 km²).

**Población:** 990,237.

**Se incorporó al Dominio:** 1905.

**Abreviatura del nombre:** SK.

**Lema de la Provincia:** *Multis E Gentibus Vires* (Fortaleza de muchos pueblos).

**Ciudades más grandes:** Saskatoon, Regina.

**Gobierno:**

**Gobierno provincial:**
Premier: mandato de hasta 5 años.
Miembros de la Asamblea Legislativa: 58, mandatos de hasta 5 años.

**Gobierno federal:**
Miembros de la Cámara de los Comunes: 14.
Miembros del Senado: 6.

**Emblema floral**
Azucena de la pradera

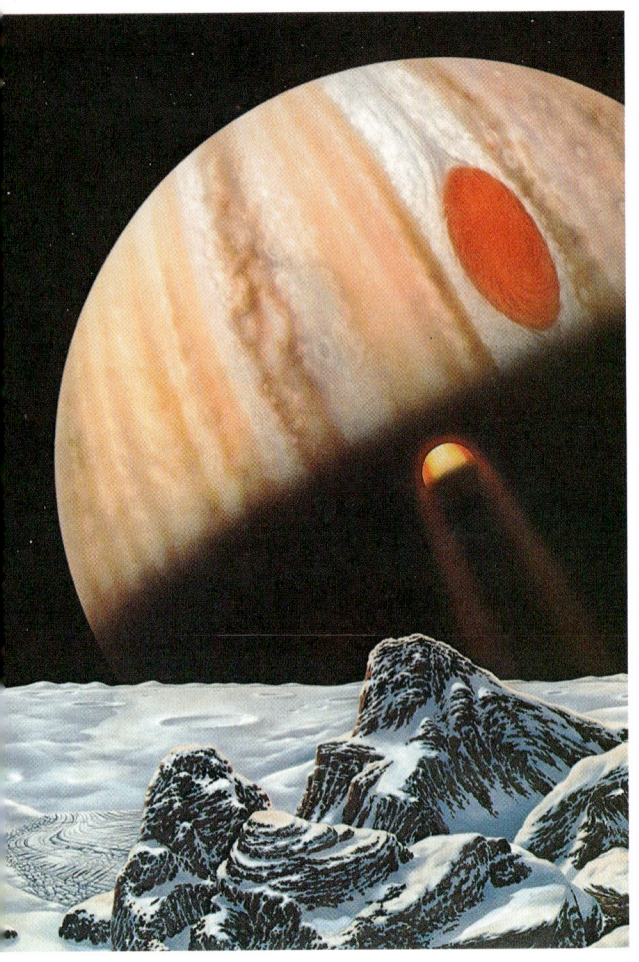

• Satélite

# Satélite

Los satélites son objetos naturales que giran, o describen una órbita, alrededor de un planeta o asteroide. Un asteroide es un pedazo de roca que gira alrededor del Sol. A los satélites también se les llama lunas. Todos los planetas, con excepción de Mercurio y Venus, tienen lunas. Júpiter, Saturno, Urano y Neptuno tienen muchas lunas. Al menos un asteroide, que se llama Ida, tiene una luna.

Los satélites son de tamaños muy diferentes. El satélite más pequeño conocido es la luna de Ida, Dactyl. El más grande es la luna de Júpiter, Ganimedes.

Los satélites están compuestos de diferentes materiales, según sea la distancia que los separe del Sol. Los satélites que están más cerca del Sol son de una clase de roca llamada silicato. Éste es el mismo material del que está hecha la corteza terrestre. Los otros satélites son de silicato y hielo. En general, entre más lejos esté el satélite del Sol, más hielo tiene. La mayoría de los satélites están hechos mayormente de hielo. Casi todo el hielo de los satélites es agua congelada, como el hielo que vemos en la Tierra.

Muchos satélites parecen tener una superficie accidentada con muchos cráteres, o grandes depresiones que parecen cuencos. Algunos satélites han cambiado desde que hicieron su aparición. Estas lunas tienen superficies de muy variadas características, e incluso hay volcanes activos.

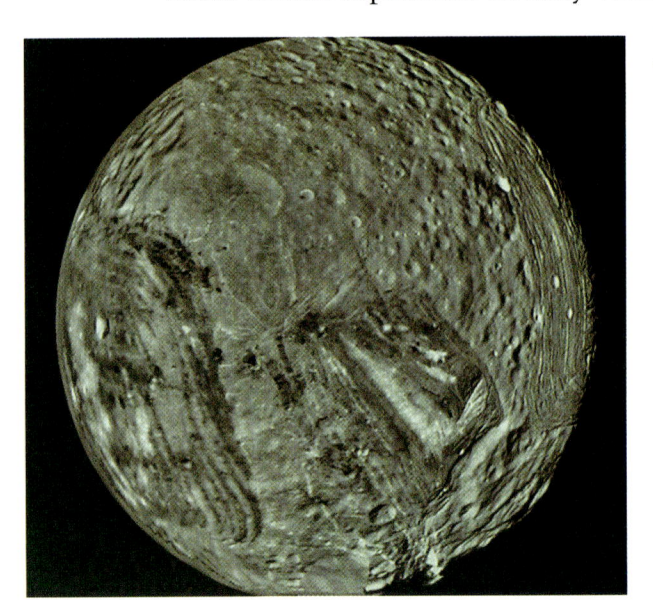

**Un artista** pintó este cuadro que muestra cómo se vería Júpiter desde Europa, uno de sus satélites más grandes. Otra luna está pasando entre Júpiter y Europa.

**Miranda** es un satélite que gira alrededor de Urano, el séptimo planeta a partir del Sol. La fotografía muestra unas protuberancias raras que parecen pistas de carreras.

# Satélite

## Cómo se forman los satélites

Muchos científicos creen que los satélites se formaron más o menos en la misma época y de la misma manera que los planetas. Según esta teoría, o idea, una enorme nube de gas y polvo giraba lentamente en el espacio hace unos cinco mil millones de años. Las partículas de polvo chocaban unas con otras formando pequeños pedazos de material. Estos pedazos, a su vez, chocaban unos con otros formando objetos aún más grandes. A medida que cada objeto crecía, también crecía su gravedad.

La gravedad es una fuerza natural que hace que los objetos se acerquen unos a otros. Cuando un objeto tiene unas seis millas de ancho (10 kilómetros), adquiere suficiente gravedad para atraer otros objetos. A medida que el objeto crece, también aumenta su gravedad, y así se van acumulando los materiales muy rápidamente. Pronto, el objeto atrae todos los materiales cercanos y los hace parte de sí mismo.

**El satélite de Júpiter, Ío,** tiene volcanes activos. Los volcanes despiden azufre y otros minerales que le dan su color amarillo.

## Cómo los científicos estudian los satélites

Los científicos usan telescopios y naves espaciales para estudiar los satélites y sus planetas. Las misiones de las naves espaciales suministran la mejor información sobre los satélites. Las naves espaciales han volado cerca de todos los planetas, excepto Plutón. El ser humano ha pisado solamente un satélite, la Luna de la Tierra.

La mayoría de los telescopios estudian los satélites desde la superficie de la Tierra. Los demás van sujetos a satélites artificiales hechos por el hombre, que giran alrededor de la Tierra o que están colocados en alguna nave espacial. Los científicos usan de dos maneras la luz que estos telescopios recogen. Una manera se llama sistema de formación de imágenes, en la que los científicos estudian las imágenes. La otra manera se llama espectroscopia, en la cual los científicos estudian la luz que los satélites reflejan. Así pueden identificar los elementos químicos y saber de qué está formado el satélite.

Artículos relacionados: **Luna; Planeta.**

**Calisto, otro satélite de Júpiter,** ha sido golpeado por muchos meteoritos. Está completamente cubierto de cráteres.

• **Saturno**

# Saturno

Saturno es el segundo planeta más grande después de Júpiter. Tiene siete anillos delgados y planos a su alrededor, que están formados por muchos otros anillos más pequeños. Estos anillos pequeños están formados por partículas de hielo. Todas estas partículas brillantes viajan alrededor del planeta, haciendo de Saturno uno de los objetos más bellos del espacio. Se sabe que Júpiter, Neptuno y Urano son los otros planetas que tienen anillos.

Saturno se puede ver desde la Tierra; sin embargo, sus anillos no se pueden ver desde ella sin un telescopio.

Saturno es el sexto planeta más cercano al Sol. Viaja alrededor del Sol en una órbita, o trayectoria, ovalada. El planeta tarda cerca de 10,759 días, es decir, alrededor de $29\frac{1}{2}$ años terrestres, en dar una vuelta completa alrededor del Sol. La Tierra tarda 365 días, o un año, en dar la vuelta completa alrededor del Sol.

Saturno rota, es decir, gira sobre si mismo, más rápido que cualquier otro planeta, excepto Júpiter. Saturno da una vuelta completa sobre si mismo en sólo 10 horas y 39 minutos, mientras que la Tierra lo hace en 24 horas, o un día.

La mayoría de los científicos cree que Saturno es una gigantesca bola de gas que no tiene superficie sólida, o dura. Sin embargo, parece que el planeta tiene un centro caliente y sólido compuesto de hierro y material rocoso. Los científicos no creen que exista alguna forma de vida en Saturno.

Saturno tiene por lo menos 18 satélites o lunas. La luna más grande es Titán.

Artículos relacionados: **Planeta; Sistema solar.**

**Saturno** es el sexto planeta desde el Sol.

**Saturno,** el segundo planeta en tamaño del sistema solar, tiene siete anillos formados por partículas brillantes de hielo.

142 World Book Enciclopedia estudiantil hallazgos

## Sauce blanco

Los sauces blancos son arbustos o árboles pequeños de la familia de los sauces. Tienen varias ramas largas y derechas con muchos brotes de flores. Los racimos de flores de sauces blancos se llaman candelillas.

En la primavera, las candelillas se cubren de pelusa sedosa de color blanco grisáceo. Algunas personas creen que las candelillas parecen gatitos que se suben por la rama.

Los sauces blancos se dan silvestres en el este de Estados Unidos, por el norte hasta Nueva Escocia en Canadá y por el sur hasta Virginia. Se dan mejor en lugares húmedos. Casi nunca crecen más de 20 pies (6 metros).

**Sauce blanco**

## Scarry, Richard

Richard Scarry (1919-1994) escribió e ilustró muchos libros para niños. Muchos de los libros de Scarry incluyen animales. Dos de los personajes populares de sus libros son el gusano Lowly y el señor Frumble, el cerdito. Entre sus libros más conocidos están *Richard Scarry's Best Word Book Ever* y *Richard Scarry's Please and Thank You*. Escribió e hizo dibujos para más de 250 libros en total.

Scarry nació en Boston, Massachusetts. Empezó a trabajar como dibujante a finales de la década de los cuarenta del siglo pasado. Al principio ilustró libros de otros escritores, y ya para 1951 ilustraba sus propios libros. En 1994, sus personajes aparecieron en un programa de televisión llamado *The Busy World of Richard Scarry*.

**Richard Scarry**

• Schulz, Charles Monroe

# Schulz, Charles Monroe

Charles Monroe Schulz (1922-2000) creó la historieta Peanuts. Los personajes son niños que dicen cosas graciosas pero sabias sobre la vida. Charlie Brown, Lucy, Linus, Peppermint Patty, Marcie, el perro Snoopy y los otros divierten a chicos y a grandes.

Peanuts presenta a Charlie Brown como el personaje principal. Él nunca parece salirse con la suya, pero continúa tratando. Schulz basó gran parte de su personaje Charlie Brown en su propia niñez. En la escuela secundaria, Schulz fue malo para los deportes y era demasiado tímido para invitar a una niña a salir. El anuario de la escuela secundaria no quiso publicar sus historietas, pero Schultz continuó dibujando. A fines de los años cuarenta del siglo pasado empezó a vender sus historietas. En 1950 creó Peanuts, que en la actualidad aparece en mas de 2,000 periódicos en cerca de 70 países.

**Los personajes de Peanuts** creados por Charles Schulz incluyen, *en la fila superior*, a Snoopy y a Charlie Brown, y, *en la fila inferior*, a Lucy, Linus, Peppermint Patty y a Sally.

# Schweitzer, Albert

Albert Schweitzer (1875-1965) fue médico, músico, predicador y escritor. A Schweitzer se le conoce como uno de los grandes cristianos de su época. Sobre todo, quería ayudar a otros. Por todos los años que pasó ayudando a la gente, obtuvo el Premio Nobel de la Paz en 1952.

Schweitzer nació en una zona de Alemania que ahora pertenece a Francia. Antes de cumplir los 30 años, ya era famoso por sus libros sobre religión y sus conocimientos de música.

En 1902, Schweitzer empezó a estudiar medicina. En 1913 comenzó a trabajar como médico en África. Consiguió dinero para construir un hospital allí. Con los años, su hospital creció y miles de africanos recibieron tratamiento cada año.

**Albert Schweitzer**

# Secuoya

La secuoya es un árbol alto de hojas perennes. Es uno de los organismos vivos más grandes y más antiguos de la Tierra. El árbol recibió su nombre en honor de Sequoyah, un indio cheroquí, que inventó un sistema para escribir el idioma de su pueblo.

Hace millones de años, estos árboles crecían en bosques de casi todo el mundo. En una época, hubo muchas clases diferentes de secuoyas, pero ahora quedan solamente dos clases: la secuoya de madera roja y la secuoya gigante. Ambas clases tienen corteza de color marrón rojizo y se encuentran principalmente en California. El gobierno de Estados Unidos protege casi todas las secuoyas grandes para que no las talen.

Las secuoyas de madera roja son algunos de los árboles vivos más altos. Crecen hasta 300 pies (91 metros) de alto, aproximadamente la altura de un edificio de 30 pisos. El tronco de muchos de estos árboles mide más de 10 pies (3 metros) de grueso.

Las secuoyas gigantes no crecen tan alto como las de madera roja, pero tienen el tronco más grueso. Varias tienen 100 pies (30 metros) de circunferencia en la base. El árbol más grande del mundo (el que contiene más madera) es la secuoya gigante llamada *árbol General Sherman*. Se encuentra en el parque nacional de las Secuoyas, en California. Tiene 275 pies (83.8 metros) de alto, y su tronco mide 103 pies (31.4 metros) de circunferencia. *El árbol General Sherman* tiene entre 2,200 y 2,500 años de edad. Algunas de las secuoyas gigantes tienen más de 3,000 años de edad.

Artículo relacionado: **Sequoyah**.

**El árbol más grande del mundo** es el árbol General Sherman, una secuoya del parque nacional de las Secuoyas, California. Tiene 275 pies (83.8 metros) de alto, y su tronco mide 103 pies (31.4 metros) de circunferencia. Tiene entre 2,200 y 2,500 años de edad.

**Etapas de crecimiento de la secuoya**

Árbol joven   Árbol en desarrollo   Árbol viejo

# Seda

Una polilla de gusano de seda

Una polilla poniendo huevos

Gusanos de seda alimentándose

Un gusano de seda adulto

Un gusano de seda haciendo un capullo

Un capullo de seda

Carretes de hilo de seda

Tela de seda

La seda es una fibra, o hilo delgado, resistente y liviana, que se usa para hacer telas. Se saca de los capullos de unas orugas llamadas gusanos de seda.

La seda es la fibra natural más resistente, y además es elástica. Si se estira, regresa a su forma original. La ropa de seda es más liviana y más caliente que la de algodón, lino o rayón.

La mayoría de la seda proviene de granjas que crían gusanos de seda. La seda la produce la oruga de una polilla que se alimenta de hojas de árboles de morera.

A principios del verano, la polilla hembra del gusano de seda pone de 300 a 500 huevos sobre un papel, que almacenan en un lugar frío. En la primavera siguiente, los huevos se calientan. Después de que los gusanos salen de los huevos, los colocan en bandejas y los alimentan con hojas de morera. Cuando crecen, los gusanos tejen hilos a su alrededor para hacer los capullos.

Después de casi tres días, el capullo está terminado y el gusano se transforma en una pupa. Más o menos tres meses después, la pupa se convierte en una polilla y sale del capullo rompiendo el hilo en pedazos pequeños. Los granjeros no quieren los hilos rotos, así que solamente permiten que unas pocas pupas se vuelvan polillas para que pongan la siguiente tanda de huevos. El resto se muere al secar los capullos en hornos.

Los capullos se remojan en agua caliente para lavar la mayoría de goma que los sostiene unidos. Luego, los trabajadores desenrollan las fibras y las combinan en hilos. La seda se teje en fábricas de tejido.

Nadie sabe con seguridad cuándo se descubrió la seda, pero los chinos fueron los primeros en producirla y guardaron el secreto por cerca de 3,000 años. Hace cerca de 1,500 años, dos monjes sacaron clandestinamente de China huevos de gusanos de seda y semillas de morera. Después de esto, personas de otros países aprendieron a criar gusanos de seda, recoger la seda y tejer la tela. Hoy, China produce más fibra de seda que cualquier otro país y Estados Unidos es el principal productor de telas de seda.

# Segunda guerra mundial

En la segunda guerra mundial murió más gente y se destruyeron más edificios que en ninguna otra guerra. Empezó el 1 de septiembre de 1939, y terminó el 2 de septiembre de 1945. La segunda guerra mundial empezó en Europa pero se extendió casi por todo el mundo, inclusive el norte de África, Asia, Australia y el océano Pacífico. Se pelearon batallas en tierra, mar y aire.

En los seis años de guerra murieron cerca de 17 millones de soldados. Un número aún más grande de hombres, mujeres y niños también murieron por las bombas, las enfermedades y la falta de alimentos. Millones de personas murieron como prisioneros en los campos de exterminación de Alemania. La guerra, además, dejó a mucha gente sin hogar y sin trabajo.

Dos grupos de naciones combatieron en la segunda guerra mundial. Un grupo, que se llamó el Eje, estaba compuesto por nueve países y dirigido por Alemania, Italia y Japón. El otro grupo, que se llamaba los Aliados, estaba compuesto por 50 países y dirigido por Gran Bretaña, China, la Unión Soviética y Estados Unidos.

**Las más grandes batallas navales** de la segunda guerra mundial ocurrieron entre aviones y barcos.

## ● Segunda guerra mundial

**Bombardero B-17, Estados Unidos**

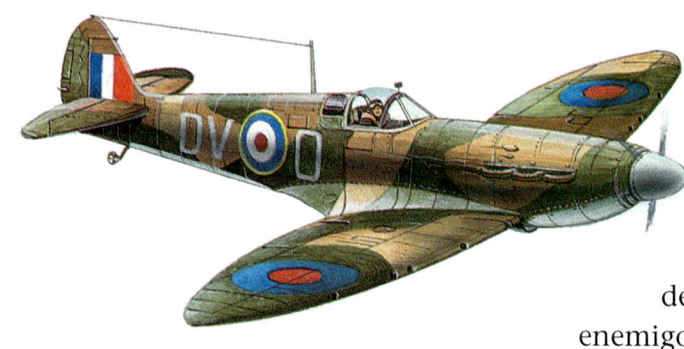

**Avión de caza Spitfire, Reino Unido**

La segunda guerra mundial tuvo muchas causas. La guerra fue causada en parte por los problemas que habían quedado de la primera guerra mundial (1914-1918). La segunda guerra mundial en realidad empezó cuando tropas alemanas penetraron en Polonia el 1 de septiembre de 1939. Adolf Hitler, el líder de Alemania, quería más tierras para su país, así que decidió quitárselas a Polonia. Dos días más tarde, Gran Bretaña, Francia y otras naciones se unieron a Polonia en la guerra contra Alemania. Las tropas alemanas penetraron en otras partes de Europa, invadieron más tierras y se crearon enemigos.

Como la guerra continuó, muchas otras naciones se unieron a uno u otro bando. Antes de la guerra, la Unión Soviética y Alemania habían acordado no atacarse entre sí. Sin embargo, más tarde las tropas alemanas atacaron a la Unión Soviética, la cual entonces se unió a los aliados en contra de Alemania. Estados Unidos entró en la segunda guerra mundial

**Camión anfibio DUKW, Estados Unidos**

148 World Book Enciclopedia estudiantil hallazgos

## Segunda guerra mundial

después de que aviones japoneses atacaron la base naval estadounidense de Pearl Harbor en Hawai el 7 de diciembre de 1941.

A principios de la guerra, Alemania ganó muchas batallas en Europa. Pero después de que la Unión Soviética y Estados Unidos se unieron a los Aliados, Alemania empezó a perder más batallas. Las tropas de los Aliados lanzaron un fuerte ataque contra las tropas alemanas en Europa el 6 de junio de 1944, fecha que se llamó Día D. Por último, Alemania finalmente se rindió el 7 de mayo de 1945.

Pero Japón continuó peleando. Para lograr que Japón se rindiera, Estados Unidos lanzó dos bombas atómicas a ciudades japonesas en agosto de 1945. Japón se rindió el 2 de septiembre de 1945, y por fin terminó la segunda guerra mundial.

Artículos relacionados: **Día D; Frank, Ana; Holocausto; Pearl Harbor, Base, Naval de; Soldado desconocido.**

**Tanque Tigre, Alemania**

**Portaaviones, Estados Unidos**

**Entre las armas importantes de la segunda guerra mundial** estaban los bombarderos y los aviones de caza, los camiones anfibios que transportaban gente y provisiones, los tanques y los portaaviones.

• Seguridad

# Seguridad

**S**eguridad significa estar libre de daño o peligro, incluyendo accidentes. Cada año, muchas personas mueren o resultan heridas a causa de los accidentes, pero la gente puede hacer muchas cosas para vivir sin peligro.

## Seguridad en casa

Muchos accidentes ocurren en casa, pero la mayoría se puede evitar siguiendo unas pocas normas de seguridad.

En las cocinas, nunca te subas a una silla, una mesa o una caja para alcanzar algo. Los cuchillos y las herramientas cortantes deben guardarse en un estante o repisa, o en una caja donde los niños pequeños no los puedan alcanzar. Los cuchillos no se deben guardar sueltos en un cajón.

Si se rompe un vidrio, se le debe decir a un adulto. Cuando un vaso se quiebra, se debe recoger de inmediato con escoba, nunca con la mano directamente. Los pedacitos pequeños de vidrio se deben recoger con una toalla de papel húmeda. Si riegas algo, sécalo para que nadie se resbale y caiga. Los mangos de las ollas siempre deben apuntar hacia la parte trasera de la estufa, de modo que los adultos no se tropiecen con ellos y los niños pequeños no los puedan agarrar.

En los cuartos de baño, usa un tapete de caucho en la tina o en la ducha para evitar resbalarte, usa tapetes de baño y alfombras que no se deslicen, y seca de inmediato cualquier cosa que se riegue. Nunca tomes un medicamento a menos que sea tu propio medicamento y que un adulto te ayude. Los frascos de medicamentos deben tener tapas de seguridad de modo que los niños pequeños no las puedan abrir.

Sécate las manos antes de usar un secador de pelo o cualquier otro aparato eléctrico para que no recibas una descarga eléctrica. Nunca uses un radio de enchufar en el cuarto de baño.

**Usa un tapete de caucho en la tina** o en la ducha para evitar resbalarte.

**Los medicamentos** deben guardarse fuera del alcance de los niños pequeños.

**Seguridad**

Mucha gente almacena herramientas eléctricas, detergentes fuertes, insecticidas en aerosol y otros productos químicos en el sótano, en el cuarto de trabajo o en el garaje; deben guardarse fuera del alcance de los niños pequeños. Los productos químicos fuertes deben guardarse en envases cerrados y las herramientas eléctricas deben desconectarse cuando no se están usando.

En el jardín, usa zapatos que te protejan los pies. Antes de cortar el prado, recoge las piedras, alambres y otros objetos pequeños. Recoge los rastrillos y otras herramientas de modo que la gente no se pare en ellas. Si las plantas han sido fumigadas con un herbicida o un insecticida, no lo aspires y evita el contacto con la piel. Las piscinas siempre deben tener una cerca y una puerta con cerradura, y siempre que alguien esté usando la piscina, un adulto debe estar mirando.

Ten especial cuidado con los aparatos eléctricos. Nunca uses un aparato de enchufar, ni siquiera una lámpara o un radio, bajo la lluvia o en un sitio húmedo.

Para ayudar a prevenir incendios, nunca juegues con fósforos o materiales que se incendian fácilmente. No uses lámparas, radios o cualquier otro aparato eléctrico que tenga los cables en mal estado. Bota la basura, la ropa vieja o cualquier otra cosa que se pueda quemar. Materiales como la gasolina deben guardarse en recipientes cerrados lejos del calor, de modo que no prendan fuego.

Tu familia debe tener un detector de humo que haga sonar una alarma cuando haya un incendio. Las baterías deben

**En la cocina,** nunca te subas a una silla, a una mesa o a una caja para alcanzar algo. Usa una escalera de tijera.

**En el jardín,** usa zapatos que te protejan los pies. Antes de cortar el prado, recoge las piedras, alambres y otros objetos pequeños.

World Book Enciclopedia estudiantil hallazgos

## Seguridad

**Las casas deben tener un detector de humo** que haga sonar una alarma en caso de un incendio. Revisa las baterías con frecuencia para asegurarte de que aun funcionan.

revisarse con frecuencia para estar seguros de que funcionan. Asegúrate de que sepas salir de cada cuarto en caso de incendio u otra emergencia, y de que las puertas no estén bloqueadas y se puedan abrir fácilmente.

### Seguridad en la escuela

Muchos accidentes ocurren porque la gente está de afán. Tú puedes ayudar caminando en vez de correr. Conserva tu derecha en corredores o en escaleras y no apretujes o empujes.

En tu salón de clase, no pongas los pies en el pasillo. No dejes las tijeras u otros objetos puntiagudos donde puedan herir a alguien. En las entradas, no arrojes objetos y no empujes o apretujes.

Hay diferentes cosas que puedes hacer para practicar con seguridad los deportes en la escuela: haz calentamiento para aflojar los músculos, usa el equipo adecuado y trata de no perder la calma cuando estés jugando.

### Seguridad mientras juegas

La gente a menudo olvida ser cuidadosa cuando se está divirtiendo, pero saber qué hacer puede ayudarte a divertirte con seguridad.

En los deportes de invierno, es importante que te mantengas lo suficientemente abrigado. Varias capas de ropa suelta te calentarán más que una sola capa gruesa; usa guantes, sombrero y zapatos o botas abrigados porque las manos, la cabeza y los pies pierden calor rápidamente. Usa el equipo adecuado y toma lecciones, si necesitas, para practicar deportes como el esquí y el patinaje, y al deslizarte en trineo. Permanece con otras personas y en zonas seguras.

Nunca nades solo o sola y hazlo siempre donde haya salvavidas; si no eres un nadador experto, permanece en aguas poco profundas. No nades cuando tengas mucho frío, mucho calor o estés muy cansado. Los botes deben tener un chaleco salvavidas para cada persona.

**Cuando juegues** en clima frío, usa guantes, sombrero y zapatos o botas abrigadas.

**152** World Book Enciclopedia estudiantil hallazgos

Seguridad

## Seguridad en otros sitios

La seguridad vial es importante. Abrocharse los cinturones de seguridad, obedecer los límites de velocidad y colocar los niños en asientos de bebé para auto, puede ayudar a salvar muchas vidas.

También hay normas de seguridad para los ciclistas. En una bicicleta no debe montarse más de una persona al mismo tiempo. Se deben obedecer las señales y los avisos de tránsito, y conducir en el mismo sentido del tráfico. Haz señas antes de voltear o parar, y usa siempre casco.

Cuando camines, cruza las calles por los cruces peatonales, obedece los semáforos y mira a ambos lados para ver si vienen autos. Camina por la acera, no por la calle.

**Los mangos de las ollas** siempre deben apuntar hacia la parte trasera de la estufa, de modo que los adultos no se tropiecen con ellos y los niños pequeños no los puedan agarrar.

## Seguridad en las emergencias

Las emergencias pueden ser causadas por una inundación, un tornado, un huracán, un terremoto, un incendio, una explosión u otro accidente. Algunas emergencias suceden inesperadamente, pero tú estarás más seguro si sabes qué hacer.

Si viene un huracán o una inundación, sal de la zona si te dicen que salgas. Escucha las instrucciones en la radio o en la televisión. Tal vez necesites almacenar agua potable en botellas o en jarras. Si sales de tu casa, puedes necesitar llevar alimentos y ropa. Si vives en una zona donde pueda haber tornados o terremotos, aprende qué hacer si ocurren.

## Trabajando por la seguridad

La seguridad es responsabilidad de todos. Muchas oficinas del gobierno trabajan por la seguridad. Tratan de asegurarse de que los productos que la gente compra, los lugares donde la gente trabaja y los medios de transporte que la gente usa, sean seguros. Varios grupos privados luchan por obtener la aprobación de leyes en favor de la seguridad y le enseñan a la gente a prevenir accidentes.

Artículos relacionados: **Prevención de incendios**.

**Cuando levantes objetos grandes o pesados,** dobla las rodillas y levántate usando las piernas, no la espalda.

World Book Enciclopedia estudiantil hallazgos 153

# Seguro

Un seguro ayuda a proteger a la gente contra costos grandes e inesperados. Hay varias clases de seguros. El seguro médico ayuda a pagar las cuentas de los médicos y de los hospitales cuando alguien se enferma o se lastima. El seguro de automóvil ayuda a pagar el arreglo o el reemplazo de los autos después de un accidente o de un robo. El seguro para propietarios o arrendatarios de una vivienda ayuda a reemplazar las cosas robadas o dañadas por el fuego o el agua. El seguro de vida paga dinero a la familia de la persona asegurada si ésta muere.

La gente compra los seguros en las compañías aseguradoras. La persona acepta hacer pagos periódicos a la compañía de seguros y, a cambio, la compañía paga si la persona sufre alguna pérdida.

**El seguro ayuda a cubrir el costo** de una casa cuando el fuego la daña o la destruye.

# Selva

Las selvas son áreas silvestres que tienen una maraña espesa de plantas tropicales. Las selvas son parte de las selvas lluviosas que se encuentran en los trópicos.

Las selvas lluviosas tropicales tienen árboles enormes, largas enredaderas y animales como loros y monos. En muchas partes de la selva lluviosa los árboles son tan densos, o tupidos, que la luz del sol nunca llega al suelo.

Las selvas son esas partes de la selva lluviosa donde el sol llega al suelo. Tales selvas crecen a lo largo de los ríos y en los claros. Muchas veces las selvas se forman donde se han talado los árboles. A menudo la gente tiene que abrir caminos por la selva con cuchillos largos que se llaman machetes.

**Las selvas** son partes de las selvas lluviosas donde el sol llega al suelo.

• Selva lluviosa

# Selva lluviosa

Las selvas lluviosas son selvas espesas con árboles altos. Se encuentran donde el clima es cálido todo el año y cae mucha lluvia. Casi todas las selvas lluviosas están cerca del ecuador, que es la línea imaginaria que circunda la Tierra por la mitad. África, Asia, Centroamérica y Sudamérica tienen grandes selvas lluviosas. En Australia y ciertas islas del Pacífico hay selvas lluviosas más pequeñas.

Las selvas lluviosas tropicales tienen más clases de árboles que cualquier otro lugar del mundo. Más de la mitad de todas las clases de plantas y animales de la Tierra viven en las selvas lluviosas tropicales.

Los árboles más altos de las selvas tropicales llegan hasta los 165 pies (50 metros). Las copas de los árboles forman con sus ramas una cubierta o bóveda muy alta sobre la tierra. Árboles más bajos

**Las selvas lluviosas tropicales** tienen más clases de árboles que cualquier otra lugar del mundo.

**Las grandes selvas lluviosas** se encuentran en África, Asia, Centroamérica y Sudamérica. Hay selvas lluviosas más pequeñas en Australia y Oceanía.

Área de selva lluviosa

156 World Book Enciclopedia estudiantil hallazgos

# Selva lluviosa

forman otras dos capas inferiores. Estas capas ensombrecen la tierra, que recibe muy poca luz solar, por lo que pocos arbustos crecen en ella. Es posible caminar sin dificultad por la mayor parte de las selvas lluviosas. La luz penetra más en las orillas de los ríos o claros, donde las plantas forman una jungla enmarañada.

Casi todas las selvas lluviosas son muy calurosas. Algunas de ellas tienen lluvias con tormentas eléctricas durante más de 200 días al año, de manera que el aire debajo de la bóveda es casi siempre muy húmedo. Además, los árboles sueltan agua por las hojas. El agua de las hojas genera casi la mitad de la lluvia en algunas selvas lluviosas.

Las selvas lluviosas se parecen en algunos aspectos, pero tienen clases muy diferentes de plantas y animales. Por ejemplo, las selvas lluviosas de Asia, África, Centroamérica y Sudamérica tienen monos, pero las clases de monos son diferentes en cada una de ellas.

También, en diferentes áreas de la misma selva lluviosa puede haber diferentes clases de plantas y animales. Por ejemplo, la selva lluviosa del Amazonas tiene montañas y tierras bajas. Las clases de árboles que crecen en las montañas no crecen en las tierras bajas.

## Plantas de las selvas lluviosas

Las selvas lluviosas de los trópicos son siempre verdes. La mayoría de los árboles pierden las hojas viejas y crecen hojas nuevas durante todo el año, pero algunos árboles pierden todas las hojas por un corto tiempo. Diferentes clases de árboles producen flores y frutos en diferentes épocas del año.

En las selvas lluviosas tropicales las plantas que se llaman epifitos, o plantas aéreas, crecen en las ramas de los árboles. Se alimentan del aire y de la lluvia. Otras plantas llamadas lianas se enroscan alrededor de los troncos y las ramas de los árboles mientras crecen hasta alcanzar la luz del sol.

**Las plantas de rafflesia** crecen en las selvas lluviosas del sudeste de Asia. No tienen hojas, pero las flores son las más grandes que se conocen; algunas tienen más de 3 pies (90 centímetros) de ancho. Tienen un mal olor que atrae los insectos.

● **Selva lluviosa**

Las selvas lluviosas también tienen árboles estranguladores. Estos árboles empiezan como plantas aéreas, pero echan raíces que penetran la tierra. Las raíces del estrangulador rodean el árbol donde vive. Con el tiempo, el estrangulador mata al otro árbol al quitarle la luz, el aire y el agua.

En las selvas lluviosas tropicales, casi todos los nutrientes, o sustancias químicas que las plantas necesitan para crecer, están en las mismas plantas. Algunos nutrientes se encuentran en una delgada capa superior del suelo, donde se han descompuesto las plantas muertas. Por consiguiente, las raíces de las plantas de las selvas lluviosas son superficiales y están cerca de la capa superior del suelo, donde pueden encontrar los nutrientes. Algunos árboles forman una base ancha en el tronco, que les ayuda a sostenerse en la tierra superficial.

Todas las plantas y animales de la selva lluviosa dependen unos de otros. Insectos, aves y otros animales llevan polen de unas flores a otras en la selva lluviosa. Así se forman las nuevas semillas. Cuando los animales visitan las flores, toman el alimento del néctar que éstas tienen.

## Animales de la selva lluviosa

En la selva lluviosa tropical viven muchos animales. Algunos pasan toda la vida en los árboles y nunca pisan tierra. Murciélagos, monos, ardillas, loros y otros animales se alimentan de frutas y nueces de la bóveda. Los perezosos y algunos monos comen hojas. Los colibríes y otros pájaros chupan el néctar de las flores.

Las ranas, las lagartijas y las culebras también viven entre las ramas. Aves y culebras grandes cazan animales más pequeños en los árboles.

Algunos animales están muy bien adaptados para vivir en las copas de los árboles. Los lemures y las ardillas voladoras planean por el aire de rama en rama. Varias clases de osos hormigueros, monos, comadrejas y puercoespines se pueden colgar de la cola.

**Algunos animales de la selva lluviosa**

**Selva lluviosa**

Antílopes, ciervos, cerdos y tapires caminan por los suelos de las selvas tropicales, junto con muchos roedores, es decir animales relacionados con las ratas. Estos comen raíces, semillas, hojas y frutas que caen al suelo. Los chimpancés y otros animales, inclusive animales de la familia de los felinos, viven en la tierra y en los árboles. Las hormigas viven en todas partes de la selva, y las abejas, las mariposas, las polillas y las arañas son frecuentes.

## La gente y las selvas lluviosas

Las selvas lluviosas son el hogar de millones de personas. Algunos grupos han vivido en las selvas lluviosas por centenares de años; cazan, pescan, recogen productos de la selva y cultivan. Saben mucho sobre las plantas y los animales de la selva lluviosa.

La cantidad de habitantes del mundo está creciendo y cada día se usan más los recursos naturales del mundo, como las selvas. Se han talado las selvas lluviosas para despejar tierra para granjas y edificios. Industrias como la minería y la industria maderera, también han destruido selvas. Los científicos temen que miles de clases de plantas y animales desaparezcan al perder su hogar en las selvas. Muchos de sus habitantes también han perdido su hogar cuando se destruyen las selvas. Sin embargo, muchos grupos de protección del medio ambiente están trabajando con los gobiernos para salvar las selvas lluviosas.

**El despeje de la tierra en la selva lluviosa amazónica** es una amenaza para las plantas, los animales y la gente que viven allí. Quemaron esta área para abrir espacio y criar ganado.

World Book Enciclopedia estudiantil hallazgos **159**

• Selva lluviosa tropical

## Selva lluviosa tropical.
Véase **Selva lluviosa**.

## Semiconductor

Los semiconductores son materiales usados para hacer partes de radios, computadoras y otros equipos electrónicos. Un semiconductor importante es el químico conocido como silicio, que se usa para hacer unos dispositivos electrónicos llamados "chips".

Los semiconductores obtuvieron su nombre debido a la manera especial en que conducen, o transportan, la electricidad. Trabajan controlando las cantidades pequeñas de electricidad que pasan a través de ellos.

Los semiconductores crean las señales eléctricas usadas para emitir programas de radio y televisión. Fortalecen las señales débiles que reciben los aparatos de radio y de televisión, de tal modo que los programas se puedan oír y ver. Los semiconductores llamados células solares producen electricidad cuando la luz solar brilla sobre ellos. Otros semiconductores producen luz cuando la electricidad pasa a través de ellos.

**Los semiconductores** se usan para hacer dispositivos electrónicos llamados "chips".

## Semilla

Una semilla es la parte de la planta que produce una planta nueva. Cerca de 250,000 clases de plantas producen semillas. Las plantas con flores son el grupo más grande de plantas productoras de semillas. Estas plantas, que los científicos llaman angiospermas, incluyen la mayoría de árboles, arbustos y plantas de tallo blando. Cerca de 800 clases de árboles y arbustos llamados gimnospermas también producen semillas. La mayoría de las gimnospermas tienen conos.

Las semillas de las plantas varían mucho en tamaño, desde menos de una onza (28 gramos) hasta 50 libras (23 kilogramos). Sin embargo, del tamaño de la semilla no es posible deducir qué tan grande será la planta. El número de semillas producidas por una planta individual también varía.

**Testa**
**Tejido de almacenamiento de alimento**
**Embrión**

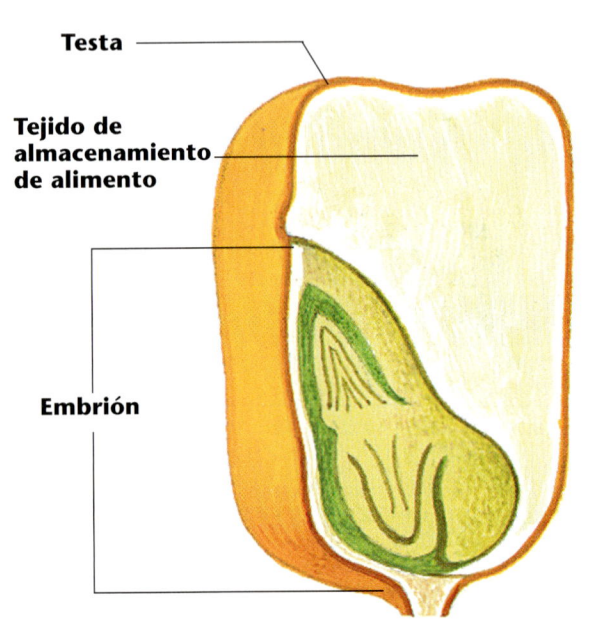

**Las semillas** tienen tres partes: el embrión, el tejido de almacenamiento de alimento y la testa.

## Cómo se forman las semillas

Las plantas tienen partes masculinas y femeninas que producen células sexuales. Una semilla se forma cuando una célula sexual masculina, llamada espermatozoide, se une con una célula sexual femenina, llamada huevo. Los espermatozoides se presentan en granos como polvo llamados polen, que se forma en una parte de la flor. El polen es transportado por el viento o los insectos y cae cerca del óvulo, que está dentro de la flor o en el cono de la planta. El óvulo contiene el huevo. El espermatozoide deja el polen, entra en el óvulo y se une con el huevo. Las semillas se convierten en óvulos. En algunas plantas la fruta crece alrededor de la semilla.

Las semillas tienen tres partes: un embrión, o planta parcialmente desarrollada, compuesta por una raíz sin desarrollar y un tallo; un tejido de almacenamiento de alimento y una cubierta protectora llamada testa.

## Cómo se propagan las semillas

Las semillas se propagan de muchas maneras. Algunas son transportadas por el viento o por el agua. Algunas veces, una semilla cae al suelo cuando la fruta cae del árbol y se abre. Otras veces, los pájaros u otros animales se comen la fruta y la semilla pasa a través del cuerpo del animal y termina en el suelo.

## Cómo germinan las semillas

Las semillas maduras brotan a través de un proceso llamado germinación. Primero, la parte baja del embrión atraviesa la testa y crece hacia abajo en el suelo, transformándose en la raíz principal.

**Algunas semillas** son transportadas por el viento.

## Semilla

Luego, la parte superior del embrión, que se convierte en el tallo y las hojas, se desarrolla por encima del suelo. Ahora la planta está lista para crecer.

### Cómo se usan las semillas

Las semillas son una fuente importante de alimentación para millones de personas. Las semillas de cereales como el maíz, la avena, el arroz y el trigo, se utilizan en productos alimenticios como el pan, los cereales para el desayuno y la harina. Las semillas de plantas llamadas legumbres como el fríjol, la arveja y el maní, también son fuentes importantes de alimento. La mayoría de alimentos para animales incluyen semillas de maíz, avena y otros granos.

Los aceites vegetales que se usan para cocinar están hechos de semillas de plantas como maíz, maní, soja y girasol. También se usan aceites de semillas en detergentes, jabones, pinturas y esmaltes. En medicina se usan partes de algunas semillas.

Artículos relacionados: **Jardinería y horticultura.**

**Una semilla** es como una planta pequeña en un paquete. Primero, la parte baja del embrión atraviesa la testa y crece hacia abajo en el suelo; esa es la raíz principal. Luego, la parte superior del embrión, que se convierte en el tallo y las hojas, se desarrolla encima del suelo. A medida que el tallo se endereza, empiezan a crecer las hojas. Luego la planta florece y produce sus propias semillas.

# Sendak, Maurice

Maurice Sendak (1928-   ) hace dibujos y escribe libros para niños. Ha hecho los dibujos para alrededor de 80 libros para niños, incluyendo 20 libros escritos por él mismo.

En 1964, Sendak obtuvo la medalla Caldecott por los dibujos de *Donde viven los monstruos,* escrito por él mismo. La medalla Caldecott se otorga al mejor libro de dibujos del año. El relato habla de un niño llamado Max que usa su imaginación para manejar sus sentimientos.

Sendak nació en Brooklyn, Nueva York. Entre sus otros libros para niños están *La cocina de noche* (1970), *Fuera de allí* (1981) y *We Are All in the Dumps with Jack and Guy* (1993).

**Maurice Sendak,** rodeado por los personajes de *Donde viven los monstruos.*

# Senegal

## Datos sobre Senegal

**Capital:** Dakar.

**Superficie:** 75,955 mi² (196,722 km²).

**Población:** Estimada en 1998: 8,993,000.

**Lengua oficial:** Francés.

**Clima:** Cálido, con una estación de lluvias de julio a octubre y una estación seca de noviembre a junio.

**Productos principales:**
**Agricultura:** algodón, arroz, aves de corral, mandioca, maní, mijo, verduras.
**Industria:** harinas, productos de maní, productos de pescado, refinería de petróleo.
**Minería:** Fosfatos.

**Forma de gobierno:** República.

**Bandera**

Senegal es un pequeño país en la costa noroeste de África. Está más al oeste que cualquier otro país de África continental. Las llanuras cubren casi todo el país. La capital y ciudad más grande del país es Dakar.

Casi todos los habitantes de Senegal son africanos negros, que pertenecen a diferentes grupos incluyendo a los wolof y a los fulani. Cada grupo tiene su propio idioma y forma de vida. Muchos de ellos también hablan francés, el idioma oficial. La mayoría de la población es musulmana, o gente que sigue la fe del islam.

Más de la mitad de los habitantes viven en el campo y trabajan como agricultores. Cultivan una especie de grano llamado mijo, que es el alimento básico para la mayoría de la gente de Senegal. También cultivan mandioca, arroz, verduras y otros productos para alimentar a sus familias, y le venden maní y algodón a otros países. Los productos industriales incluyen aceite de maní y harina.

Hace miles de años que vive gente en lo que hoy es Senegal. Desde el siglo IV hasta el XVI, los Imperios de Ghana, Malí y Songay, del oeste de África, controlaron partes de la región. Del siglo XVII al XIX, las potencias europeas pelearon por los asentamientos comerciales de Senegal. En 1882, Francia hizo de Senegal una colonia francesa. En 1960, Senegal se convirtió en un país independiente, libre del control francés.

**Senegal and its neighbors**

164 World Book Enciclopedia estudiantil hallazgos

# Sentidos

Los sentidos son facultades que usamos para darnos cuenta de lo que sucede a nuestro alrededor. Casi toda la gente sabe que tenemos cinco sentidos: oído, vista, olfato, gusto y tacto. Pero, además, hay otros sentidos. Esos otros sentidos nos informan la posición y movimiento del cuerpo y las necesidades del cuerpo. Tales son los sentido del equilibrio, el hambre, la sed y el dolor.

Los científicos dividen los sentidos en dos grupos: los sentidos externos y los sentidos internos.

Los sentidos externos nos informan sobre cosas que suceden fuera del cuerpo. Ahí están incluidos los cinco sentidos tradicionales: oído, visita, olfato, gusto y tacto. También incluyen el sentido del calor. El calor se percibe a través de unas células especiales de la piel.

Los sentidos internos nos informan de los cambios que tienen lugar dentro del cuerpo. Ellos envían mensajes al cerebro sobre los cambios. Estos sentidos nos dicen cuándo tenemos hambre, sed, cansancio o dolor. Los sentidos internos también reaccionan ante los cambios musculares. Cuando movemos la cabeza, los brazos o las piernas, los sentidos internos registran al mismo tiempo lo que sucede dentro del cuerpo.

Algunos animales reaccionan ante cosas que la gente ni siquiera nota. Por ejemplo, las personas no pueden oír sonidos que son muy altos o muy bajos, pero algunos animales sí.

Artículos relacionados: **Ceguera; Dolor; Gusto; Nariz; Oído; Ojo; Sordera; Tacto.**

**El sentido del gusto** es uno de los cinco sentidos externos que usa el cuerpo para informarnos de cosas que suceden fuera del cuerpo.

● Sequoyah

## Sequoyah

Sequoyah (¿1775?-1843) fue un indio cheroquí que inventó un sistema para escribir el idioma cheroquí. El gigantesco árbol secuoya y el Parque Nacional Secuoya de California, llevan su nombre. Sequoyah nació en el condado de Loudon, Tennessee. Hablaba poco o casi nada de inglés, pero se interesó en la lengua escrita de los blancos. En esa época los cheroquí no tenían una forma escrita de su idioma. De 1809 a 1821, Sequoyah trabajó en sus ideas e inventó un conjunto de 86 símbolos que representaban los sonidos del idioma cheroquí. Los cheroquí aprendieron el sistema de Sequoyah rápidamente, y lo usaron para escribir libros y periódicos en su propia lengua.

Artículo relacionado: **Secuoya**.

**Sequoyah**

## Ser humano

Ser humano significa persona. Lo que hace a los humanos diferentes de los demás seres vivos es un cerebro grande y muy desarrollado que le da a las personas muchas habilidades, especialmente la habilidad de usar el lenguaje. El lenguaje le ha permitido a los humanos desarrollar la cultura, que incluye cosas como religión, arte y gobierno, así como también herramientas y otras cosas que la gente inventa para satisfacer sus necesidades.

### Lo que un ser humano es

Por lo general, nosotros no pensamos en nosotros mismos como animales, pero eso es lo que somos. Los seres humanos pertenecen al grupo grande de animales llamados mamíferos. Todos los mamíferos tienen una columna vertebral, pelo, cuatro extremidades y una temperatura corporal que permanece estable la mayor parte del tiempo. Los mamíferos son los únicos animales que alimentan a sus crías con leche materna.

**Los seres humanos** son los únicos seres vivos que usan el arte y el lenguaje para mantener viva su historia.

**166** World Book Enciclopedia estudiantil hallazgos

# Ser humano

El nombre científico para un ser humano es Homo sapiens, término en latín que significa "ser humano sabio".

Los seres humanos están estrechamente relacionados con los gorilas, los chimpancés y otros simios. Los humanos y los simios son parecidos en muchos aspectos. Por ejemplo, tanto los simios como los humanos tienen excelente vista y dedos largos con pulgares especiales que les permiten agarrar cosas fácilmente.

Los humanos, sin embargo, son diferentes de los simios. Los humanos se paran derechos y caminan en dos piernas. El cerebro humano es por lo menos el doble de grande que el de los simios. Los humanos viven mucho más y crecen más despacio que los simios.

## Cómo se desarrollaron los seres humanos

La Biblia describe cómo, en seis días, Dios creó el mundo y todos los seres vivos, incluidos los seres humanos. Mucha gente acepta las palabras de la Biblia como un hecho. Sin embargo, la mayoría de los científicos creen que el ser humano se desarrolló durante millones de años a partir de unos antepasados que no eran completamente humanos.

Los científicos creen que la primera clase de ser humano apareció en África hace alrededor de 2 millones de años. A esta criatura la llamaron Homo habilis, que significa ser humano hábil. El Homo habilis se transformó en una criatura más desarrollada, llamada Homo erectus, que quiere decir ser humano que se para derecho. El Homo erectus hizo y usó más tipos de herramientas de piedra que sus antepasados; probablemente fue el primer humano en producir y usar el fuego. Esto sucedió probablemente hace cerca de 600,000 años.

Casi todos los científicos creen que el Homo erectus se transformó en el Homo sapiens hace aproximadamente 300,000 o 400,000 años. El primer Homo sapiens parecido a los seres humanos de hoy apareció hace 40,000 o 100,000 años.

Artículos relacionados: **Creacionismo; Evolución; Pueblo prehistórico.**

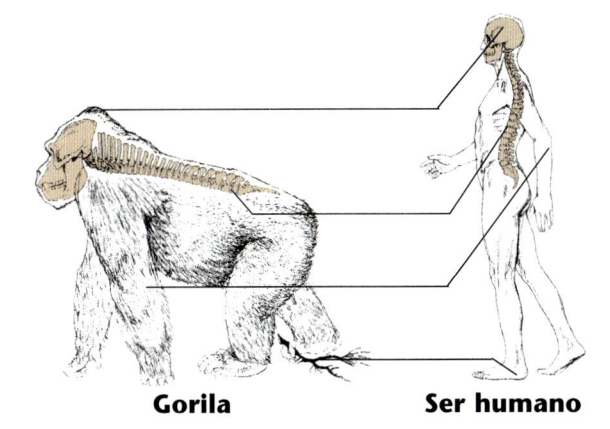

**Gorila**   **Ser humano**

**Los seres humanos y los gorilas están relacionados,** pero son diferentes en muchos aspectos. Los seres humanos caminan en dos pies, los gorilas en cuatro; la cabeza humana descansa sobre la espina dorsal, mientras que la cabeza del gorila cuelga de la nuca y la espina dorsal; la espina dorsal humana es curva y la del gorila es recta; los humanos tienen brazos cortos y piernas largas, en cambio los gorilas tienen brazos largos y piernas cortas; la pata del gorila puede agarrar cosas, mientras que el pie humano no puede.

**Controlar el fuego** es algo que sólo los seres humanos han aprendido a hacer. Nadie sabe exactamente cuándo el hombre aprendió esta destreza.

**El hombre primitivo** usaba el fuego para hacer cerámica endureciendo la arcilla. La creación artística, ya sea cerámica, pintura o música, es algo que solamente los seres humanos hacen.

World Book Enciclopedia estudiantil hallazgos

● Serbia

# Serbia

**Datos sobre Serbia**

**Capital:** Belgrado.

**Superficie:** 34,116 mi² (88,361 km²).

**Población:** Estimada en 1998: 10,000,000.

**Lengua oficial:** Serbocroata.

**Clima:** De templado a cálido en verano y frío en el invierno. Mucha lluvia a principios del verano.

**Productos principales:**
**Agricultura:** cerdos, ganado, maíz, ovejas, papa, remolacha azucarera, trigo.
**Industria:** automóviles, camiones, cemento, textiles, hiero y acero, plásticos.
**Minería:** carbón, cobre, plomo, zinc.

**Forma de gobierno:** República.

Serbia es una de las dos repúblicas que componen el país de Yugoslavia. La otra república es Montenegro. Yugoslavia queda en el sudeste de Europa. Belgrado, la ciudad más grande de Serbia, es la capital de Yugoslavia.

La parte norte de Serbia es una llanura plana, el resto tiene muchos cerros y montañas. Las llanuras del norte tienen inviernos helados, y veranos cálidos y secos. El resto de Serbia tiene inviernos fríos y nevosos, y veranos cálidos y lluviosos.

La mayoría de los habitantes de Serbia provienen de familias serbias, los demás son albanos, húngaros o croatas. La lengua oficial de Serbia es el serbocroata.

Casi todos los serbios son miembros de la Iglesia ortodoxa de Serbia. Muchos otros grupos pertenecen a otras iglesias cristianas. Los albanos son en su mayoría musulmanes, o seguidores de la fe del Islam.

Aproximadamente la mitad de la población de Serbia vive en las ciudades y la otra mitad en el campo. En las ciudades la mayoría de las familias viven en casas de ladrillo o en edificios de apartamentos. Los campesinos generalmente viven en casas de ladrillo, piedra o madera con tejados inclinados.

A muchos serbios les encantan las albóndigas asadas a la parrilla servidas en pan con cebollas crudas. Un refrigerio favorito de Serbia es el burek, un pastel con capas de queso, carne y jamón. A los serbios les gustan mucho los deportes, especialmente el fútbol y el baloncesto.

**Serbia y sus vecinos**

168 World Book Enciclopedia estudiantil hallazgos

Los granjeros serbios cultivan maíz, papa, remolacha azucarera y trigo. Además, crían ganado, cerdos y ovejas. Las fábricas de Serbia producen automóviles y camiones, cemento, ropa, hierro y acero y plásticos. Los mineros de Serbia extraen carbón, cobre, plomo y zinc.

Los serbios están relacionados con los pueblos que se establecieron en esa región hace unos 1,500 años. Diversos grupos serbios se unieron bajo el primer estado serbio unido en el siglo XII. Desde finales del siglo XIV hasta el siglo XIX, Serbia fue gobernada por el poderoso Imperio otomano, que se extendía por la mayor parte del sudeste de Europa y el norte de África. En el siglo XIX, los serbios empezaron a pelear contra los otomanos. En 1878, Serbia se convirtió en un país independiente, libre del control otomano.

**Ricas tierras de labranza** cubren la mayor parte de Serbia. Los granjeros de la república cultivan diversos productos. Cerca de la mitad de la población de Serbia vive en zonas rurales.

En 1918, Serbia dirigió la formación del reino de los serbios, croatas y eslovenos. En 1929, la nación recibió el nombre de Reino de Yugoslavia. En 1946, Yugoslavia se convirtió en un país formado por seis repúblicas, de las cuales Serbia era la más grande. En 1991 y 1992, se independizaron cuatro de las seis repúblicas: Eslovenia, Croacia, Macedonia y Bosnia y Herzegovina. En 1992, las otras dos repúblicas, Serbia y Montenegro, formaron una Yugoslavia nueva más pequeña.

Durante los años noventa, empezaron las peleas en el sur de Serbia, en la región llamada Kosovo. De 1946 a 1989, Kosovo fue parte de Serbia pero tenía algo de gobierno autónomo. La mayoría de la gente que vivía en Kosovo provenía de familias albanas. En 1989, Serbia despojó a Kosovo de su gobierno autónomo y empezó a quitarles muchos derechos a los albanos. Algunos albanos empezaron a luchar contra el gobierno serbio. La lucha aumentó a fines de la década de los noventa.

● Serpiente

**La forma del cuerpo** de las serpientes puede variar mucho. La serpiente marina negra y amarilla, *izquierda,* es comprimida lateralmente. La bejuquillo, *arriba a la derecha,* es larga y delgada, mientras que el pitón malayo, *centro a la derecha,* es pequeño y grueso. La serpiente ciega texana, *abajo a la derecha,* tiene un cuerpo tubular.

**Serpiente de árbol del paraíso (no venenosa, de Asia)**

**Culebra de árbol (venenosa, de África)**

# Serpiente

Las serpientes, o culebras, son animales de cuerpo largo y sin patas. El cuerpo de las serpientes está cubierto de escamas secas. Para moverse por la tierra, la serpiente se desliza sobre el vientre. Los ojos de la serpiente están cubiertos con escamas transparentes en vez de párpados. Por eso, la serpiente siempre tiene los ojos abiertos. Las serpientes tienen la lengua delgada y hendida en dos partes, que sacan y meten continuamente. Usan la lengua larga para enterarse de lo que sucede a su alrededor.

Las serpientes pertenecen a un grupo de animales llamados reptiles, que también incluye a los cocodrilos, los lagartos y las tortugas. Como otros reptiles, las serpientes hacen algunas cosas para mantener constante la temperatura del cuerpo. Por ejemplo, exponen el cuerpo al sol para elevar la temperatura y se arrastran bajo la sombra para disminuirla.

Los científicos dicen que las serpientes se desarrollaron a partir de los lagartos hace millones de años. Las serpientes se parecen más a los lagartos que a otros reptiles. Pero a diferencia de los lagartos, no tienen patas, párpados movibles, ni aperturas para los oídos.

## El cuerpo de la serpiente

Las escamas secas que cubren el cuerpo de la serpiente pueden ser lisas o rugosas, con bordes ásperos. De vez en cuando la serpiente cambia de piel. Entonces, se dice que la serpiente muda de piel. Cuando la serpiente muda de piel, afloja la piel de la boca y la cabeza refregándose contra una superficie áspera. Después, se sale de la piel vieja, dejándola al revés.

La mayoría de las serpientes no son coloridas. Por lo general se confunden con lo que las rodea, pero algunas son de color rojo, amarillo o blanco brillante.

**Víbora áspid (venenosa, de Europa)**

# Serpiente

Algunas serpientes son venenosas. La mayoría de las serpientes tienen dos colmillos huecos en la mandíbula superior. Cuando muerden, las serpientes expulsan el veneno por los colmillos. Entre las serpientes más mortíferas están la cobra de anteojos de Asia, la mamba negra, la gariba de África y la serpiente tigrina de Australia.

## Comportamiento de las serpientes

Las serpientes pasan casi toda la vida buscando alimento. La mayoría de las serpientes están activas durante el día. Otras se deslizan durante la noche y descansan durante el día.

La mayoría de las serpientes se alimentan de pájaros, peces, ranas, lagartijas y animales pequeños, como conejos y ratas. Algunas se comen a otras serpientes.

Las serpientes se mueven de diferentes maneras. La mayoría aprieta los músculos produciendo una serie de ondulaciones que van de la cabeza a la cola. Empujan el cuerpo contra cualquier cosa que esté en la superficie, y así se mueven hacia adelante.

## Dónde viven las serpientes

Las serpientes viven en casi todos los lugares de la Tierra. Se encuentran en los desiertos, los bosques, los mares, los ríos y los lagos. Algunas viven en el suelo, otras viven bajo tierra, mientras otras viven en los árboles. Aún otras viven casi todo el tiempo en el agua. En pocas partes del mundo no hay serpientes. Las serpientes no pueden vivir donde el suelo permanece congelado todo el año. Por eso, no hay serpientes en las regiones muy frías ni en lo alto de las montañas. Tampoco se encuentran a menudo serpientes en islas como Irlanda y Nueva Zelanda.

Hay cerca de 2,700 especies, o clases, de serpientes. La mayoría de ellas viven en las zonas tropicales, donde es muy cálido. Las serpientes más grandes son la anaconda de Sudamérica y la pitón reticulada de Asia. Una de las serpientes más pequeñas es la serpiente ciega Braminy, que vive en los trópicos.

**La mayoría de las serpientes se comen la presa viva.** Cuando la serpiente del maizal estadounidense se come un ratón, empieza a tragárselo por la cabeza.

**La serpiente mueve** un lado de la mandíbula, luego el otro, hacia adelante y hacia atrás, empujando el ratón por la garganta.

**El ratón se desliza** por dentro del cuerpo de la serpiente.

World Book Enciclopedia estudiantil hallazgos

## Serpiente

**Taipan (venenosa, de Australia)**

**Cabeza de cobre sureña (venenosa, de Norteamérica)**

**Crótalo diamantino oriental (venenoso, de Norteamérica)**

### La gente y las serpientes

Algunas personas le tienen miedo a las serpientes y a otras simplemente no les gustan. Estos sentimientos se deben, en parte, a que algunas serpientes son venenosas y, en parte, por su extraña apariencia. Los que les tienen miedo a las serpientes probablemente no saben mucho de ellas. La mayoría de las serpientes son inofensivas. Además, algunas serpientes son útiles porque ayudan a controlar las ratas y otras pestes.

Algunas personas tienen serpientes como mascotas. Sin embargo, las serpientes no se mueven mucho y es difícil adiestrarlas. La mayoría de las serpientes se mantienen escondidas casi todo el tiempo. Además, algunas comen cosas como ratones vivos que se pueden comprar en las tiendas de mascotas. Puede ser difícil conseguir el alimento apropiado para cuidar de una serpiente mascota y mantenerla en buena salud.

Artículos relacionados: **Anaconda; Boa constrictor; Cobra; Muda; Pitón; Serpiente de cascabel.**

**Serpiente de cascabel**

**Serpiente toro**
(no venenosa, de Norteamérica)

**Culebra látigo oriental**
(no venenosa, de Norteamérica)

# Serpiente de cascabel

Las serpientes de cascabel son serpientes venenosas que viven en Norte y Sudamérica. La serpiente de cascabel tiene un cascabel, una serie de anillos huecos, en el extremo de la cola. La serpiente usa el cascabel para advertirles a sus enemigos que se mantengan alejados; sin embargo, no siempre cascabelean antes de atacar. Hay tipos de serpientes de cascabel grandes y pequeñas; el crótalo diamantino del suroeste de Estados Unidos es la más pesada de todas las serpientes venenosas.

Las serpientes de cascabel expulsan su veneno a través de dos colmillos largos y huecos que tienen en la mandíbula superior. Los colmillos permanecen doblados hacia atrás dentro de la boca de la serpiente de cascabel excepto cuando está lista para morder.

La mayoría de las serpientes de cascabel comen pájaros y animales pequeños, y acaban con las ratas y otros animales que dañan las cosechas.

Las hembras alumbran las crías, en vez de poner huevos como casi todas las serpientes. Las cascabeles recién nacidas pueden cuidarse por sí mismas y su mordedura es dolorosa.

**Algunas clases comunes de serpientes de cascabel**

**Crótalo cornudo**

**Serpiente de cascabel de montaña**

**Serpiente de cascabel del Pacífico norte**

**Crótalo de bosque**

World Book Enciclopedia estudiantil hallazgos

• **Servidores públicos**

# Servidores públicos

Los servidores públicos realizan servicios que ayudan a las personas. Las familias y los comerciantes pagan impuestos para suministrar estos servicios.

Los servidores públicos hacen de la comunidad un lugar mejor, más seguro y más agradable para vivir.

Los policías son servidores públicos que protegen a la gente de situaciones peligrosas y de los criminales; también dirigen el tráfico y ayudan a quienes han tenido accidentes de tránsito. Los bomberos son servidores públicos que protegen a las personas de los peligros de los incendios.

Los maestros también son servidores públicos que ayudan a los estudiantes a aprender lo que necesitan para mejorar sus vidas.

Los médicos, las enfermeras y otros trabajadores de la salud que laboran en los hospitales de la comunidad cuidan de los enfermos y de los heridos. Los socorristas viajan en las ambulancias y cuidan de las personas que han tenido un accidente o que de repente se han enfermado.

Los conductores de autobús son servidores públicos que ayudan a la gente a movilizarse de un lugar a otro. Los trabajadores de las carreteras contribuyen a que la gente pueda conducir sus automóviles sin peligro.

Los obreros de servicios sanitarios son servidores públicos que ayudan a mantener la comunidad limpia. Los basureros son obreros de servicios sanitarios; recogen las basuras y los objetos que se pueden reciclar. Otros obreros de servicios sanitarios examinan el agua potable para asegurarse de que es apta para el consumo.

**Los policías** hacen que el tráfico fluya sin contratiempos.

174 World Book Enciclopedia estudiantil hallazgos

# Setas

Las setas son como plantitas que parecen sombrillas, y por lo general crecen en los bosques y en áreas donde hay hierba. No son plantas sino una clase de organismos vivos que se llaman hongos.

A diferencia de las plantas, las setas y otros hongos no tienen clorofila, la sustancia verde que usan las plantas para producir alimento. En cambio, las setas absorben, o recogen, su alimento de plantas vivas o en descomposición a su alrededor. Hay más de 3,000 clases de setas en el mundo.

La seta tiene dos partes principales. Una apenas crece bajo tierra y absorbe alimento para la seta; esta parte puede vivir y crecer por muchos años. La otra es la parte que vemos; el cuerpo con forma de sombrilla, que vive solamente unos días. Esta parte ayuda a producir nuevas setas porque arroja esporas, o células, que producen más setas.

Hay setas de muchos tamaños y colores. Miden desde menos de $\frac{1}{4}$ de pulgada (0.6 centímetros) hasta 18 pulgadas (46 centímetros) de ancho. Casi todas las setas son blancas, amarillas, anaranjadas, rojas o de color marrón, otras son de color azul, púrpura, verde o negro.

Muchas clases de setas son deliciosas y buenas para comer, pero algunas son venenosas. Algunas pueden matar a la persona que las coma.

No hay una prueba para saber si las setas son venenosas o no. Por eso, las personas nunca deben comer setas silvestres, a menos que sepan con toda seguridad que no son dañinas.

**No venenosas**

Champiñón silvestre

Boleto anillado

Micena común

Seta de ostra

**Venenosas**

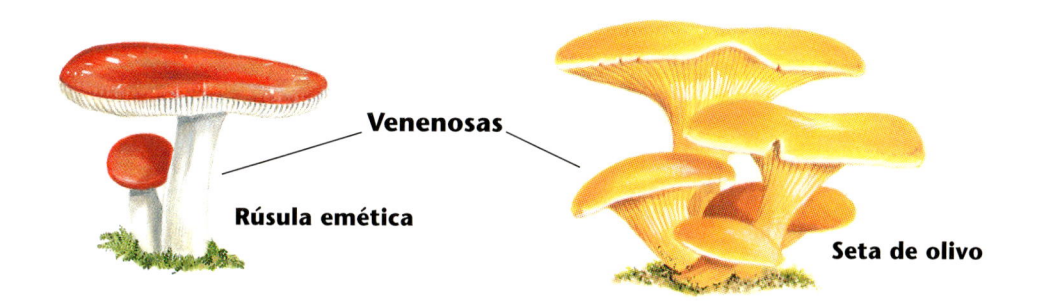

Rúsula emética

Seta de olivo

# Seúl

**La Gran Puerta del sur de Seúl** data de la época cuando se fundó la ciudad, en los últimos años del siglo XIV. Seúl tiene más habitantes que la mayoría de las ciudades más grandes del mundo.

Seúl es la capital y ciudad más grande de Corea del Sur. Tiene más habitantes que la mayoría de las ciudades más grandes del mundo. Seúl está en el noroeste de Corea del Sur, a unas 20 millas (32 kilómetros) al este del mar Amarillo. El río Han cruza la ciudad.

Hace unos seiscientos años, cuando fundaron a Seúl, construyeron una muralla de piedra y tierra alrededor de la ciudad. Todavía existen algunas partes de la muralla, incluso cinco puertas. Muchos de los hermosos palacios antiguos son ahora museos públicos. En el siglo XX, se construyeron rascacielos modernos. En el centro de la ciudad hay muchas tiendas, restaurantes, teatros, oficinas, fábricas y edificios de apartamentos. En 1988 se celebraron en Seúl los Juegos Olímpicos.

# Seuss, Dr.

Dr. Seuss (1904-1991) fue un escritor e ilustrador de libros estadounidense. Un ilustrador hace dibujos para los libros. El verdadero nombre de Dr. Seuss era Theodor Seuss Geisel. Se le conoció mejor por sus libros infantiles. En sus libros incluye rimas geniales, dibujos de animales imaginarios con nombres caprichosos, y palabras sin sentido. Sus cuentos también hablan sobre cómo se comportan las personas.

Theodor Seuss Geisel nació en Springfield, Massachusetts. Nunca tuvo una capacitación especial en arte.

Entre los libros de Dr. Seuss están: *Y pensar que lo vi en la calle Mulberry* (1937), *Cómo el grinch robó la Navidad* (1957) y *El gato en el sombrero* (1957). En 1984, Dr. Seuss recibió un premio especial de la junta de Premios Pulitzer por sus libros infantiles.

**Dr. Seuss (Theodor Seuss Geisel)**

# Seychelles

Seychelles es un pequeño país africano en el océano Índico compuesto por cerca de 90 islas. Está aproximadamente a 1,000 millas (1,600 kilómetros) al este de África continental.

Mahé, la isla más grande, cubre 59 millas cuadradas (153 kilómetros cuadrados). La mayoría de los habitantes de la nación viven en Mahé. Muchas de las islas más pequeñas están deshabitadas. Victoria es la capital y puerto principal de Seychelles, situada en la costa norte de Mahé.

La mayoría de los habitantes de Seychelles son una mezcla de familias africanas y europeas. El criollo, el inglés y el francés son las lenguas oficiales del país. El criollo es una forma de francés.

El turismo es la principal fuente de ingresos de Seychelles. Mucha gente trabaja en hoteles y restaurantes. Algunos trabajan para el gobierno y en la industria de la construcción; un grupo pequeño son agricultores.

Cuando los navegantes portugueses llegaron a Seychelles a principios del siglo XVI, las islas estaban deshabitadas. Durante los siguientes 250 años, las islas fueron un escondite de piratas. Francia se adueñó de las islas en 1756.

Por muchos años, los barcos franceses que iban a India arribaban a Seychelles para cargar provisiones. Gran Bretaña asumió el poder en 1814 y gobernó a Seychelles hasta 1976, cuando el país obtuvo su independencia.

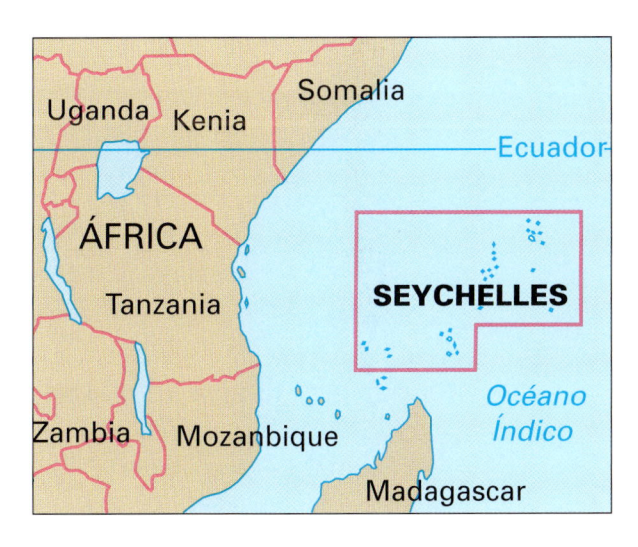

## Datos sobre Seychelles

**Capital:** Victoria.

**Superficie:** 176 mi² (455 km²).

**Población:** Estimada en 1998: 75,000.

**Lenguas oficiales:** Criollo, inglés y francés.

**Clima:** Cálido y húmedo.

**Productos principales:**
Agricultura: canela, cocos, copra (pulpa de coco seca).

**Forma de gobierno:** República.

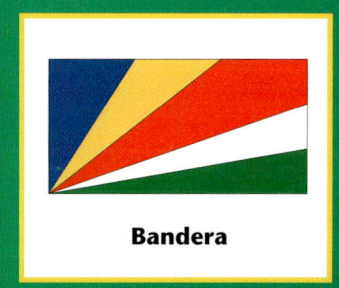

Bandera

Seychelles y sus vecinos

# Shakespeare, William

William Shakespeare (1564-1616) fue un inglés escritor de dramas y poemas. Mucha gente cree que él es el más grande escritor de obras de teatro, y uno de los mejores poetas, del mundo. Shakespeare ha sido el autor más popular del mundo. Sus dramas se han representado en escenarios y en películas. Sus obras se han publicado en muchos idiomas.

Shakespeare escribió por lo menos 37 obras teatrales. Escribió comedias divertidas, dramas sobre personajes históricos y dramas tristes que se llaman tragedias. Estas obras tratan sobre muchas clases de personas como reyes, ladrones, asesinos, pastores y grandes pensadores. También escribió algunos poemas largos y más de 150 poemas cortos que se llaman sonetos.

Las obras teatrales de Shakespeare han sido famosas durante centenares de años, debido a su gran comprensión tiene de la gente. Él entendió lo que la gente siente y piensa. Los personajes de sus dramas parecen gente de verdad; luchan con sus sentimientos y sus problemas como lo hace la gente en la vida real. Su estilo es rico y colorido. Los lectores se hacen imágenes e ideas claras cuando leen los poemas y los dramas de Shakespeare.

Muchas personas saben frases de las obras de Shakespeare, aunque tal vez nunca hayan visto o leído ninguna de sus obras. Por ejemplo, la frase "Ser o no ser" es de *Hamlet*, y la frase "Amigos, romanos, compatriotas prestadme vuestro oído", es de *Julio César*.

William Shakespeare nació en Stratford-upon-Avon, Inglaterra, en 1564. Stratford

**William Shakespeare**

**Las obras teatrales de Shakespeare** son populares hoy en día. Su comedia *Sueño de una noche de verano* fue llevada al cine en 1999.

queda al noroeste de Londres. El padre de Shakespeare era un fabricante de guantes que tenía una tienda en el pueblo. Shakespeare se casó a los 18 años. Ya en 1592, vivía en Londres y pronto se convirtió en el mejor actor y escritor de dramas de la ciudad.

En 1599, Shakespeare y algunas personas que trabajaban con él fundaron el teatro *The Globe*. La mayoría de las obras teatrales de Shakespeare se presentaron primero en *The Globe*. A Jacobo I, rey de Inglaterra, le encantaba el teatro. El rey permitió que el grupo de teatro de Shakespeare se llamara *The King's Men*. *The King's Men* actuaba con frecuencia ante Jacobo I y se convirtió en el grupo teatral más famoso de Londres. Ya para 1612, Shakespeare era el escritor de obras de teatro más famoso de Inglaterra. Entre sus obras están *Romeo y Julieta*, *Macbeth* y *Sueño de una noche de verano*. Murió el 23 de abril de 1616.

# Shepard, Alan

Alan Shepard (1923-1998) fue el primer estadounidense en viajar al espacio. Fue además el quinto astronauta en ir a la luna.

Alan Bartlett Shepard, Jr. nació en East Derry, New Hampshire. Participó en la segunda guerra mundial (1939-1945) y se volvió piloto de pruebas de la Armada. En 1959 fue seleccionado como uno de los primeros astronautas.

En abril de 1961, el comandante Yuri Gagarin de la Unión Soviética, un grupo de países liderados en el pasado por Rusia, fue la primera persona en viajar al espacio. El 5 de mayo de 1961, menos de un mes después, Shepard fue lanzado al espacio en una nave a 117 millas (188 kilómetros) de altura, desde Cabo Cañaveral, Florida. Aterrizó 15 minutos más tarde a 302 millas (486 kilómetros), en el océano Atlántico. En 1971 dirigió la misión del Apolo 14, el tercer aterrizaje del hombre en la Luna.

**Alan Shepard** fue el primer estadounidense en el espacio. Fue además el quinto astronauta en ir a la Luna. En esta foto, Shepard está plantando la bandera estadounidense en la Luna en 1971.

# SIDA

El SIDA es la última etapa de una infección que puede matar a la persona. SIDA es el acrónimo de síndrome de inmunodeficiencia adquirida. Ataca al sistema inmunológico, o sea, la parte del cuerpo que combate las infecciones.

## Qué causa la infección

El virus VIH es el causante del SIDA. Las personas se contagian del virus VIH de otras personas. El virus ataca los glóbulos blancos. Introduce sus propios genes, que son las partes que usa para copiarse a sí mismo, en los glóbulos blancos y los hace producir más VIH. Cuando los glóbulos blancos mueren, el virus VIH se propaga a otros, que también quedan infectados. Los glóbulos blancos son una parte importante del sistema inmunológico del cuerpo. Es probable que una persona infectada con el virus VIH inicialmente no se sienta enferma. Las personas que poseen el virus VIH en general empiezan a sentirse mal después de unos cuantos meses de haberlo contraído. Sin embargo, un análisis de sangre puede indicar la presencia del virus antes de que la persona se enferme.

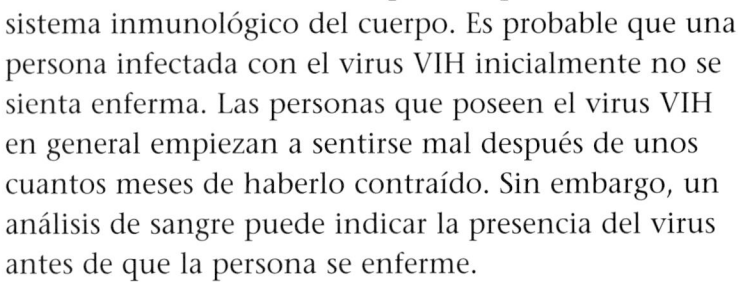

A medida que más glóbulos blancos van muriendo, la persona comienza a sentirse cansada y afiebrada, y pierde peso. El sistema inmunológico se debilita; entonces la persona puede contraer otras enfermedades, como neumonía o tuberculosis. Cuando alguien con VIH está muy enfermo, se dice que tiene SIDA.

## Cómo se contrae el SIDA

El virus VIH no puede vivir mucho tiempo fuera del cuerpo humano. Por lo tanto, no puede contagiarse por compartir la comida con una persona infectada, ni por usar los mismos platos, ni por vivir en la misma

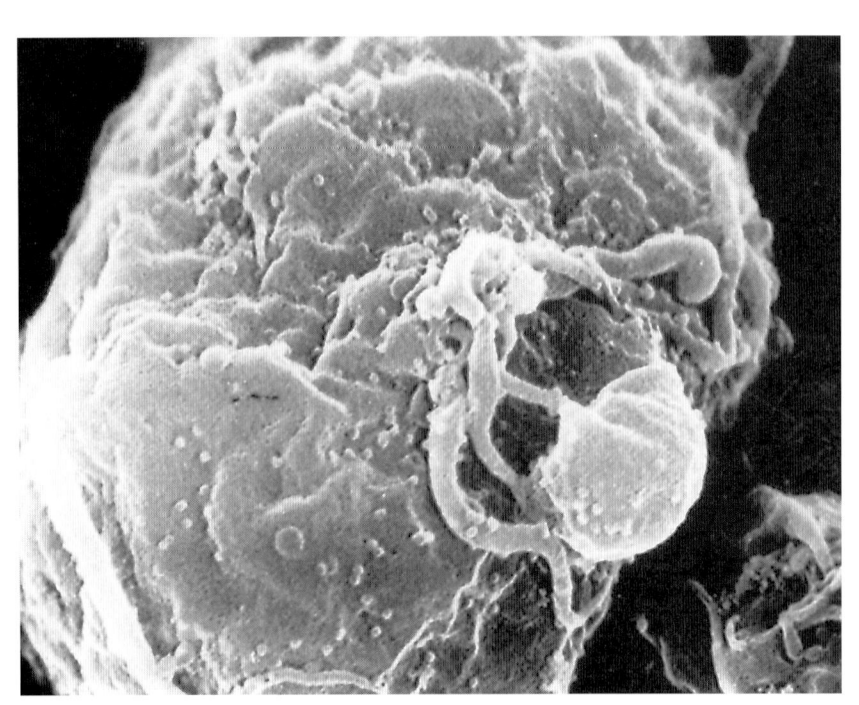

Virus del **SIDA** (mostrados como puntos blancos) atraviesan la superficie de un glóbulo blanco.

# SIDA

casa. El virus se propaga por el contacto con la sangre o los fluidos del cuerpo de una persona infectada. Por ejemplo, una madre con VIH puede transmitir la infección al bebé antes de que nazca. Las personas que usan agujas para inyectarse drogas ilegales en el cuerpo pueden infectarse si emplean una aguja que alguien infectado usó antes. Doctores, dentistas y enfermeros pueden contraer el VIH accidentalmente cuando atienden a pacientes infectados. No obstante, la manera más común de contagio es a través de las relaciones sexuales con personas infectadas.

## Tratamiento del VIH y del SIDA

Es posible que una persona VIH positiva no se enferme demasiado durante meses o años. Algunos infectados jamás se han enfermado. Sin embargo, toda persona VIH positiva necesita control médico permanente.

Los VIH positivos deben hacerse análisis de sangre regularmente. A los médicos les es útil conocer la cantidad de glóbulos blancos para saber cuándo deben iniciar el tratamiento. También les indica si el tratamiento está dando resultado.

Actualmente no existe cura para la infección del VIH ni para el SIDA, pero hay medicamentos que ayudan a combatir la enfermedad. Uno de ellos, llamado AZT, impide que el virus crezca dentro de los glóbulos blancos. Otros lo bloquean de otras maneras. Con frecuencia varios de estos medicamentos se toman juntos. Producen mejores resultados juntos que suministrados en forma individual.

Cuando se toman grandes dosis de estos medicamentos pueden aparecer efectos secundarios. Los efectos secundarios hacen que la persona se sienta enferma de otras maneras. Los doctores necesitan encontrar los mejores tratamientos para cada persona.

Artículo relacionado: **Virus**.

**Cada cuadrado de la colcha del SIDA** simboliza a alguien que murió de SIDA. Aquí se ve la colcha del SIDA extendida sobre el suelo en Washington, D.C.

● Sierra

**Sierra de través**

**Serrucho de punta**

**Sierra de calar**

**Sierra circular**

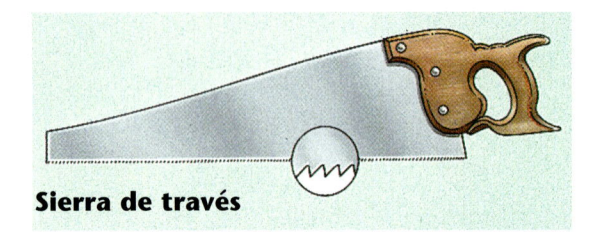

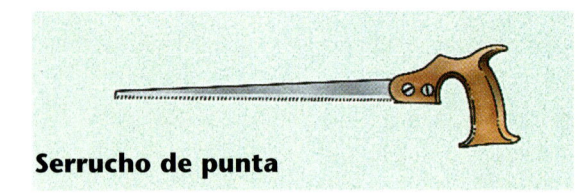

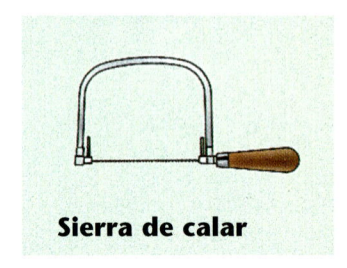

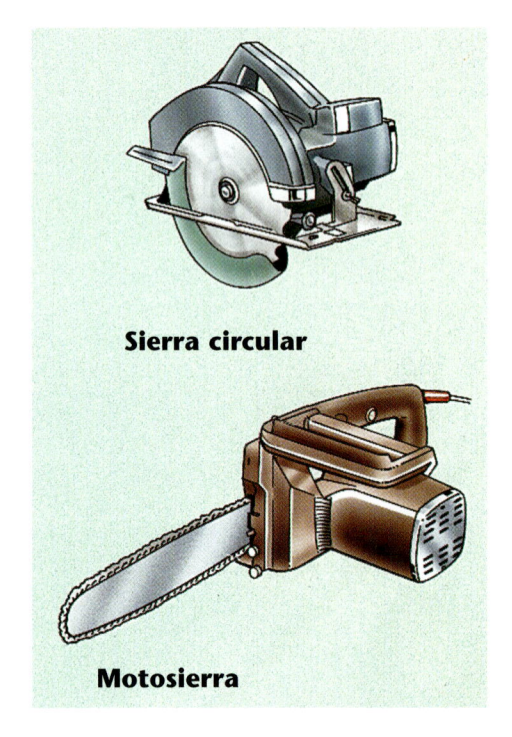

**Motosierra**

# Sierra

Una sierra es una herramienta para cortar. Tiene una cuchilla metálica con dientes de puntas afiladas en uno de los bordes. Se usan para cortar madera y casi cualquier otro tipo de material.

Los dientes de las sierras son inclinados; un diente de por medio se inclina hacia la izquierda y los otros a la derecha. Los dientes inclinados permiten que la sierra se mueva a través del material que se está cortando. A medida que la sierra va cortando, los dientes sacan parte del material en forma de aserrín. El corte hecho es más ancho que la cuchilla, de modo que la cuchilla se desliza por el material sin atascarse.

La suavidad del corte depende del tamaño de los dientes de la sierra; entre más puntas de dientes haya por pulgada, o por centímetro, de cuchilla, más pequeños son los dientes y más suave es la superficie de corte.

Las dos clases principales de sierras son los serruchos y las sierras eléctricas. Los serruchos se jalan y se empujan con un movimiento hacia adelante y hacia atrás. Algunos hacen solamente cortes rectos, mientras que otros hacen cortes rectos y curvos. Las sierras eléctricas funcionan con un motor eléctrico o de gasolina. Algunas sierras eléctricas están fijas a una mesa especial y otras son de mano. A la mayoría de las sierras eléctricas se les pueden colocar diversos tipos de cuchillas para cortar diferentes materiales. Las cuchillas de las sierras eléctricas se mueven a alta velocidad y deben ser manejadas con mucho cuidado. La sierra eléctrica más usada es la sierra circular, que tiene una cuchilla con forma de círculo, con dientes al rededor del borde.

# Sierra Leona

Sierra Leona es un pequeño país en el oeste de África. Limita con Guinea por el noroeste, norte y este; con Liberia por el este y sureste y con el océano Atlántico por el oeste. La capital, ciudad más grande y puerto principal de Sierra Leona es Freetown.

La mayoría de los pobladores de Sierra Leona son africanos negros. Hay 12 grupos. Los dos grupos más grandes son los mendé, que viven en el sur, y los temné, que viven al oeste. Algunos de los habitantes cerca de Freetown vienen de familias de esclavos liberados.

Alrededor de dos tercios de la población de Sierra Leona vive en poblaciones rurales o en granjas. El suelo pobre y la estación seca anual mantienen las cosechas pequeñas. Cuando la tierra de una granja se agota, el agricultor se desplaza a una nueva tierra. Algunas personas de la costa viven de la pesca.

Sierra Leona obtiene la mayor parte de sus ingresos de los diamantes. Es uno de los principales productores de diamantes del mundo. Otros minerales importantes incluyen mineral de hierro y bauxita, o mineral de aluminio.

Los barcos mercantes europeos empezaron a visitar Sierra Leona en el siglo XVI. A fines del siglo XVIII y principios del XIX, los esclavos liberados fueron instalados allí. Gran Bretaña se adueñó de la región durante el siglo XIX.

Sierra Leona se independizó en 1961. Durante muchos años, los líderes militares lucharon entre ellos por el control del país. Otros países africanos enviaron tropas para guardar el orden y en 1998, el presidente electo de Sierra Leona volvió al poder.

**Sierra Leona y sus vecinos**

## Datos sobre Sierra Leona

**Capital:** Freetown.

**Superficie:** 27,699 mi² (71,740 km²).

**Población:** Estimada en 1998: 4,833,000.

**Lengua oficial:** Inglés.

**Clima:** Caliente y lluvioso, con una estación seca.

**Productos principales:**
**Agricultura:** arroz, cacao, café, fibra de piasaba, jengibre, mandioca, maní, naranjas, nueces de palmas.
**Minería:** diamantes, mineral de aluminio, mineral de hierro, mineral de titanio.

**Forma de gobierno:** República.

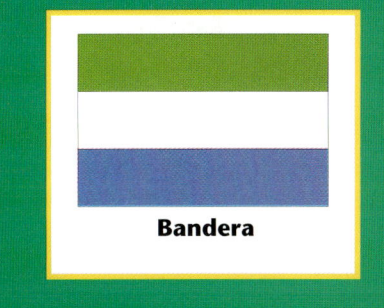

**Bandera**

• Siete maravillas del mundo antiguo

# Siete maravillas del mundo antiguo

Las siete maravillas del mundo antiguo son siete objetos, o grupos de objetos, enormes y poco comunes. Fueron construidas entre hace 1,500 y 5,000 años.

Las pirámides de Egipto en Gizeh eran las tumbas, o lugares de sepultura, de los reyes egipcios. Son las más antiguas de todas las maravillas del mundo, y están en la mejor condición. Tres de las pirámides fueron construidas hace más de 4,500 años.

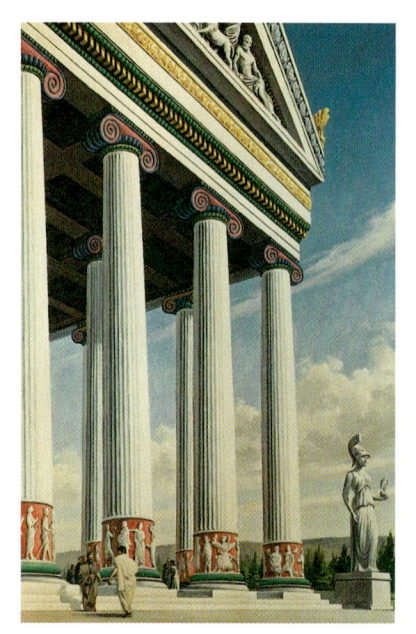

Los jardines colgantes de Babilonia eran unos jardines enormes que fueron construidos a unos 75 pies (23 metros) de la tierra. Probablemente fueron construidos por el rey Nabucodonosor II para una de sus esposas. Nabucodonosor gobernó Babilonia hace unos 2,500 años. Babilonia quedaba cerca de lo que hoy es Bagdad, en Iraq. Los jardines ya no existen. La historia de los jardines proviene de los escritos de un sacerdote babilonio que vivió hace más de 2,100 años.

El templo de Artemisa, en Éfeso, fue uno de los templos más grandes de la época. Fue construido hace unos 2,550 años en honor a la diosa griega Artemisa. El templo estaba en la ciudad griega de Éfeso, en la costa oeste de lo que ahora es Turquía; sus paredes eran de mármol. El templo se incendió dos veces, y quedan solamente partes de él.

La estatua de Zeus en Olimpia, Grecia, fue hecha hace unos 2,400 años. Tenía unos 40 pies (12 metros) de alto, y representaba a Zeus, el rey

**Pirámides de Egipto en Gizeh**

**Templo de Artemisa**

**Jardines colgantes de Babilonia**

184 World Book Enciclopedia estudiantil hallazgos

### Siete maravillas del mundo antiguo

de los dioses griegos, en su trono. Las vestiduras de Zeus eran de oro y su piel, de marfil. La estatua ya no existe.

El mausoleo de Halicarnaso era una enorme tumba de mármol blanco. La tumba estaba en lo que hoy en día es la parte sudoeste de Turquía. Fue construido hace unos 2,350 años en honor de Mausolo, un gobernante de la región. La tumba tenía unos 135 pies (41 metros) de altura. Gran parte de ella se destruyó en un terremoto. Quedan solamente unas piezas del edificio y sus decoraciones.

El Coloso de Rodas era una gigantesca estatua de bronce. Estaba cerca del puerto de Rodas, una isla en el mar Egeo cerca de lo que hoy es Turquía. La estatua honraba al dios sol, Helios. Fue construida hace más de 2,200 años y era tan alta como la estatua de la Libertad. El Coloso fue destruido por un terremoto.

El Faro de Alejandría estaba en la isla de Faros, en el puerto de Alejandría, Egipto. Tenía más de 400 pies (122 metros) de alto. La luz era un fuego que ardía en la parte más alta del faro. Se terminó de construir hace unos 2,200 años. Guió los barcos al puerto durante unos 1,500 años, antes de que un terremoto lo derribara.

Artículos relacionados: **Babilonia**; **Egipto, Antiguo**; **Grecia, Antigua**; **Pirámides**; **Zeus**.

**Estatua de Zeus**

**Faro de Alejandría**

**Mausoleo de Halicarnaso**

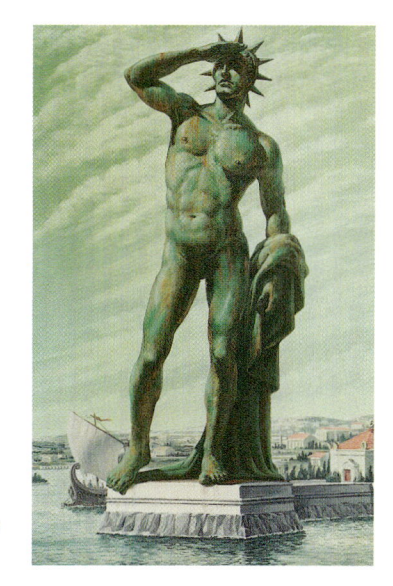

**Coloso de Rodas**

● Siete maravillas naturales del mundo

# Siete maravillas naturales del mundo

Las siete maravillas naturales del mundo son las siete formaciones naturales más extraordinarias del mundo. Estas son: el Gran Cañón, el monte Everest, la roca de Ayers, la montaña Matterhorn, las cataratas Victoria, el cráter de Meteorito y la Gran Barrera de arrecifes.

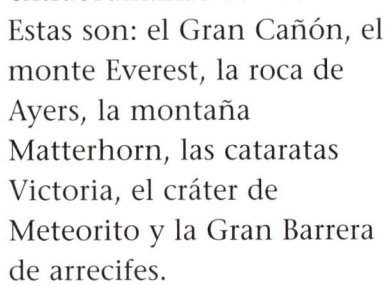

El Gran Cañón es uno de los cañones más asombrosos del mundo. Corre por el noroeste de Arizona. Tiene 277 millas (446 kilómetros) de largo y cerca de una milla (1.6 kilómetros) de profundidad. En algunos lugares tiene 18 millas (29 kilómetros) de ancho. Las capas rocosas del cañón son de muchos colores.

**El Gran Cañón**

En el atardecer, las capas de las paredes del cañón de color rojo y marrón tienen una belleza especial. El cañón se formó por la acción de las aguas del río Colorado, que desgastó la roca durante millones de años.

El monte Everest es la montaña más alta del mundo. Se eleva a 29,035 pies (8,850 metros) en la frontera entre Nepal y Tíbet. Es parte de un enorme sistema montañoso llamado montañas Himalaya. Esta cadena de montañas se formó cuando dos partes de la corteza terrestre, o capa superficial, se estrellaron. Una de las partes se arrugó como un mantel que se empuja sobre la mesa. La arruga más alta es el Himalaya.

La roca de Ayers es la piedra más grande del mundo. Se levanta a 1,141 pies (348 metros) sobre el nivel del desierto en el centro de Australia. La roca de arenisca roja tiene forma de pan de molde. Tiene

**La Matterhorn**

186 World Book Enciclopedia estudiantil hallazgos

### Siete maravillas naturales del mundo

aproximadamente $5\frac{1}{2}$ millas (9 kilómetros) de circunferencia. Los aborígenes de Australia la llaman Uluru.

La montaña Matterhorn es una de las montañas más bellas de la Tierra. Se eleva a 14,692 pies (4,478 metros) en la frontera entre Suiza e Italia. Su pico tiene forma de pirámide.

Las cataratas Victoria son una bella cascada del río Zambese en el sur de África. Está entre Zambia y Zimbabue. El río Zambese tiene cerca de 1 milla (1.6 kilómetros) de ancho en las cataratas. Cae de repente a un profundo y estrecho valle. La altura de las cataratas es de 355 pies (108 metros) en la parte media. Los que viven cerca de las cataratas las llaman "humo que truena". Este nombre describe el fuerte rugido y la neblina que la cascada produce.

El cráter de Meteorito es un enorme hoyo redondo en el suelo cerca de Winslow, Arizona. Se formó cuando un meteorito chocó contra la Tierra hace unos cincuenta mil años. Un meteorito es un pedazo de roca que proviene del espacio. El cráter tiene 570 pies (175 metros) de profundidad y 4,180 pies (1,275 metros) de ancho. Los científicos creen que éste es el mejor cráter de su clase en la Tierra. Tiene una forma casi perfecta.

**Monte Everest**

**Gran Barrera de Arrecifes**

**Roca de Ayers**

● Sijismo

**Cráter de Meteorito**

La Gran Barrera de arrecifes es la cadena de arrecifes de coral más larga del mundo. Tiene aproximadamente 1,250 millas (2,010 kilómetros) de largo. Los arrecifes están a lo largo de la costa de Australia y parecen un jardín marino lleno de criaturas de colores brillantes.

Artículos relacionados: **Ayers, Roca de; Everest, Monte; Gran Barrera de Arrecifes; Gran Cañón; Meteoro.**

**Cataratas Victoria**

**El símbolo del sijismo**

# Sijismo

El sijismo es una de las religiones de India. Sus seguidores se llaman a si mismos sijs, que significa "creyentes".

Los sijs siguen las enseñanzas de diez líderes espirituales llamados gurús. Su libro sagrado, el Adi Granth, contiene las enseñanzas de algunos de esos gurús y de otros maestros sij, al igual que himnos y poemas. En India hay cerca de 14 millones de sijs, que en su mayoría viven en Punjab, un estado del norte.

El primer gurú sij, Nanak, nació en 1469. Predicó que hay un solo Dios, que es el creador y está presente en todas partes. Les enseñó a sus seguidores recordar a Dios levantándose temprano, bañándose, meditando y haciendo la voluntad de Dios cada día. Siguiendo estas

188 World Book Enciclopedia estudiantil hallazgos

enseñanzas y viviendo una vida buena, las personas se pueden liberar de la reencarnación, que significa nacer en otra vida.

En 1526, los musulmanes se apoderaron del norte de India. En 1699, los sijs tuvieron que defenderse. El décimo gurú, Gobin Singh, organizó un grupo militar llamado el Kalsa, formado tanto por hombres como por mujeres.

A principios del siglo XIX, Ranjit Singh creó un reino sij en el norte de India. En 1947, cerca de la mitad de los sijs vivían en la zona que se convirtió en Pakistán. Muchos sijs se fueron a India, donde han desempeñado un papel importante en la agricultura, los negocios y las profesiones del país. Tanto Anandpur, donde comenzó el Kalsa, como la ciudad sagrada de Amristar, están en Punjab.

**El templo Dorado** es el santuario sagrado del sijismo.

# Símbolo

Los símbolos son, por lo general, figuras o señales que representan una idea o un objeto. Sin embargo, casi cualquier cosa puede ser un símbolo. Por ejemplo, las letras del alfabeto son símbolos muy importantes, porque son los componentes básicos de casi todo el lenguaje escrito y hablado. Los movimientos corporales como la sonrisa, los aplausos, y los sonidos como la risa y el llanto, simbolizan ideas o sentimientos.

Las personas, los países y los grupos como las iglesias y los clubes usan símbolos todos los días. Una bandera o una canción pueden ser el símbolo de una nación. Casi todas las religiones usan símbolos que representan sus creencias. La cruz simboliza la muerte de Jesucristo y las creencias cristianas. La estrella de David simboliza las enseñanzas judaicas. La luna creciente con la estrella simboliza las creencias islámicas y musulmanas.

Artículos relacionados: **Alfabeto; Bandera; Escudo de armas.**

**Algunos símbolos de países y religiones**

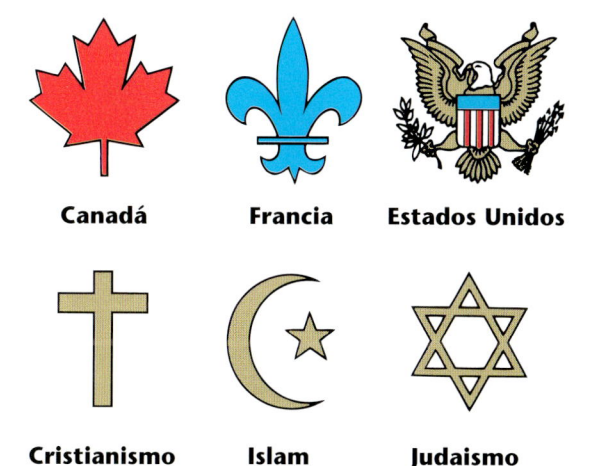

Canadá  Francia  Estados Unidos

Cristianismo  Islam  Judaismo

● Simio

**Orangután**

**Gibón**

**Chimpancé**

# Simio

Los simios son animales. Los simios forman el grupo de animales que se asemeja más a los seres humanos. Los gorilas son los simios más grandes, seguidos por los orangutanes, los chimpancés y los gibones.

Los simios no tienen cola. Sus brazos son más largos que sus patas y tienen dedos largos en las manos y en los pies. Tienen el cerebro grande y son inteligentes.

El cuerpo de los simios y de los seres humanos son parecidos en algunos aspectos pero distintos en otros. Los humanos caminan en dos piernas. Además tenemos las piernas más largas, el cerebro más grande y menos cantidad de pelo en el cuerpo.

Los simios y los monos también son diferentes. Por ejemplo, los simios caminan por momentos en dos patas mientras que los monos corren con las cuatro patas. Además, la mayoría de los monos tienen cola.

Los simios viven en las selvas lluviosas tropicales de Asia y África. Se alimentan principalmente de frutas. Los gorilas comen plantas del suelo.

Los gibones viven en grupos familiares en los bosques del sudeste de Asia. Pasan mucho tiempo en los árboles, balanceándose de rama en rama.

**Las cuatro clases de simios**

**Gorila**

Los chimpancés viven en los pastizales y bosques de África. Viven en los árboles y en la tierra. Les gusta vivir en grupos grandes.

Los gorilas viven en los bosques de África. Viajan en grupos guiados por un macho mayor.

Los orangutanes viven en las selvas lluviosas de Borneo y Sumatra y pasan la mayor parte del tiempo en los árboles. Generalmente viajan solos, pero las hembras permanecen junto a sus pequeños.

La cantidad de simios en el mundo está disminuyendo. La gente los cazan para alimentarse, para tenerlos como mascotas y para conseguir dinero. Los caminos, las granjas y la tala de árboles han destruido gran parte de sus bosques y pastizales.

Artículos relacionados: **Chimpancé**; **Gibón**; **Gorila**; **Orangután**.

**Los chimpancés** al igual que otros simios, viven en los bosques. Pero, a diferencia de otros simios, viven también en pastizales.

# Sinagoga

La sinagoga es la casa de culto de los judíos, a la vez que un centro judaico de educación y de vida social. Las sinagogas les prestan muchos servicios a las personas. Allí se reúne la gente para sus servicios religiosos. Las sinagogas también tienen escuelas donde los niños y los adultos estudian los libros sagrados del judaísmo, la lengua hebrea y la historia de los judíos. Los acontecimientos importantes, como las bodas, se celebran en la sinagoga. En Estados Unidos, muchas sinagogas se usan como lugar de reunión de los grupos judíos de la comunidad.

En la antigüedad, el templo de Jerusalén fue el centro de la vida judaica. El templo fue destruido hace unos 2,500 años. Más tarde, se construyeron los edificios que se llaman sinagogas.

Artículo relacionado: **Judíos**.

**La sinagoga** es la casa de culto de los judíos, a la vez que un centro judaico de educación y de vida social.

● Sinatra, Frank

## Sinatra, Frank

Frank Sinatra (1915-1998) fue uno de los cantantes de música popular más famosos. Se le dio el nombre de "La voz".

Francis Albert Sinatra nació en Hoboken, New Jersey. En 1939, se unió a la banda de Harry James. Cuando cantó con la banda de Tommy Dorsey de 1940 a 1942, se volvió muy popular entre los adolescentes de Estados Unidos.

En 1943, Sinatra empezó a cantar como estrella, no solamente como parte de una banda. Se volvió famoso por sus canciones románticas y por su forma alegre de cantar las canciones con un ritmo más rápido. Sinatra empezó a aparecer en el cine en 1941. Actuó en más de 50 películas. En 1953 obtuvo el Premio de la Academia como mejor actor secundario por su papel en *De aquí a la eternidad.*

**Frank Sinatra** dio un concierto el día que cumplió 75 años.

## Síndrome de Down

El síndrome de Down es una condición que le dificulta el aprendizaje a una persona. La gente que lo tiene, nació con él. Pueden tener, además, ojos rasgados, nariz plana y manos cortas; a veces tienen problemas de corazón, de vista y de respiración.

Muchos niños con el síndrome de Down pueden aprender a hacer tareas sencillas. Algunos viven en la casa y toman clases especiales en la escuela, mientras que otros viven en sitios donde reciben los cuidados que necesitan.

El síndrome de Down se presenta cuando las células que componen el cuerpo de una persona tienen más cromosomas de lo normal. La mayoría de la gente tiene 46 cromosomas en las células, mientras que las personas con el síndrome de Down tienen 47.

**La mayoría de los expertos** dicen que los niños con el síndrome de Down con discapacidades leves deberían vivir en la casa.

## Síndrome de inmunodeficiencia adquirida.
Véase SIDA.

## Sinfonía

**U**na sinfonía es una pieza musical larga, escrita para una orquesta o grupo numeroso de músicos. Las sinfonías se dividen en secciones que se llaman movimientos. Casi todas las sinfonías se componen de cuatro movimientos, aunque algunas tienen sólo uno, y otras tienen hasta seis.

Las sinfonías se desarrollaron en el siglo XVIII. El compositor austríaco Joseph Haydn hizo de la sinfonía una forma musical importante. Compuso, o escribió la música, para más de 100 sinfonías. Otros famosos compositores de sinfonías son Wolfgang Amadeus Mozart y Ludwig van Beethoven.

Artículos relacionados: **Beethoven, Ludwig van; Brahms, Johannes; Haydn, Franz Joseph; Mozart, Wolfgang Amadeus; Orchestra; Stravinsky, Igor; Tchaikovsky, Peter Ilich.**

**Aaron Copland dirige la Orquesta Sinfónica de Boston**

• Singapur

# Singapur

Singapur es un país insular pequeño en el sureste de Asia. Está situado cerca al extremo sur de la península de Malaca. El océano Índico y el mar de la China meridional, que es parte del océano Pacífico, se encuentran cerca a Singapur. Singapur está formado por una isla grande y más de 50 islas más pequeñas. Tanto la isla grande como la ciudad capital se llaman Singapur. Casi toda la población de Singapur vive en la ciudad de Singapur.

**Territorio.** La mayoría de las islas de Singapur son bajas y llanas. La mayor parte de la zona central de la isla principal está cubierta por selvas lluviosas tropicales, y la costa norte está bordeada por ciénagas de mangle. El clima es caliente y húmedo.

**Población.** Singapur es uno de los países más densamente poblados del mundo. Cerca de tres cuartas partes de la población son chinos. El resto son malaisios, europeos o indios. Singapur tiene cuatro idiomas oficiales: chino, inglés, malayo y tamil, un idioma indio. No hay religión oficial; cada grupo sigue su religión. Algunas personas usan ropa al estilo europeo y otros usan ropa asiática. Los restaurantes ofrecen muchas clases de alimentos.

## Datos sobre Singapur

**Capital:** Singapur.

**Superficie:** 239 mi² (618 km²).

**Población:** Estimada en 1998: 2,919,000.

**Idiomas oficiales:** Chino, inglés, malayo y tamil.

**Clima:** Caliente y húmedo.

**Productos principales:**
Agricultura: aves de corral, cerdos, huevos.
Industria: caucho, combustibles, embarcaciones, equipo de transporte, equipos electrónicos, madera, maquinaria, metales, papel, productos alimenticios, productos químicos, telas y ropa.

**Forma de gobierno:** República.

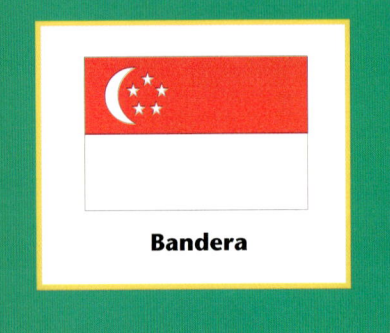

**Bandera**

**Singapur y sus vecinos**

# Singapur

**Recursos y productos.** Singapur tiene pocos recursos naturales y compra a otros países la mayoría de los materiales básicos que necesita. Sin embargo, Singapur es altamente desarrollado.

Los negocios que compran y venden artículos a otros países proporcionan empleo a muchas personas.

Singapur compra petróleo a Arabia Saudí y a otros países productores de petróleo, y lo transforma en productos útiles, como combustibles. Estos productos se venden a otros países del sureste de Asia y del Lejano Oriente.

**El puerto de Singapur**

Singapur tiene también muchas fábricas que manufacturan autos y camiones, productos químicos, telas y ropa, artículos eléctricos y equipos electrónicos, maquinaria, metales, papel y caucho. El país además es un centro bancario y de compañías de seguros. La mayoría de la gente tiene empleo y gana más dinero que otros trabajadores de Asia.

Muy pocas personas de Singapur trabajan en la agricultura. Los granjeros producen huevos, cerdos, aves de corral, unas flores llamadas orquídeas y muchas clases de frutas y verduras.

El gobierno de Singapur juega un papel importante en la vida de la gente. Por ejemplo, determina cuánto tiempo deben tener las personas para vacaciones y para licencia por enfermedad. También ayuda a las personas a encontrar trabajo y paga pensiones a los trabajadores jubilados.

**Historia.** Desde la antigüedad ha vivido gente en Singapur. Durante los siglos XIII y XIV, se convirtió en un centro mercantil, pero gentes de Java destruyeron la isla entera en 1377. Por un tiempo, las islas fueron usadas principalmente por flotas pesqueras y piratas.

A principios del siglo XIX, un gobernante local acordó darle el puerto de Singapur a Gran Bretaña y para 1824, los británicos controlaban todo Singapur. A comienzos de los años cincuenta del siglo pasado, el país empezó gradualmente a asumir su propio gobierno. En 1963, Singapur se unió a la Federación de Malaisia, pero se retiró en 1965. Un partido político ha controlado el gobierno desde 1959.

● Sintoísmo

# Sintoísmo

El sintoísmo es la religión más antigua que se practica en Japón. La palabra sintoísmo significa "el camino de los dioses". Los sintoístas adoran a muchos dioses llamados kami. Creen que los kami están en las montañas, ríos, rocas, árboles y otros objetos de la naturaleza. Los kami son también la fuerza en cosas como la enfermedad, el crecimiento, la curación y la creatividad.

Más de tres millones de personas practican el sintoísmo. Muchas personas rinden culto a los dioses en sus casas, en pequeños santuarios, o sitios decorados con objetos religiosos. Hay santuarios al borde de los caminos para ciertos kami, lo mismo que algunos santuarios públicos grandes con muchos edificios y jardines. Los fieles rezan y ofrecen tortas, flores y dinero a los kami.

En épocas especiales, los sacerdotes sintoístas ofician ceremonias llamadas matsuri. Una de las matsuri más importantes es la ceremonia de la gran purificación. La gente confiesa sus pecados, o cosas malas que ha hecho. También se confiesan los pecados de la nación. Luego se les pide a los kami limpiar las impurezas que los pecados han causado. Hay otras ceremonias para pedir por una larga vida, paz, buenas cosechas y buena salud.

Nadie sabe cómo o cuándo empezó el sintoísmo, pero los sintoístas siempre han adorado los kami a través de la naturaleza. Los relatos sintoístas narran cómo los kami crearon el mundo y establecieron las costumbres y las leyes. También cuentan que la diosa del Sol fue la antecesora de la familia real del Japón. Hoy en día, casi todos los japoneses siguen alguna forma de sintoísmo, aunque no todos se consideran sintoístas.

**Un pórtico de madera** llamado torii es el símbolo del sintoísmo. En la entrada de un santuario sintoísta hay un torii. Tiene dos postes conectados por travesaños. Los postes representan los pilares que sostienen el cielo y los travesaños representan la Tierra.

**Bailarinas sintoístas** en una ceremonia de siembra del arroz en Japón.

# Sirena

Las sirenas eran criaturas marinas imaginarias. Se creía que tenían cabeza y el torso de mujer, y cola de pez. Las sirenas atraían a los hombres con su belleza y su canto; se sentaban y se peinaban el cabello dorado. Tenían un gorro mágico a su lado; lo colocaban en la cabeza del hombre que querían y se lo llevaban. Con el gorro mágico puesto, un ser humano podía vivir en el mar. También había tritones que capturaban mujeres.

Algunos animales marinos, como el manatí, a distancia tienen algún parecido con los humanos. Este parecido puede explicar los relatos de sirenas y tritones.

**La sirena** tiene cabeza y torso de mujer, y cola de pez.

# Siria

## Datos sobre Siria

**Capital:** Damasco.

**Superficie:** 71,498 mi² (185,180 km²).

**Población:** Estimada en 1998: 16,180,000.

**Lengua oficial:** Árabe.

**Clima:** Moderado y húmero a lo largo de la costa, moderado en las montañas, seco y cálido en el este.

**Productos principales:**
Agricultura: algodón, azúcar, cebada, leche, remolacha azucarera, trigo, uvas.
Industria: cemento, fertilizantes, petróleo, productos alimenticios, telas, vidrio.
Minería: fosfatos, petróleo.

**Forma de gobierno:** República.

**Bandera**

# Siria

Siria es un país árabe ubicado en el extremo este del mar Mediterráneo. Es una tierra de llanuras onduladas, valles fértiles formados por ríos, y desiertos estériles. Limita con Turquía por el norte, con Iraq por el este, con Jordania por el sur, y con Israel y el Líbano por el sudoeste. Damasco es la capital y ciudad más grande.

**Territorio.** A lo largo de la costa, los vientos del mar hacen el clima moderado y húmedo. Las montañas del oeste de Siria detienen los vientos húmedos del mar y los obligan a descargar la lluvia sobre la parte oeste de las montañas. Por consiguiente, la parte oriental de Siria recibe poca lluvia.

El centro y el este de Siria tienen valles formados por ríos, llanuras cubiertas de hierba y desiertos arenosos. Tierras de labranza fértiles se encuentran a lo largo del este de las montañas. La demás tierras de Siria son en su mayoría un desierto y pastizales secos.

**Población.** La mayoría de la población de Siria vive en la parte occidental del país. Casi todos los sirios son musulmanes que hablan árabe y siguen la religión del islam.

Cerca de la mitad de los sirios viven en las zonas rurales, mayormente en aldeas pequeñas. Algunos campesinos llamados beduinos son nómadas; los nómadas son gentes que se trasladan de un lugar a otro en busca de alimento para sus ganados. Muchos de los habitantes de las aldeas viven como vivían sus antepasados; cultivan pequeñas parcelas y viven en casas de piedra o de bloques de adobe.

El resto de la gente vive en ciudades y pueblos. Algunas de las ciudades de Siria son de las más antiguas del mundo; todavía tienen calles estrechas y curvas, y mercados antiguos, pero también hay sectores nuevos donde la gente vive en casas o apartamentos modernos. Muchos de los habitantes de las ciudades trabajan en entidades del gobierno, bancos y tiendas.

**Recursos y productos.** Los recursos naturales más valiosos de Siria son las buenas tierras de labranza, el petróleo y el gas. Los cultivos más importantes son el algodón y el trigo. La mayor parte del petróleo se encuentra en la parte noreste del país. Siria vende petróleo, algodón y paños de lana a otros países.

# Siria

**Historia.** Siria es una tierra antigua con una larga historia. Allá empezaron algunas de las ciudades y reinos más antiguos que se conocen. Siria está ubicada sobre las rutas comerciales que conectan a África, Asia y Europa. Ciudades como Damasco y Alepo crecieron a lo largo de las rutas comerciales y llegaron a ser centros del comercio mundial hace más de 4,000 años.

Siria llegó a ser parte del Imperio romano hace apenas 2,000 años. Durante el siguiente siglo, el cristianismo empezó y pronto se extendió por Siria, convirtiéndose en la religión del estado en el siglo IV. En los años treinta del siglo VII, los musulmanes árabes se apoderaron de Siria. De 1260 a 1516, Siria fue gobernada por Egipto. Después, Siria llegó a ser parte del Imperio otomano. Los otomanos gobernaron hasta principios del siglo XX, cuando Francia asumió el control. Siria logró su independencia en 1946. Desde entonces, Siria ha tenido muchos combates con los vecinos, especialmente con Israel.

**Siria y sus vecinos**

**Los habitantes de los pueblos sirios** construyen casas en forma de colmena, con piedra o con bloques de adobe secados al sol.

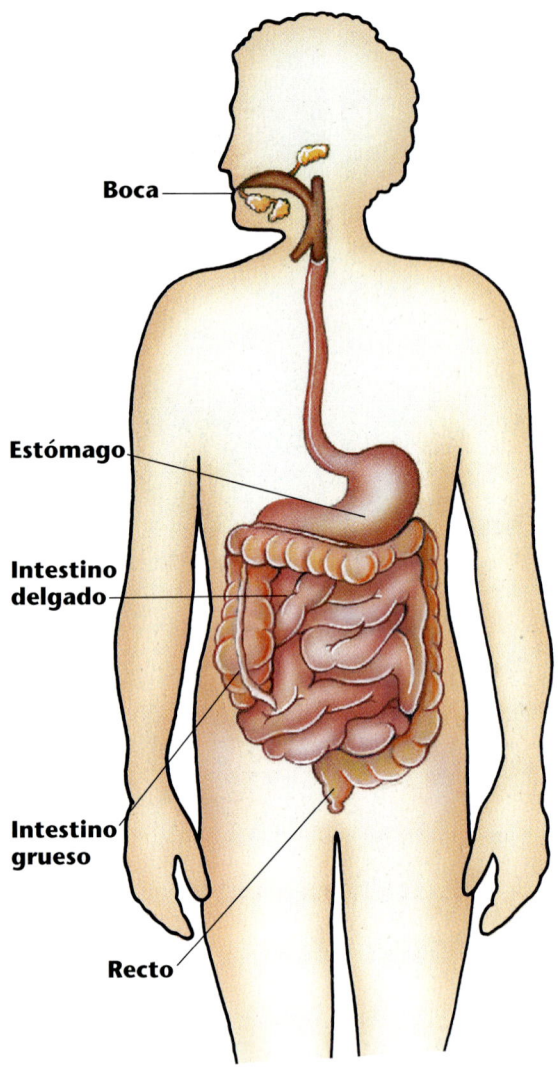

# Sistema digestivo

## Sistema digestivo

El sistema digestivo está compuesto por las partes del cuerpo que digieren el alimento. Estas partes del cuerpo descomponen el alimento en pequeñas partículas para que el cuerpo pueda usarlas.

El sistema digestivo es fundamentalmente un tubo largo que empieza en la boca. El estómago y los intestinos son otras partes del tubo. Cuando comemos, el alimento se mueve por el tubo. El alimento es molido y mezclado con líquidos que produce el cuerpo. Estos líquidos, que se llaman jugos digestivos, tienen sustancias químicas que ayudan a descomponer el alimento. Cuando los pedacitos de alimento llegan al estómago, éste los agita y los descompone aún más. Después, los pedacitos de alimento pasan al intestino delgado, que es un tubo largo bajo el estómago.

El intestino delgado finaliza la digestión del alimento. El alimento se descompone en partículas diminutas. Son tan pequeñitas que pueden pasar por las paredes del intestino a la sangre. La sangre las lleva a otras partes del cuerpo.

Lo que sobra del alimento va al intestino grueso que también es un tubo largo. El intestino grueso almacena los desechos que el cuerpo no usa. Ahí los desechos se convierten en un sólido al que se le llama heces. Las heces salen del cuerpo por el recto, que está al final del intestino grueso.

Artículos relacionados: **Alimento; Estómago.**

**El sistema digestivo** es fundamentalmente un tubo largo. El alimento entra al sistema por la boca. Se digiere en el estómago y los intestinos. Los desechos salen por el recto.

**El estómago** agita el alimento y lo mezcla con los jugos digestivos. Después el alimento pasa al intestino delgado.

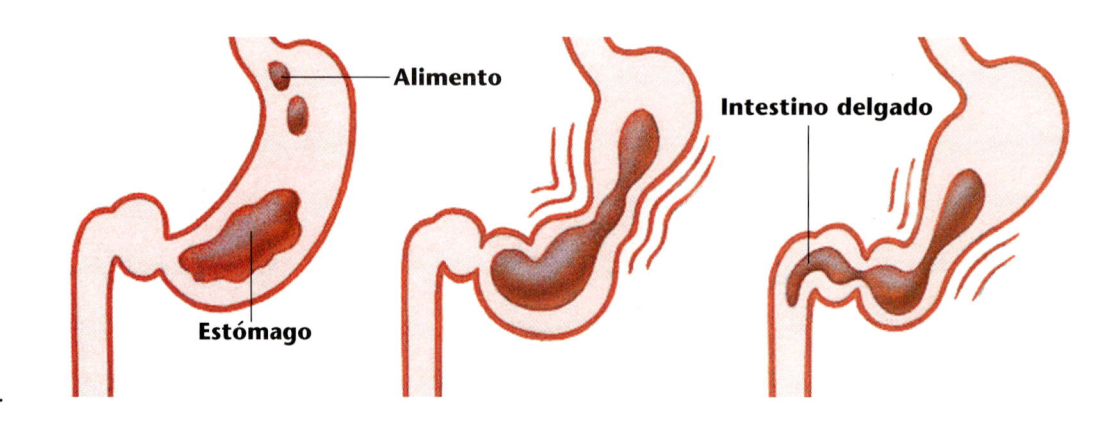

## Sistema inmunológico

El sistema inmunológico protege el cuerpo de las enfermedades; a menudo combate algunas aun antes de que las personas sepan que están enfermas. Aun cuando las personas se sienten enfermas, el sistema inmunológico está trabajando duramente para detener la enfermedad antes de que cause mucho daño.

Muchas partes del cuerpo trabajan juntas en el sistema inmunológico. Unas de las partes más importantes son los glóbulos blancos, que son redondos, incoloros y tan diminutos que solamente se pueden ver a través un microscopio.

Los glóbulos blancos son unas de las armas más fuertes del cuerpo contra los organismos que causan las enfermedades. Entre esos organismos están las bacterias y los virus. Las bacterias y los virus son "invasores" diminutos que entran al cuerpo y que sólo se pueden ver con un microscopio. Pueden causar resfriados, dolores de garganta, mal de estómago y muchas otras enfermedades. Algunos glóbulos blancos rodean las bacterias y las digieren. Otros glóbulos blancos producen sustancias que matan las bacterias y los virus, o los vuelven inofensivos. Estas sustancias se llaman anticuerpos.

Artículos relacionados: **Alergia; Enfermedad; Inmunización; Inoculación; SIDA.**

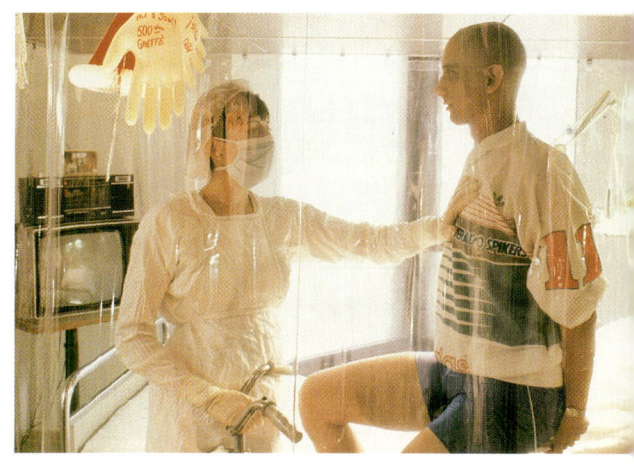

**Si el sistema inmunológico de una persona** no está trabajando apropiadamente, se debe tener un cuidado especial para protegerse contra las enfermedades.

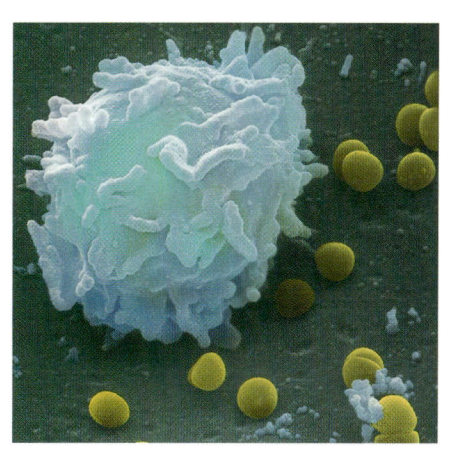

**Este glóbulo blanco de la sangre** rodeado por bacterias amarillas, solamente se puede ver a través de un microscopio.

## Sistema métrico

El sistema métrico es una manera de medir longitud, temperatura, tiempo y peso. Los científicos de todo el mundo usan el sistema métrico, lo mismo que la gente en la mayoría de los países. Estados Unidos usa el sistema pulgada-libra para muchas mediciones. Australia, Canadá y la Gran Bretaña también usaban ese sistema. A finales de la década de los sesenta y a principios de la década de los setenta del siglo pasado, empezaron a adoptar el sistema métrico.

El sistema métrico usa el sistema numérico decimal. Eso significa que las unidades métricas suben o bajan

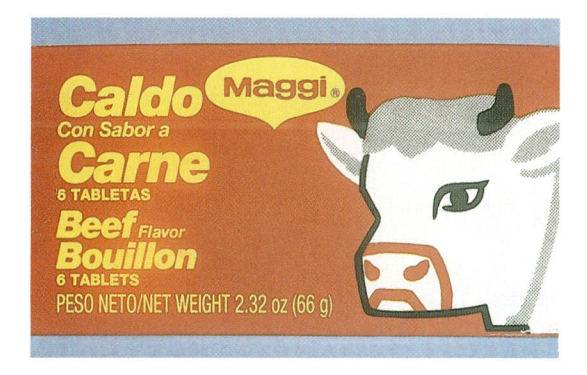

**Las unidades métricas** se usan para las mediciones que se hacen a diario en la mayoría de los países. Esta etiqueta muestra el peso del producto en los sistemas de unidades métrico y de pulgada-libra.

• **Sistema nervioso**

**La cinta métrica** utiliza tanto el sistema métrico como las mediciones de pulgada-libra.

de diez en diez. Por ejemplo, disminuyendo de tamaño, el metro tiene 10 partes que se llaman decímetros. El decímetro tiene 10 partes que se llaman centímetros. El centímetro tiene 10 partes que se llaman milímetros. Aumentando de tamaño, 1,000 metros hacen un kilómetro. Muchos avisos de carretera anuncian las distancias en kilómetros, o km para abreviar. El sistema métrico tiene cuatro unidades principales. El metro es la unidad principal de longitud y distancia. El kilogramo es la unidad principal de peso. El segundo es la unidad principal de tiempo. El grado Celsius es la unidad principal de temperatura.

Un grupo de científicos franceses crearon el sistema métrico en los años setenta del siglo XVIII.

Artículos relacionados: **Pesos y medidas.**

## Sistema nervioso

**E**l sistema nervioso es la parte del cuerpo del animal que le ayuda a adaptarse a los cambios del medio ambiente. Casi todos los animales tienen alguna forma de sistema nervioso. En los seres humanos y otros animales con columna vertebral, el sistema nervioso está formado por el cerebro, la médula espinal y los nervios.

El sistema nervioso humano, y en particular el cerebro por su alto nivel de desarrollo, hace que las personas sean diferentes de otros animales. El cerebro humano se parece mucho en su funcionamiento a la computadora. Capacita a las personas para hablar, para solucionar problemas difíciles y para generar ideas.

El sistema nervioso está formado por miles de millones de células especiales que se llaman células nerviosas o neuronas. La médula espinal es un cable de neuronas que corre desde la nuca hasta casi el final de la espalda. Otras neuronas forman manojos fibrosos que se llaman nervios. La médula espinal y los nervios forman senderos por los que viaja información por todo el cuerpo.

La información que llega del exterior del cuerpo viaja por los nervios al cerebro. En seguida, el cerebro

**La neurona** tiene tres partes importantes. El cuerpo celular hace de centro de control. El axón transmite los mensajes. Las dendritas reciben los mensajes.

202 World Book Enciclopedia estudiantil hallazgos

## Sistema nervioso

envía órdenes a diversos músculos por otros senderos, de tal manera que el cuerpo puede responder de inmediato a dicha información. Por ejemplo, si alguien te tira una bola para que la agarres, el mensaje viaja rápidamente de los ojos al cerebro a través de los nervios. Inmediatamente, el cerebro envía órdenes a los músculos para que se muevan y la agarres. Esta reacción toma solamente un momento.

El sistema nervioso también controla funciones importantes dentro del cuerpo, como el ritmo del corazón, la respiración y la digestión. Estas cosas suceden sin que tengamos que pensar en ellas.

El sistema nervioso se puede dañar por herida o por enfermedad. El problema más serio del sistema nervioso es la apoplejía. La persona puede sufrir apoplejía si la sangre deja de llegar a alguna parte del cerebro. Entonces las células nerviosas de esa parte mueren. Después, la persona no puede hacer las cosas que esa parte dañada del cerebro controla. La apoplejía es más común en adultos de edad avanzada.

Artículo relacionado: **Cerebro**.

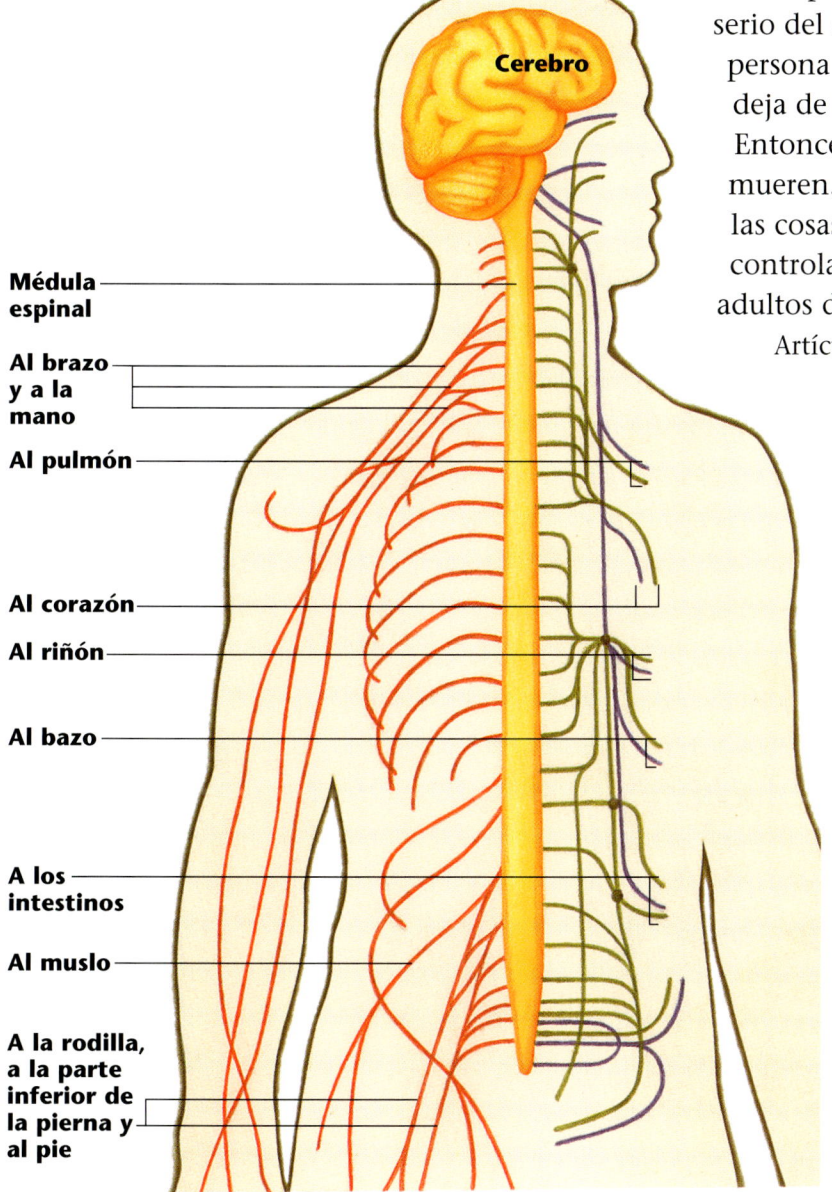

Cerebro
Médula espinal
Al brazo y a la mano
Al pulmón
Al corazón
Al riñón
Al bazo
A los intestinos
Al muslo
A la rodilla, a la parte inferior de la pierna y al pie

**El sistema nervioso humano** está formado por el cerebro, la espina dorsal y los nervios. Este dibujo muestra algunos nervios importantes. Los nervios que aparecen en rojo controlan los músculos. Otros nervios controlan órganos como el corazón y los riñones.

World Book Enciclopedia estudiantil hallazgos **203**

• **Sistema solar**

# Sistema solar

**U**n sistema solar es un grupo de objetos que viajan por el espacio. Está compuesto por una estrella y los planetas, y otros objetos que describen una órbita, o giran, alrededor de la estrella. Cuando hablamos del sistema solar, generalmente hablamos de nuestro sistema solar. Nuestro sistema solar está compuesto por el Sol, los planetas–inclusive la Tierra–y sus lunas, y muchos otros objetos más pequeños, entre los que están los asteroides, los meteoritos y los cometas. En la década de los noventa del siglo pasado, los astrónomos, es decir, los científicos que estudian el espacio sideral, descubrieron otros sistemas solares.

**El Sol y nuestro sistema solar** están en la galaxia llamada Vía Láctea, que es un grupo grande de estrellas en forma de espiral.

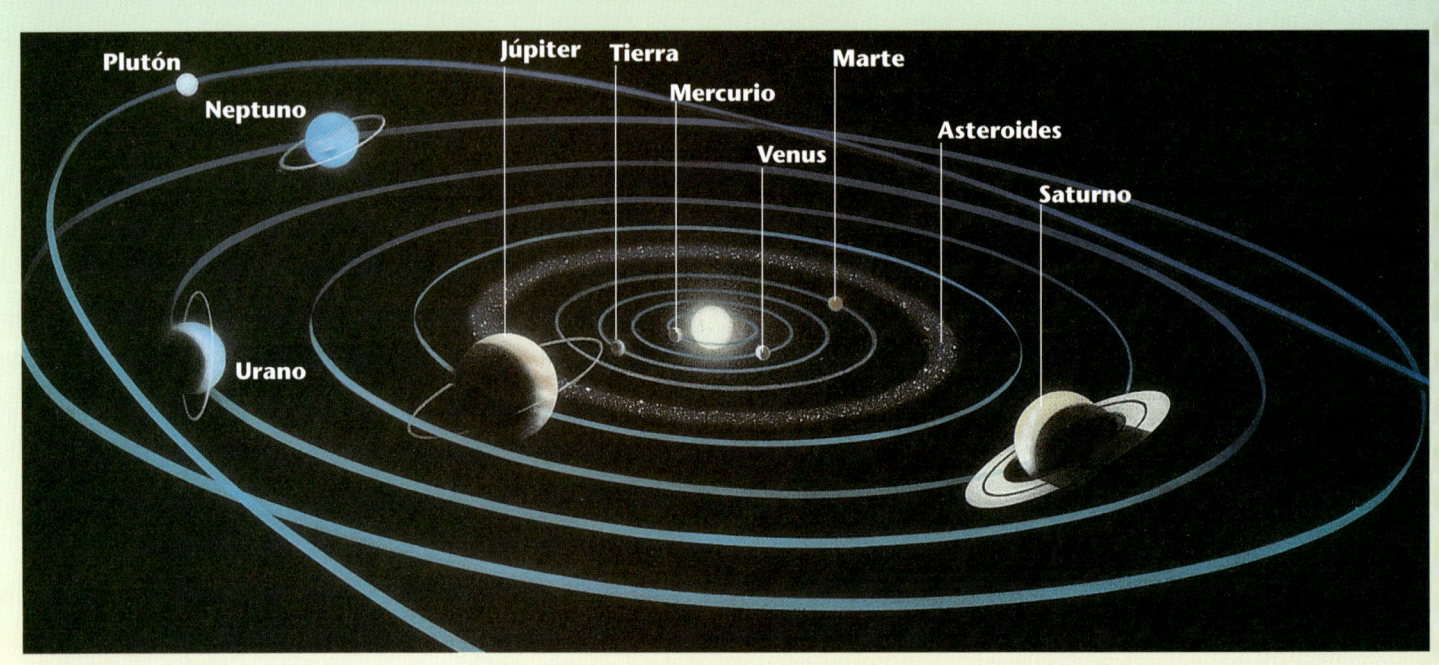

**El sistema solar** contiene muchos objetos que giran alrededor del Sol. Algunos son planetas mucho más grandes que la Tierra, y otros son pequeños meteoros y partículas de polvo.

**204** World Book Enciclopedia estudiantil hallazgos

# Sistema solar

## El Sol

El Sol es el objeto más grande de nuestro sistema solar. Provee casi toda la luz, el calor y la energía que hace posible la vida en la Tierra. Las capas exteriores del Sol son calientes y tormentosas. Allí los materiales hacen erupción, o salen despedidos, desde la superficie del Sol. Esas erupciones están compuestas de gases calientes y partículas, o pedazos pequeños de material, cargadas de electricidad. Esta corriente de gases y partículas se llama viento solar. El viento solar rodea todo lo que hay en el sistema solar.

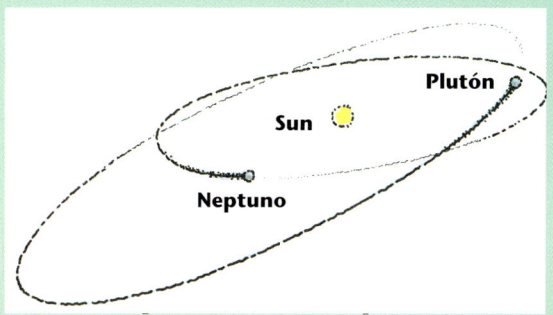

**alejado del Sol,** pero a veces pasa más cerca del Sol que Neptuno.

## Los planetas

Los planetas giran alrededor del Sol en una trayectoria en forma de óvalo. Los cuatro planetas del interior–Mercurio, Venus, la Tierra y Marte–están formados en su mayoría de hierro y rocas. Son, en cierta forma, similares en tamaño y composición. Los planetas del exterior son Júpiter, Saturno, Urano, Neptuno y Plutón. Todos los planetas del exterior, excepto Plutón, son mundos gigantescos rodeados por capas de gases. Su interior es líquido y tienen una parte de roca en el centro.

Plutón tiene tantas características tan extrañas que algunos astrónomos piensan que tal vez no sea un planeta. Por ejemplo, su órbita es muy diferente de la de otros planetas. Además, es pequeño y sólido, a diferencia de los otros planetas exteriores. Algunos astrónomos piensan que Plutón puede ser parte del cinturón de Kuiper. El cinturón de Kuiper es una banda de pequeños objetos rocosos llamados cometas, que giran alrededor del Sol más allá de Neptuno.

Hay lunas que giran alrededor de todos los planetas, excepto Mercurio y Venus. Los planetas del interior tienen pocas lunas. La Tierra tiene una Luna y Marte tiene dos lunas pequeñas. Sin embargo, los planetas gigantescos del exterior tienen muchas lunas. Júpiter tiene 16 lunas, incluso la luna más grande del sistema solar, Ganimedes. Esta luna es aun más grande que

**Titán, la luna más grande de Saturno,** tiene una atmósfera pesada que parece niebla.

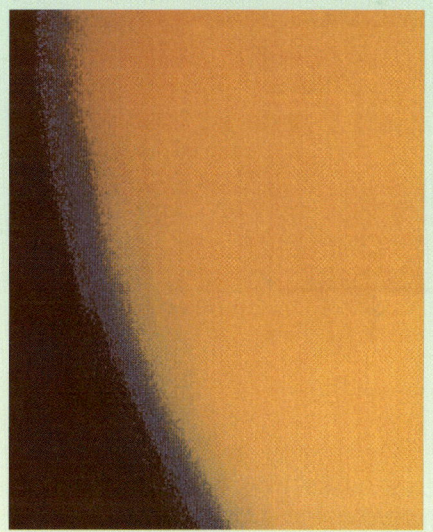

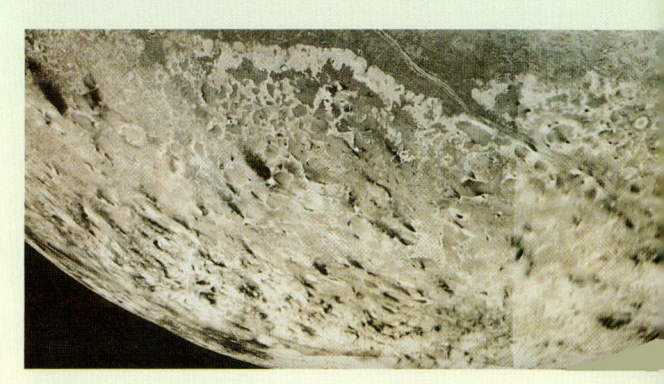

**Tritón,** una de las lunas de Neptuno, es el objeto más frío del sistema solar.

World Book Enciclopedia estudiantil hallazgos **205**

### Sistema solar

**Las lunas más grandes del sistema solar** aparecen comparadas con Mercurio, Venus, la Tierra y Marte.

Mercurio o Plutón. Saturno tiene 18 lunas. Su luna más grande, Titán, también es más grande que Mercurio o Plutón. Titán tiene atmósfera, una capa de gases, más gruesa que la atmósfera de la Tierra. Urano tiene 17 lunas, y Neptuno tiene 8. Los planetas gigantes probablemente tienen más lunas que todavía están por descubrirse. Plutón tienen una luna.

Anillos de hielo, polvo y roca giran alrededor de todos los planetas gigantes. Los más conocidos son los anillos de Saturno, pero anillos delgados también rodean a Júpiter, Urano y Neptuno.

### Cometas

Los cometas son objetos compuestos principalmente de hielo y roca. Cuando un cometa se acerca al sol, parte del hielo se convierte en gas. El gas y las partículas de polvo se desprenden del cometa. La luz del sol empuja el gas y el polvo, y el viento solar los arrastra hacia afuera, formando una cola larga. Los cometas provienen de dos regiones en las afueras del sistema solar. Algunos cometas empiezan en la nube de Oort, un grupo de cometas que están mucho más allá de la órbita de Plutón. Otros vienen del cinturón de Kuiper.

### Asteroides

Los asteroides son planetas muy pequeños. Algunos viajan en órbitas de forma ovalada que pasan por dentro de la órbita de la Tierra y aún hasta la de Mercurio. Otros viajan por recorridos circulares entre los planetas del exterior.

Los astrónomos creen que hay más de 50,000 asteroides. La mayoría de los asteroides giran alrededor del Sol entre las órbitas de Marte y Júpiter, en la región que se llama el cinturón de asteroides.

**Los meteoroides** son pedazos de metal o roca que viajan por el espacio. A veces chocan contra los planetas o las lunas.

# Sistema solar

## Meteoroides

Los meteoroides son pedazos de metal o roca más pequeños que los asteroides. Cuando los meteoroides caen en la atmósfera de la Tierra, se despedazan. Cuando esto sucede, se forman rayos de luz brillante que se llaman meteoros. Algunos meteoroides alcanzan a llegar a la Tierra. Éstos se conocen como meteoritos. Casi todos los meteoritos son pedazos de meteoroides. En la década de los noventa del siglo xx, los astrónomos descubrieron varios meteoroides que llegaron de Marte y de la Luna.

## Formación del sistema solar

Muchos científicos creen que nuestro sistema solar se formó de una gigantesca nube de gas y partículas de metal y roca, que estaba girando. Esta nube se conoce como la nebulosa solar. Según esta teoría, la nebulosa solar empezó a encogerse. A medida que se fue achicando, empezó a rotar más rápido y a aplanarse como un disco.

Los científicos creen que las partículas del disco se estrellaron unas contra otras y se juntaron para formar objetos del tamaño de asteroides. Algunos de estos objetos se juntaron y formaron planetas. Otros formaron lunas, asteroides y cometas.

La mayor parte del material de la nebulosa, sin embargo, se precipitó hacia el centro y formó el Sol. Según esta teoría, la presión del centro creció tanto que causó las reacciones nucleares que le dan la fuerza al Sol. Con el tiempo, ocurrieron erupciones solares que dieron origen al viento solar. En el sistema solar interior, el viento llegó a ser tan fuerte que barrió con casi todos los elementos livianos. En las regiones exteriores del sistema solar, sin embargo, el viento solar fue más débil. Por eso, en los planetas exteriores quedó mucho más gas. Eso explica por qué los planetas interiores son mundos pequeños y rocosos, y los exteriores, con excepción de Plutón, son gigantescas bolas de gas.

Artículos relacionados: **Asteroide; Cometa; Estrella; Júpiter; Luna; Marte; Mercurio; Meteoro; Neptuno; Planeta; Plutón; Satélite; Saturno; Sol; Tierra; Urano; Venus.**

**El sistema solar** probablemente empezó como una nube de gas y pedazos de roca y metal.

**La nube giratoria** se aplanó como un disco.

**La mayor parte de la nube** de precipitó hacia el centro y formó el Sol.

**Algunos de los pedazos de metal y roca** chocaron unos con otros. Así se formaron los planetas, las lunas y los asteroides.

# Sitting Bull

Sitting Bull (¿1834?-1890) fue un famoso curandero de los indios sioux hunkpapa. Nació en lo que ahora es Dakota del Sur.

En 1875, Sitting Bull tuvo una visión, es decir, vio una imagen como en sueños. Les aconsejó a los sioux que cambiaran su modo de pelear, y el 25 de junio de 1876, ganaron la batalla de Little Bighorn. George A. Custer, teniente coronel del ejército estadounidense, murió en la batalla.

Después de la batalla, Sitting Bull y sus seguidores fueron perseguidos hacia el norte hasta Canadá. Cuatro años más tarde, Sitting Bull regresó a Estados Unidos y se rindió. Más tarde vivió en una reserva, un área de terreno donde el gobierno de Estados Unidos hizo que los indios vivieran. El gobierno creyó que Sitting Bull iba a empezar otra guerra; cuando los oficiales trataron de arrestarlo, lo mataron.

Artículo relacionado: **Custer, George Armstrong.**

**Sitting Bull**

# Smith, John

John Smith (¿1580?-1631) fue un soldado y aventurero inglés que ayudó a fundar la primera colonia inglesa de América, en Jamestown, Virginia.

Smith nació en Willoughby, Inglaterra. Según un libro que Smith escribió, él fue capturado por amerindios hostiles en un viaje por tierras inexploradas. Un jefe amerindio llamado Powhatan estuvo a punto de matarlo, pero Pocahontas, la hija del jefe, detuvo a su padre. Los amerindios dejaron a Smith en libertad. Regresó a Jamestown y Pocahontas continuó la amistad con Smith y, por lo menos en una ocasión, le advirtió de un plan que tenían los amerindios de atacar a los ingleses.

**John Smith**

**Smog.** Véase Contaminación ambiental.

**Snowboard.** Véase Esquí.

# Softbol

El softbol es un deporte popular en todo el mundo. Se parece mucho al béisbol, pero las reglas son diferentes. Por ejemplo, el softbol requiere menos espacio y menos equipo, y los encuentros duran solamente siete entradas en vez de nueve. Además, la pelota de softbol es más grande que la de béisbol; puede tener 11, 12 o 16 pulgadas (28, 30 o 41 centímetros) de circunferencia.

En softbol, como en béisbol, el lanzador tira la bola hacia el bateador. A diferencia del béisbol, sin embargo, el lanzamiento de la bola se realiza por debajo del hombro. El bateador se para en la base de meta, trata de darle a la bola y de llegar a una base. Las carreras o los puntos se ganan corriendo alrededor de todas las bases hasta llegar a la base de meta. Los jugadores que están en el terreno de juego tratan de eliminar al bateador o de impedirle que alcance una base. El lanzador puede hacer tal cosa eliminando al bateador si éste falla tres veces en su intento de darle a la bola.

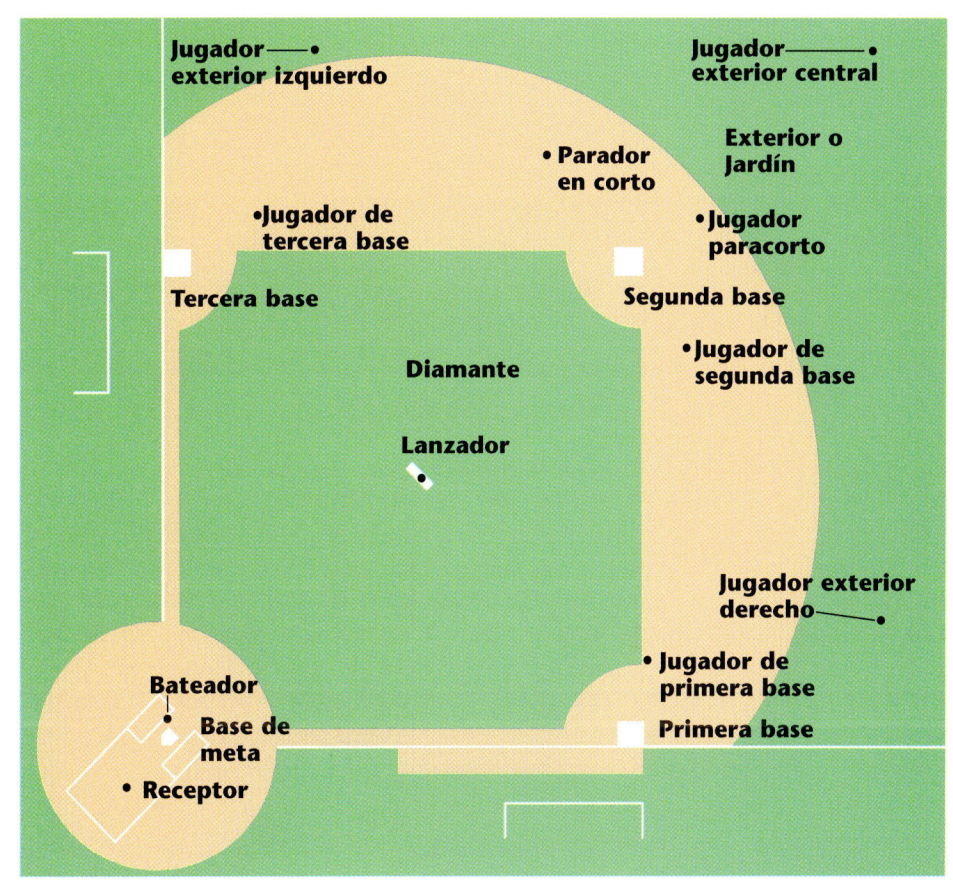

**En el campo de juego de softbol,** los jugadores se colocan según se muestra en esta ilustración.

## Softbol

Se logra también una eliminación si se agarra un batazo antes de que la bola toque tierra. Otras formas de eliminar al corredor es tocándolo con la bola, o tocando la base mientras se tiene la bola, antes de que el corredor alcance la base.

Hay dos clases de softbol: el de lanzamiento lento y el de lanzamiento rápido. Casi todos los partidos de softbol en Estados Unidos son de lanzamiento lento. El lanzador, en los partidos de lanzamiento lento, debe lanzar la bola con la suficiente lentitud para que forme un arco o curva hacia arriba, en su camino al bateador. Los equipos de lanzamiento lento están compuestos por diez jugadores: el lanzador, el receptor, y ocho jugadores de campo. Entre los jugadores de campo están los jugadores de primera, segunda y tercera base, el parador en corto y cuatro jardineros.

El equipo de softbol de lanzamiento rápido tiene nueve jugadores. El equipo ocupa las mismas

**El softbol de lanzamiento lento** es el tipo de softbol más popular de Estados Unidos. Aquí, la bateadora intenta pegarle a la bola.

# Softbol

posiciones que las del equipo de lanzamiento lento, pero tiene solamente tres jardineros. Algunos lanzadores pueden llegar a tirar la bola a 100 millas (160 kilómetros) por hora.

En el softbol, el diamante, o parte del campo al interior de las bases, es más pequeño que el diamante del béisbol. Las bolas de softbol pueden estar llenas de varios materiales blandos. La cubierta puede ser de cuero de vaca, de caballo u otro material. Los bates de softbol pueden ser de madera, metal, plástico o de otro material. Todos los jugadores pueden usar manillas, o guantes de cuero, para agarrar la bola.

El softbol lo inventó George W. Hancock como deporte bajo techo en 1887, en Chicago. En 1895, un bombero de Minneapolis, Minnesota, cambió un poco el juego para que se pudiera jugar al aire libre. Hoy en día tanto niños como adultos juegan softbol.

Artículo relacionado: **Béisbol.**

**Para hacer un lanzamiento rápido,** el jugador mueve el brazo atrás por sobre la cabeza, da un paso adelante, y lanza la bola cuando el brazo se mueve hacia adelante.

# Soja

**La planta de soja** mide de 2 a 4 pies (61 a 122 centímetros) de altura. Cada vaina contiene dos o tres semillas, o frijoles, que crecen entre 30 y 40 días.

## Soja

La soja es una planta que produce semillas en vainas. La planta está cubierta de cabellos cortos, castaños o grises y tiene flores pequeñas, moradas o blancas. Estas flores producen las vainas con semillas. Las vainas pueden ser de color amarillo claro o tostado. Las semillas de la planta de soja son redondas u ovaladas y pueden ser amarillas, verdes, castañas, negras o moteadas.

Las semillas de soja son una fuente importante de alimento y material. Los agricultores de Estados Unidos cultivan más soja que cualquier otro producto excepto maíz y trigo. Estados Unidos cultiva más soja que cualquier otro país.

Las semillas de soja son una de las fuentes de proteína más baratas del mundo. Las personas necesitan proteínas para mantenerse saludables. En muchos países la gente obtiene sus proteínas de la soja en vez de obtenerlas de la carne, los huevos y el queso. El aceite de soja es también un aceite de cocina popular porque no tiene colesterol. La mayoría de los expertos en nutrición dicen que los alimentos con bajo contenido de colesterol son más saludables.

Con la mayoría de las semillas de soja se preparan harina integral y aceite de soja. Las semillas se machacan para formar hojuelas llamadas harina integral o se muelen para obtener la harina. La gente también come frijoles de soja como legumbres.

La mayoría de la harina integral de soja producida en Estados Unidos se usa para alimentar animales de granja o mascotas. Muchos de los alimentos que la gente consume, como alimentos para bebé, cereales, caramelos, embutidos y productos horneados, contienen harina integral de soja. El aceite de soja se usa en la

**El tofu** se hace de las cuajadas de soja prensadas en tortas o bloques. Puede ser un substituto para una variedad de alimentos en muchas recetas.

elaboración de margarina, mayonesa, salsas para ensaladas y otros productos alimenticios. Una sustancia pegajosa llamada lecitina se obtiene de aceite de soja y agua, y se usa para hacer helados y otros alimentos y productos. De las semillas de soja también se obtienen saborizantes para alimentos, leche de soja y salsa soja.

Las fábricas usan las semillas de soja para fabricar muchos otros productos como cinta adhesiva, velas, linóleo, jabones, fertilizantes, insecticidas en aerosol, pinturas, medicamentos y explosivos.

La soja es uno de los cultivos más antiguos sembrados por los seres humanos. Los historiadores creen que la planta procede de Asia oriental y que se empezó a cultivar hace cerca de 5,000 años.

Artículo relacionado: **Tofu**.

# Sol

El Sol es una bola de gases enorme y resplandeciente en el centro del sistema solar. La Tierra y los otros ocho planetas giran alrededor del Sol. El Sol es solamente uno de los miles de millones de estrellas del universo, pero es más importante para nosotros que cualquier otra estrella. Sin la luz y el calor del Sol, no podría haber vida en la Tierra.

Si el Sol fuera del tamaño de un rascacielos, la Tierra sería del tamaño de una persona. La luna sería del tamaño de un perro mediano parado al lado de la persona. Júpiter, el planeta más grande, tendría el tamaño de un edificio pequeño.

El Sol es la estrella que está más cerca de la Tierra. Los científicos estudian el Sol para aprender más sobre las estrellas que están mucho más lejanas. La superficie del Sol está compuesta por gases calientes que despiden luz y calor.

**El Sol** es el objeto más grande del sistema solar. Es 109 veces más grande que la Tierra.

### Sol

Gases violentamente agitados

Corriente de calor hacia el exterior

Núcleo

Superficie

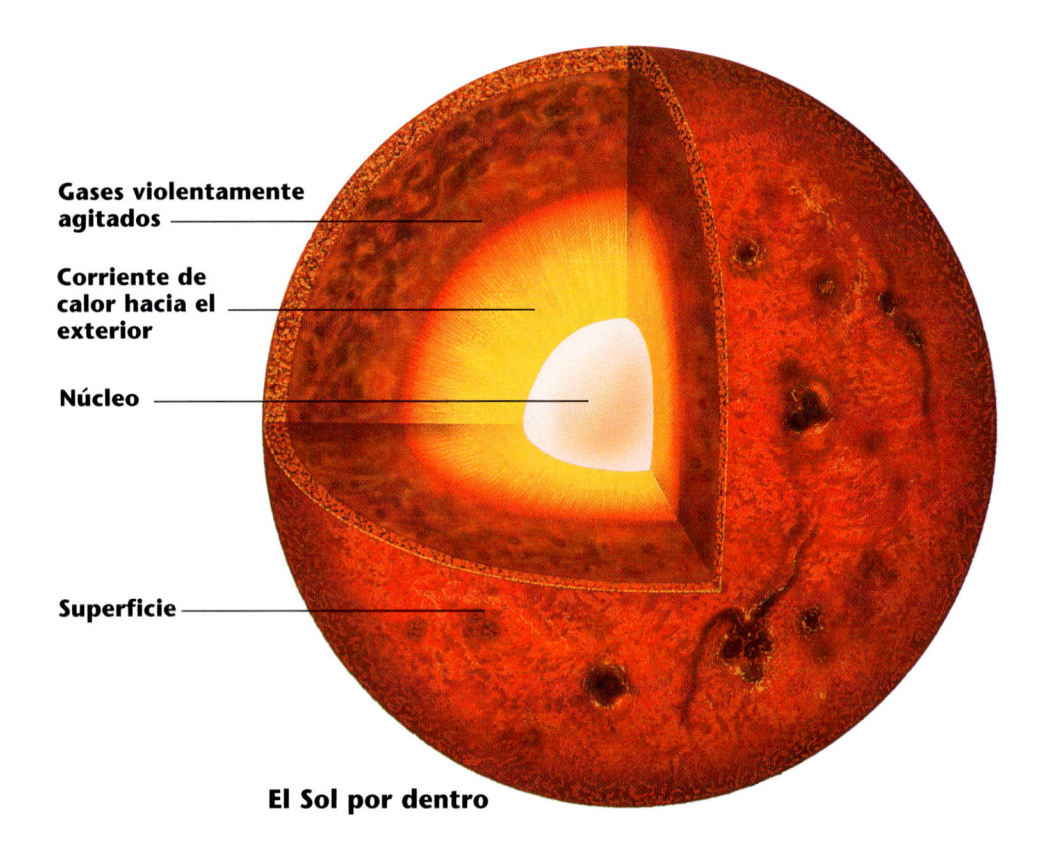

**El Sol por dentro**

## Cómo el Sol afecta a la Tierra

La luz del Sol afecta el clima de cualquier región. La temperatura de cualquier lugar de la Tierra depende de la posición del Sol en el firmamento. Las regiones tropicales cerca del ecuador, una línea invisible que corre alrededor del punto medio de la Tierra, tienen clima cálido porque el sol cae casi de pleno a medio día. Las regiones cercanas al Polo Norte y al Polo Sur tienen clima frío porque allá el sol nunca aparece muy alto.

El Sol nos proporciona calor, luz y otras formas de energía. Toda forma de vida en la Tierra–la gente, los animales y las plantas–dependen de la energía del Sol. Las plantas usan la luz solar para hacer su propio alimento. Mientras las plantas hacen su alimento, despiden un gas que se llama oxígeno. La gente y los animales se alimentan de las plantas y respiran el oxígeno. A la vez, la gente y los animales exhalan el gas que se llama dióxido de carbono. Las plantas mezclan el dióxido de carbono con la energía de la luz solar y el agua del terreno para producir más alimento.

# Sol

## Cómo se formó el Sol

En el espacio hay enormes nubes de gases y polvo. Las estrellas nuevas se forman cuando algunas porciones de gases y polvo se juntan y forman una masa apretada. La masa empieza a producir calor. A medida que la masa de gases y polvo se achica, el centro de la masa se recalienta. Por último, el núcleo se pone tan caliente que la masa de gases y polvo empieza a resplandecer como una estrella.

Los científicos creen que el Sol se formó de una masa de gases y polvo. Creen que los planetas se formaron de gases y polvo que se acumularon a diferentes distancias del núcleo del Sol.

Artículos relacionados: **Arco iris; Eclipse; Energía solar; Equinoccio; Luz; Reloj de sol; Solsticio.**

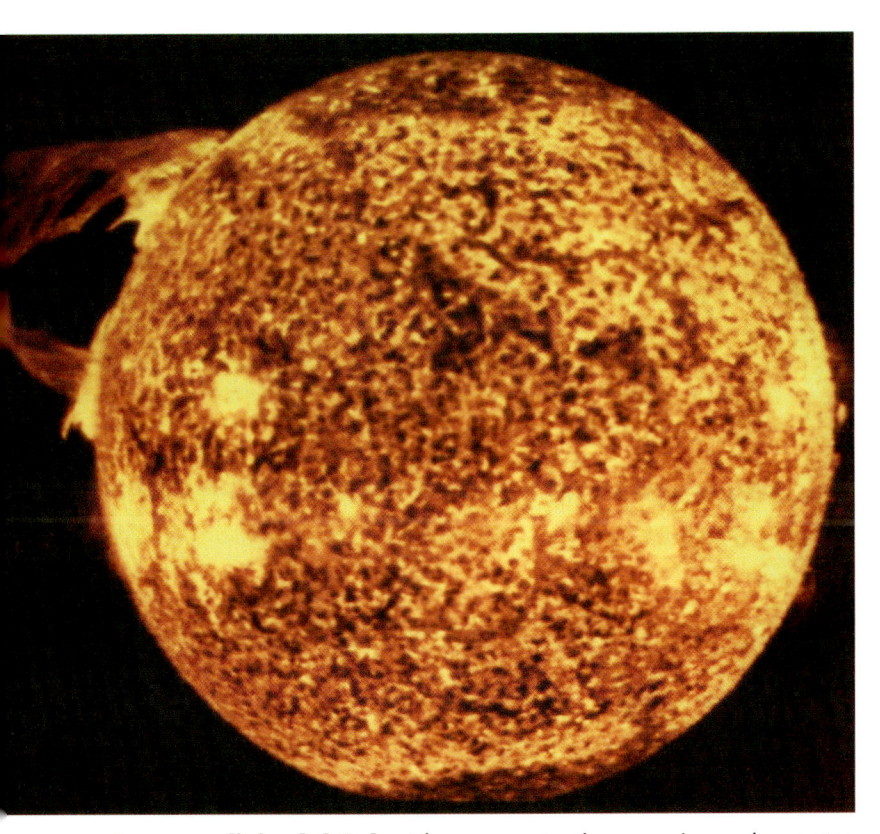

**La superficie del Sol** está compuesta de gases incandescentes que despiden luz y calor.

## ¡MANOS A LA OBRA!

**Vas a necesitar:**
- hierba
- maceta
- cueda
- cinta negra

### Parches de sol

No arranques las hierbas todavía. Las puedes usar para ver cómo el sol ayuda a mantener las plantas vivas.

Busca un lugar donde haya mucha hierba. Selecciona un lugar que reciba la luz del sol todos los días.

Envuelve la cuerda alrededor de la maceta cerca del borde y hazle un nudo. Saca la cuerda de la maceta. Colócala haciendo un círculo alrededor de unas hierbas.

Ahora voltea la maceta boca abajo y cubre otras hierbas. Si la maceta tiene un hueco, cúbrelo con cinta negra.

Después de tres días, quita la maceta. ¿Se ven los dos parches de hierba iguales o diferentes? ¿Cuál de los dos parches se ve más saludable?

Las plantas verdes usan la energía del Sol para hacer alimento. El parche de hierba que no recibió sol no pudo producir alimento.

World Book Enciclopedia estudiantil hallazgos

• Soldado desconocido

# Soldado desconocido

El soldado desconocido representa a todos los valientes soldados que han muerto en batalla. Varios países, inclusive Bélgica, Francia, Italia, el Reino Unido y Estados Unidos tienen monumentos especiales en honor a esos soldados.

En Estados Unidos, la tumba del Soldado Desconocido se encuentra en el cementerio nacional de Arlington, Virginia. La tumba, o lugar de entierro, contiene los cuerpos de tres soldados, uno por cada guerra: la primera guerra mundial (1914-1918), la segunda guerra mundial (1939-1945) y la guerra de Corea (1950-1953). Estos soldados no pudieron ser identificados, es decir, no se pudo averiguar quiénes eran. Por muchos años hubo un soldado de la guerra de Vietnam (1957-1975), pero en 1998, una nueva prueba científica permitió identificarlo.

**La tumba del Soldado Desconocido** se encuentra en el cementerio nacional de Arlington.

# Soldadura

La soldadura es una manera de usar el calor para pegar dos piezas de metal. En las fábricas se sueldan las piezas para armar automóviles, refrigeradores y otros productos. Los constructores sueldan piezas de metal enormes para hacer componentes de edificios y puentes. Otros trabajadores sueldan piezas diminutas para hacer componentes de computadoras y otros artículos electrónicos.

Una manera de soldar consiste en unir dos piezas de metal y calentarlas hasta que estén casi derretidas. Quedan pegadas cuando se enfrían.

El calor para soldar puede resultar de gases que salen de un instrumento que se llama soplete. También se puede soldar con corriente eléctrica, que produce una chispa muy caliente que se llama arco.

**Un soldador en el trabajo**

# Sólido

Los sólidos son una clase de materia, o sea, el material de que está hecho todo lo que existe en el mundo. Por ejemplo, una roca es un sólido. Tiene tamaño y forma, y se puede romper en pedazos.

Las tres formas principales de todos los materiales son sólida, líquida y gaseosa. Se llaman los estados de la materia. El agua no es un sólido. No tiene forma propia, sino que toma la forma de la vasija que la contiene. El agua es un líquido. El aire no es sólido ni líquido, es un gas.

El estado de la materia cambia con la temperatura. Por ejemplo, el agua se convierte en sólido cuando se congela y se vuelve hielo, y el agua se convierte en gas cuando hierve y se vuelve vapor.

Artículos relacionados: **Gas; Líquido.**

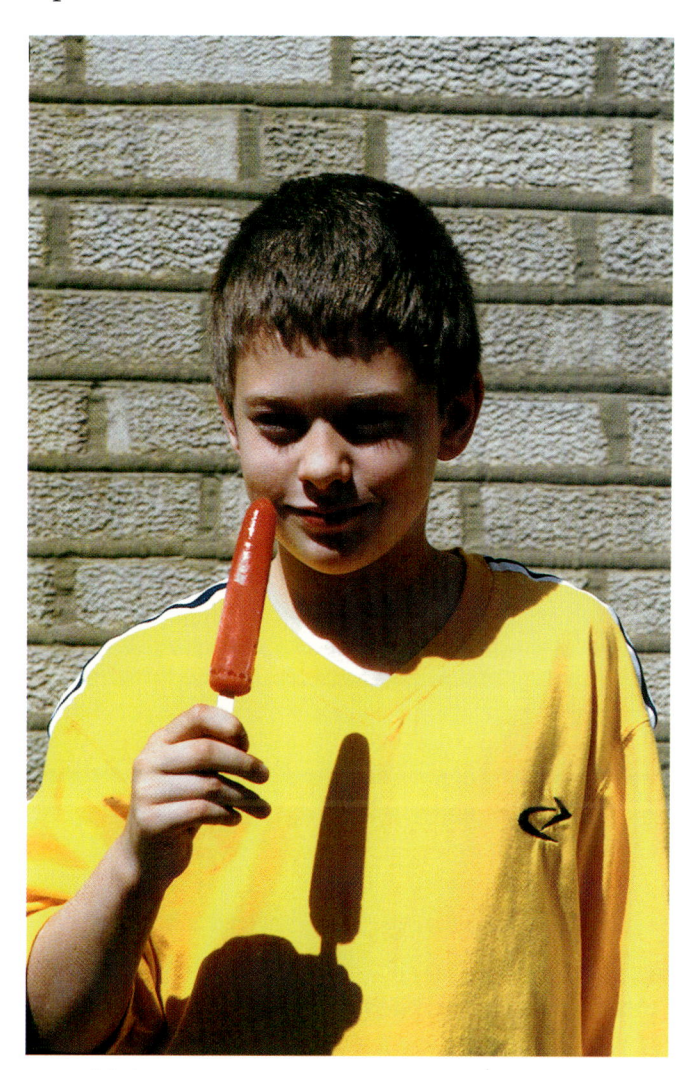

**Un sólido,** tal como esta paleta, tiene tamaño y forma, y se puede romper en pedazos. Cuando la paleta se descongela, se convierte en líquido.

# Solsticio

Los solsticios son los períodos de tiempo cuando empiezan el verano y el invierno. El verano empieza el 20, 21 o 22 de junio, y el invierno empieza el 21 o 22 de diciembre en Norteamérica, Europa y otros lugares al norte del ecuador. El ecuador es una línea imaginaria que corre alrededor del punto medio de la Tierra. En Australia, parte de África y otros lugares al sur del ecuador, las estaciones son opuestas. El verano empieza el 21 o 22 de diciembre, y el invierno empieza el 20, 21 o 22 de junio.

En el solsticio de verano, el sol de mediodía aparece más alto en el firmamento que en cualquier otro momento del año. Es el día más largo del año. En el solsticio de invierno, el sol de mediodía aparece más bajo que en cualquier otro momento del año. Es el día más corto del año.

Los solsticios suceden porque el eje de la Tierra está inclinado. El eje es una línea imaginaria que atraviesa la Tierra del Polo Norte al Polo Sur. La Tierra gira alrededor del eje, como lo hace el globo terráqueo de un salón de clase. La inclinación del eje hace que la aparición del sol cambie de posición en el firmamento a medida que la Tierra describe la órbita, o se mueve, alrededor del Sol.

Artículos relacionados: **Equinoccio; Estación; Órbita; Tierra.**

**Algunos monumentos antiguos** como el Stonehenge, *arriba*, probablemente fueron construidos para observar los solsticios. Los científicos han encontrado que en el primer día de verano o de invierno, el sol saliente o poniente se alinea con determinada piedra o alumbra a través de una abertura especial.

# Somalia

Somalia es el país más al este de África continental. Su costa forma el borde exterior del "cuerno" de África. La costa bordea el golfo de Aden y el océano Índico. Somalia limita con los países de Yibuti, Etiopía y Kenia. Mogadiscio es la capital y la ciudad más grande.

La mayor parte de Somalia está formada por llanuras secas cubiertas de hierbas. Una cadena de montañas se levanta al norte. El clima es cálido y seco todo el año. Con frecuencia hay sequías, o sea, períodos de tiempo sin lluvia. Casi todo el territorio es bueno solamente para alimentar animales, pero se cultivan algunos productos cerca de los ríos del sur.

Casi todos los habitantes de Somalia pertenecen a uno de cuatro clanes, o grupos de familias, que se conocen como los samaal. Los samaal son mayormente nómadas, o gente que va de un lugar a otro alimentando sus ganados. Los miembros de otros dos clanes, llamados los sab, viven de la agricultura a lo largo de los ríos al sur de Somalia. Casi todos los clanes de Somalia tienen la misma lengua, cultura y religión, pero se han producido muchas peleas entre los grupos.

Somalia tiene muy pocos recursos naturales y poca industria. Su economía se basa en el pastoreo de camellos, ganado, cabras y ovejas. A lo largo de los ríos del sur, se producen bananas en granjas grandes llamadas plantaciones.

El territorio que ahora es el norte de Somalia era bien conocido en la antigüedad porque estaba a lo largo de una ruta comercial importante. Esta ruta conectaba el mar Mediterráneo y el mar Rojo con las tierras orientales de India y China.

En el siglo XIX, Inglaterra e Italia se adueñaron de los territorios que conforman lo que hoy es Somalia. En 1960, Inglaterra e Italia le concedieron la independencia a estos territorios, que se unieron para formar Somalia. A principios de la década de los noventa, Somalia fue el centro de la atención mundial cuando la sequía y la guerra civil causaron muchas muertes por hambre.

**Somalia y sus vecinos**

## Datos sobre Somalia

**Capital:** Mogadiscio.

**Superficie:** 246,201 mi² (637,657 km²).

**Población:** Estimada en 1998: 11,811,000.

**Lengua oficial:** Somalí.

**Clima:** Caliente y seco.

**Productos principales:**
Agricultura: bananas, caña de azúcar, cueros y pieles, ganado, granos.
Industria: alimentos procesados, azúcar.

**Forma de gobierno:** De transición.

**Bandera**

• **Sombra**

# Sombra

La sombra es la oscuridad que proyecta un objeto cuando tapa la luz. Bajo la luz del sol brillante, los objetos proyectan sombras oscuras y nítidas. Las sombras son más débiles en los días nublados o brumosos.

Si la luz es mucho más pequeña que el objeto, la sombra es toda oscura. Si la luz es muy ancha, la sombra tiene un centro oscuro y bordes más claros, que aparecen cuando parte de la luz pasa más allá del objeto e ilumina parte de la sombra.

A través de la historia, la gente ha encontrado maneras de usar las sombras. Los relojes de sol usan la sombra para mostrar la hora. Las sombras chinescas se usan para contar cuentos.

Artículo relacionado: **Reloj de sol**.

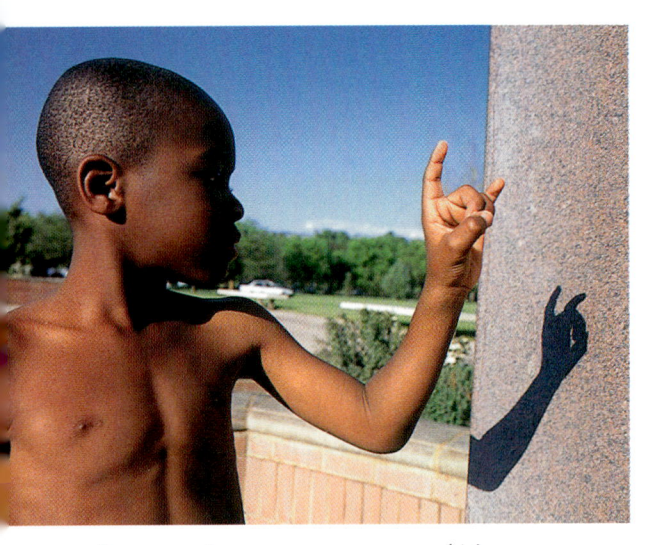

**Las sombras** son oscuras y nítidas bajo la luz del sol radiante.

# Sombrero

Un sombrero es un objeto que cubre la cabeza. Todos los sombreros tienen una copa y muchos tienen un ala. La copa es la parte que se ajusta a la cabeza y el ala es la pieza redonda alrededor de la copa. Los sombreros vienen en diferentes materiales y estilos.

### Razones para usar sombrero

La gente usa sombreros para protegerse, comunicarse y adornarse.

A menudo se usan sombreros para protegerse del clima; en climas calientes y soleados, los sombreros de ala ancha protegen del sol. Muchos mexicanos usan sombreros de ala muy ancha. En los climas fríos, se usan sombreros abrigados hechos de piel o lana. Los lapones del extremo norte de Europa usan sombreros de lana con orejeras.

Muchos trabajadores usan sombreros para protegerse de un accidente de trabajo. Los obreros de la construcción usan cascos, lo mismo que los jugadores de fútbol, los soldados y los ciclistas, que usan cascos metálicos o de plástico.

**Una policía de Estados Unidos**

# Sombrero

Un sombrero puede decirnos cosas importantes de la persona que lo usa; los sombreros de los bomberos, de los oficiales de policía o de los mineros del carbón nos dicen qué clase de trabajo tienen ellos.

La gente también usa sombreros para verse bien; escogen unos que sean atractivos y útiles. Mucha gente usa sombreros decorativos como parte de un traje típico; los escoceses han usado unas gorras llamadas boinas escocesas durante cientos de años.

## Los sombreros a través de la historia

Los sombreros se han usado durante miles de años. En el antiguo Egipto usaban diademas como señal de importancia. En el siglo XIV se empezaron a usar los sombreros exclusivamente como adorno, en muchos estilos diferentes.

La gente de una región a menudo veía un sombrero que se usaba en otra parte y decidía también comenzar a usarlo. Así, durante los siglos XIV y XV, las mujeres de Europa occidental usaban una especie de turbante similar al que se usa en Asia y en el Oriente Medio.

En la década de los veinte del siglo pasado, las mujeres usaban un sombrero que caía en forma de campana, llamado "casquete". En los años treinta usaron sombreros de ala ancha volteada hacia arriba llamados arlequín. En los años cuarenta y cincuenta se usaron muchos estilos de sombreros, pero a partir de los sesenta, los sombreros han perdido su popularidad.

**Mujer en África**

**Un vaquero estadounidense**

**Agricultores en Indonesia**

# Sonar

El sonar es un aparato, o herramienta, que usa la energía del sonido para encontrar objetos. El sonar también puede medir la distancia a la que está un objeto, la velocidad con que se mueve y la dirección hacia donde va. El sonar puede también producir una imagen del objeto; por ejemplo, la imagen de un bebé que todavía no ha nacido. La palabra sonar viene de sonido, navegación y registro.

La gente suele pensar que el sonar sirve para encontrar submarinos y otros objetos bajo el agua. El sonar funciona bien bajo el agua, donde el sonido viaja largas distancias rápidamente y con facilidad.

Algunos aparatos de sonar funcionan en el aire. Por ejemplo, algunas alarmas contra robos registran el movimiento con el uso de ultrasonido, o sea, con ondas sonoras de frecuencia demasiado alta para que las personas las oigan.

Las dos clases de sonar son: el sonar activo y el sonar pasivo. Los equipos de sonar activo emiten ondas sonoras desde una máquina llamada transmisor. Los transmisores que se usan bajo el agua producen un sonido metálico agudo. Las ondas sonoras viajan por el agua hasta que chocan con algún objeto. Entonces, rebotan hacia el equipo de sonar. El sonar calcula la distancia midiendo el tiempo que toma el sonido en ir y volver. El sonido recorre alrededor de 1 milla (1.6 kilómetros) por segundo en el agua. El sonar pasivo puede recibir sonidos emitidos por otras fuentes, pero no tiene un transmisor para emitir sonidos.

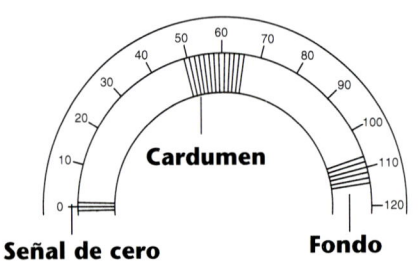

**Un barco pesquero** usa el sonar para encontrar los grupos de peces, o cardúmenes. El sonar envía pulsaciones de sonido y recibe el eco del fondo del mar y de los peces. Un medidor, a la derecha, muestra a qué profundidad se encuentran los peces.

# Sonido

Sonido es lo que oímos. El sonido hace posible que podamos hablar, disfrutar de la música y de la televisión, o que nos apartemos del peligro cuando suena una alarma.

Todo sonido que oímos se ha producido cuando un objeto vibra, o sea, que hace movimientos rápidos y diminutos de lado a lado o de arriba a abajo. Cuando un objeto vibra, el aire que lo rodea también vibra. Estas vibraciones del aire viajan desde el objeto en todas direcciones. Cuando las vibraciones llegan a nuestros oídos, el cerebro las interpreta como sonidos.

Si uno tira una piedra en un pozo de agua quieta, se ven los círculos de ondas que salen hacia afuera desde el lugar donde la piedra toca el agua. El sonido también viaja en ondas cuando se mueve a través del aire o de otro material. Las ondas las produce un objeto que vibra.

Aunque muchos sonidos viajan por el aire, el sonido se puede mover a través de cualquier material, inclusive por el agua, la tierra sólida, la madera, el vidrio, el ladrillo o el metal. Las ondas sonoras tienen que viajar por algún material. En el espacio sideral no hay sonido, porque no hay aire ni otro material por el que viaje el sonido.

El sonido viaja más rápido a través de los líquidos y de los sólidos que a través del aire. Las ondas sonoras viajan a través del aire a aproximadamente 1,100 pies (335 metros) por segundo. Viajan cerca de cuatro veces más rápido a través del agua, y unas 15 veces más rápido a través del acero.

Cuando un objeto vibra rápidamente, produce muchas ondas sonoras que viajan juntas. Este modelo de ondas se llama longitud de onda de alta frecuencia. Un modelo en el que las ondas viajan lentamente y distantes unas de otras es una longitud de onda de baja frecuencia. Los científicos usan una unidad llamada hercio para medir la frecuencia. Un hercio es igual a un ciclo, o vibración, por segundo.

La mayoría de las personas pueden oír sonidos de frecuencias entre 20 y 20,000 hercios. Por ejemplo, la

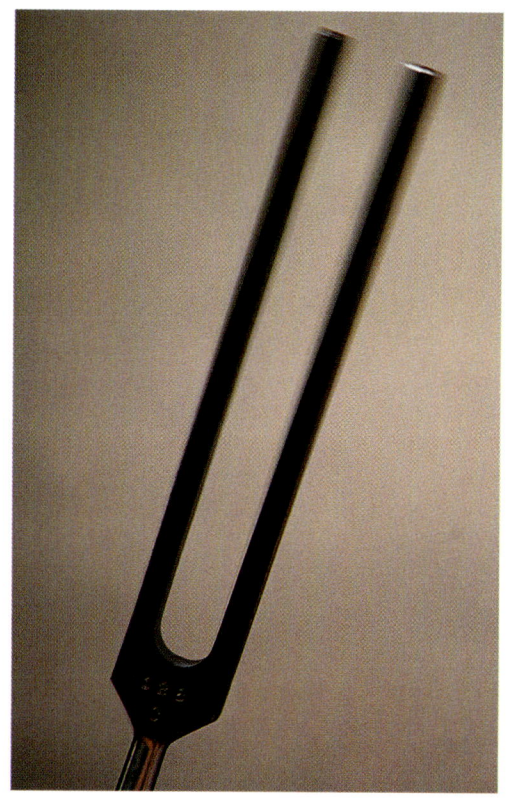

**Las vibraciones** de este diapasón crean sonido.

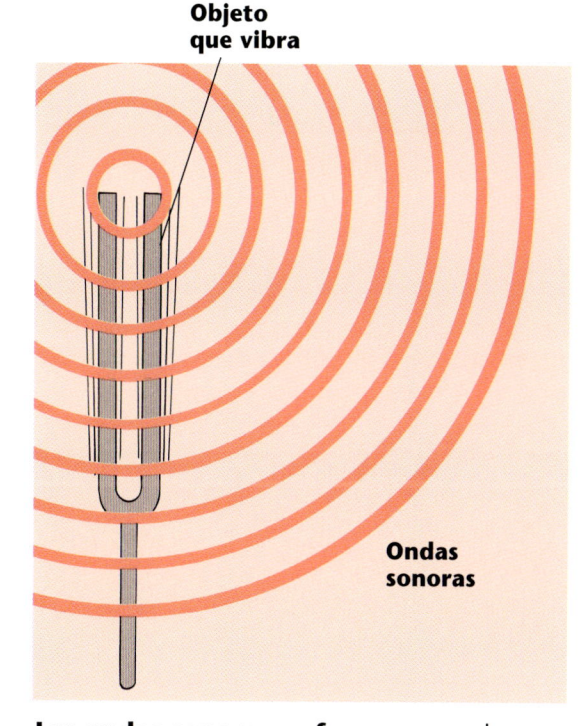

**Las ondas sonoras se forman** cuando algo hace que el aire, el agua u otros materiales, vibren. Las vibraciones viajan en ondas a través del material. Cuando llegan a nuestros oídos, oímos el sonido.

• Soo, Canales de

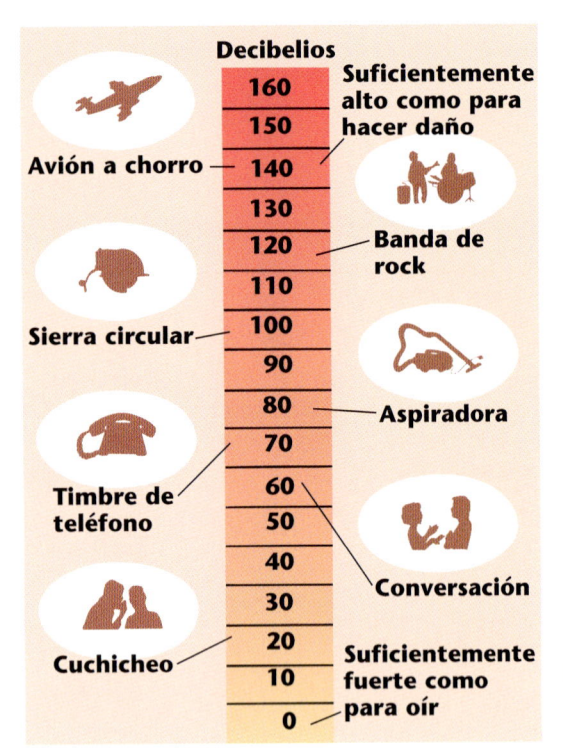

| Decibelios | |
|---|---|
| 160 | Suficientemente alto como para hacer daño |
| 150 | |
| 140 | Avión a chorro |
| 130 | |
| 120 | Banda de rock |
| 110 | |
| 100 | Sierra circular |
| 90 | |
| 80 | Aspiradora |
| 70 | |
| 60 | Timbre de teléfono |
| 50 | |
| 40 | Conversación |
| 30 | |
| 20 | Cuchicheo |
| 10 | Suficientemente fuerte como para oír |
| 0 | |

voz de una persona puede producir entre 85 y 1,100 hercios. Los murciélagos, los gatos, los perros, los delfines y muchos otros animales pueden oír sonidos con frecuencias de más de 20,000 hercios.

Artículos relacionados: **Audición**; **Audífono**; **Eco**; **Grabadora**; **Micrófono**; **Música**; **Oído**; **Radio**; **Sonar**; **Sordera**; **Voz**.

**El volumen del sonido** se mide en decibelios. Esta gráfica muestra el volumen de algunos sonidos.

# Soo, Canales de

Los canales de Soo son vías acuáticas hechas por el hombre para permitir el paso de los barcos entre los lagos Superior y Hurón. Los canales se encuentran en la frontera entre Estados Unidos y Canadá. La mayoría de los barcos de carga que navegan por los canales van hacia el este y transportan mineral de hierro, cereales o carbón.

El canal canadiense, que también se llama Canal de los Saltos de Santa María, tiene $1\frac{3}{10}$ millas (2 kilómetros) de largo. Es el más ancho de los canales. Se terminó de construir en 1895 y tiene 150 pies (46 metros) de ancho. Los dos canales estadounidenses, que también se llaman Canales y esclusas de los Saltos de Santa María, tienen $1\frac{3}{4}$ millas (2.8 kilómetros) de largo.

**El canal canadiense,** que también se llama Canal de los Saltos de Santa María, es el más ancho de los Canales de Soo.

# Sordera

La sordera es falta de audición. Las personas que son completamente sordas no pueden oír nada. A las personas que pueden oír solamente algunos sonidos se les califica de sordas.

A los niños que nacen sordos se les dificulta aprender a hablar. Esto sucede porque normalmente aprendemos a hablar oyendo los sonidos de nuestro lenguaje. Pero la sordera no es impedimento para que una persona trate de llegar a ser casi todo lo que se proponga.

## Tipos de sordera

Hay dos tipos principales de sordera. Una de ellas ocurre cuando el sonido no pasa a través del oído interno; generalmente la causa de este tipo de sordera es alguna enfermedad. La otra clase de sordera ocurre porque el nervio del oído no transmite el mensaje al cerebro.

## Causas de la sordera

Las enfermedades son la causa principal de la sordera. Una de esas enfermedades ocurre en el oído medio. El oído se llena de líquido; el líquido impide el funcionamiento correcto del oído. Esta infección afecta con más frecuencia a los niños pequeños. Si no la trata inmediatamente un médico, puede causar sordera.

**Un estudiante sordo aprende a hablar** con la ayuda de una logopeda especialmente capacitada para este trabajo.

**La TDD** es una máquina especial que le permite a una persona sorda usar el teléfono. La persona que llama escribe el mensaje en la máquina. La persona que recibe la llamada lee el mensaje en otra máquina y escribe la respuesta.

• Sosa, Sammy

**Una maestra ayuda a un estudiante sordo** en una sala de clase para niños con necesidades especiales.

La sordera también puede ocurrir cuando se forma un tumor en el hueso cercano al oído interno. Los accidentes, los sonidos muy fuertes y el envejecimiento también pueden dañar el oído. Con frecuencia las personas sordas lo son de nacimiento.

### Ayudas para la sordera

Muchas personas que no pueden oír bien usan un audífono. Los audífonos elevan el volumen de los sonidos. La lectura de labios, el deletreo con los dedos y el lenguaje por signos también ayudan a los sordos. La lectura de labios requiere mirar la boca de la persona que habla. En el deletreo con los dedos, cada letra del alfabeto se hace con una señal diferente de la mano. En el lenguaje por signos, las señales de las manos significan objetos e ideas.

Artículos relacionados: **Oído; Audífono.**

## Sosa, Sammy

Sammy Sosa (1968-    ) es un beisbolista famoso. Jugó como exterior derecho para los Cubs de Chicago. Sosa fue nombrado jugador más valioso de la National League en 1998. También en 1998, él y Mark McGwire, de los St. Louis Cardinals, rompieron el antiguo récord de 61 jonrones en una temporada. Sosa bateó 66 jonrones, pero McGwire consiguió 70 y mantuvo el récord.

Sosa nació en San Pedro de Macorís, República Dominicana. Su nombre es Samuel. Empezó a jugar béisbol de ligas mayores en 1989 con los Rangers de Texas. Fue canjeado a los Medias Blancas de Chicago más tarde ese mismo año, y luego a los Cubs en 1992.

**Sammy Sosa**

# Soto, Hernando de

Hernando de Soto (1500?-1542) fue un explorador español. Ayudó a derrotar el Imperio inca de Sudamérica. De Soto fue el primer europeo en llegar al río Misisipí. Hizo parte, por primera vez, de las expediciones al nuevo mundo cuando era un adolescente. Iban en busca de riquezas y de indígenas para tomarlos como esclavos. De Soto y sus hombres con frecuencia torturaban y mataban a los indígenas que encontraban.

En 1533, De Soto ayudó al explorador Francisco Pizarro a capturar y matar a Atahualpa, el emperador inca. De 1539 a 1542, De Soto dirigió un grupo de más de 600 exploradores españoles por el sur de Estados Unidos. De Soto desembarcó en Florida y viajó a través de diez estados. Murió de fiebre a orillas del río Misisipí. Sus hombres siguieron el viaje hasta México.

**Hernando de Soto**

# Spielberg, Steven

Steven Spielberg (1946-   ), estadounidense, es un director y productor de películas cinematográficas. Varias de sus películas están entre las que han producido más dinero por la venta de boletos en los teatros.

Spielberg nació en Cincinnati, Ohio y empezó a hacer cine en su adolescencia. Después de hacer películas de bajo costo para televisión, trabajó para los Estudios Universales. Posteriormente, él y otras dos personas, formaron un nuevo estudio llamado Dream Works SKG.

Las películas de Spielberg son conocidas por su estilo emocionante. Ha hecho dos clases de películas. Las de entretenimiento ligero incluyen *Tiburón* (1975), *Encuentros en la tercera fase* (1977), *En busca del arca perdida* (1981), *E.T. el extraterrestre* (1982), *Indiana Jones y el templo maldito* (1984), *Regreso al futuro* (1985) y *Parque Jurásico* (1993). Sus películas mas serias, para adultos, incluyen *Color púrpura* (1985), *La lista de Schindler* (1993) y *Salvar al soldado Ryan* (1998).

**Steven Spielberg**

Sri Lanka

# Sri Lanka

## Datos sobre Sri Lanka

**Capital:** Colombo.

**Superficie:** 25,328 mi² (65,600 km²).

**Población:** Estimada en 1998: 19,034,000.

**Lenguas oficiales:** Cingalés y tamil.

**Clima:** Caliente, con fuertes lluvias en algunas zonas.

**Productos principales:**
Agricultura: arroz, caucho, coco, té.
Industria: productos alimenticios, productos de caucho, telas.

**Forma de gobierno:** República.

**Bandera**

Sri Lanka es un país insular en el océano Índico. Está situado a 20 millas (32 kilómetros) aproximadamente de la costa sureste de India. Colombo es la capital y ciudad más grande.

La agricultura es la actividad más importante de Sri Lanka. La zona del centro sur del país es montañosa, pero la mayoría del resto de la isla es plana. El suroeste es una selva lluviosa tropical.

La población de Sri Lanka pertenece a diferentes grupos. Cerca de tres cuartas partes son cingaleses, un pueblo que llegó hace mucho tiempo del norte de India; hablan cingalés y la mayoría son budistas. Casi todos los demás son tamiles, un pueblo que originalmente era del sur de India; hablan tamil y la mayoría son hindúes.

La mayoría de los habitantes de Sri Lanka son agricultores. Cerca de la tercera parte de la población trabaja en empresas de servicios tales como la banca, ventas, gobierno y transporte. Unos pocos trabajan en fábricas o en construcción.

Sri Lanka antiguamente se llamó Ceilán. Los primeros pueblos en vivir allí fueron los yaksa y los naga. Los cingaleses se establecieron allí hace cerca de 2,400 años, seguidos por los tamiles. Los europeos llegaron en el siglo XVI, y a principios del siglo XIX, los británicos hicieron de Ceilán una colonia británica. El país se independizó en 1948 y Ceilán cambió su nombre a Sri Lanka en 1972.

**Sri Lanka y sus vecinos**

## Stanton, Elizabeth Cady

Elizabeth Cady Stanton (1815-1902) fue una líder estadounidense que trabajó por los derechos de la mujer y luchó contra la esclavitud.

Elizabeth Cady nació en Johnstown, Nueva York. En 1840, ella y su esposo, Henry B. Stanton, un líder antiesclavista, fueron a una reunión contra la esclavitud en Londres, pero allí los hombres no permitían que las mujeres participaran.

Stanton le contó a Lucretia Coffin Mott su experiencia y en 1848, en Seneca Falls, Nueva York, las dos mujeres organizaron la primera convención nacional en defensa de los derechos de la mujer.

Cuando la esclavitud terminó, Stanton trabajó únicamente por los derechos de la mujer.

Artículo relacionado: **Mott, Lucretia Coffin**.

**Elizabeth Cady Stanton**

## Steuben, Barón von

El barón von Steuben (1730-1794) fue un soldado prusiano. Adiestró a los soldados estadounidenses en la guerra de la Revolución norteamericana (1775-1783) y les enseñó a pelear bien.

Friedrich Wilhelm Ludolf Gerhard Augustin von Steuben nació en Magdeburg, Prusia, en lo que hoy es Alemania. Fue capitán del Ejército prusiano. En 1777 les ofreció su ayuda a las colonias estadounidenses en la lucha contra los británicos. George Washington lo nombró mayor general y le pidió hacerse cargo del entrenamiento.

Steuben adiestró a los soldados rápidamente para marchar y pelear; los convirtió en un ejército excelente. También dirigió algunas batallas. Después de la guerra, se retiró y vivió en el estado de Nueva York.

**Barón von Steuben**

## Stevenson, Robert Louis

Robert Louis Stevenson (1850-1894) fue un escritor escocés. Sus poemas y libros lo hicieron uno de los escritores mas populares del mundo.

Robert Lewis Balfour Stevenson nació en Edimburgo, Escocia. De niño se enfermaba mucho y aun de adulto a menudo estaba enfermo. Stevenson se casó en 1880 con Fanny Osbourne, originaria de Estados Unidos. Los dos viajaron para que la salud de él mejorara. En 1888 navegaron hacia los mares del sur y se establecieron en Samoa.

Stevenson escribió su famoso libro sobre piratas, *La isla del tesoro*, en honor de su hijastro. También escribió *El extraño caso del doctor Jekyll y mister Hyde*, *Secuestrado*, otros relatos, libros de viajes y poemas, incluido *Jardín de versos para niños*. La gente de Samoa lo llamó *Tusitala*, que significa "cuentista". Cuando Stevenson murió, los jefes de Samoa lo enterraron en la cima del monte Vaea, en Samoa.

*La isla del tesoro* cuenta las aventuras de Jim Hawkins y su viaje de búsqueda de un tesoro con el pirata Long John Silver.

## Stine, R. L.

R. L. Stine (1943-   ) se convirtió en uno de los escritores infantiles con mayores ventas de la historia. Se le conoce por sus relatos emocionantes y de terror.

Robert Lawrence Stine nació en Bexley, Ohio. Su primer libro de historias de terror, *Cita a ciegas*, se publicó en 1986. Su éxito lo llevó a iniciar su serie Los fantasmas de Fear Street con *The New Girl* (1989). En 1992, empezó su serie Pesadillas con *Bienvenidos a la casa de la muerte*.

Los libros de la serie Pesadillas son para lectores jóvenes mientras que la serie *Los fantasmas de Fear Street* es para lectores mayores. Son relatos de gente joven común y corriente que se encuentra con objetos aterradores y lucha contra fuerzas malignas. Pesadillas se volvió también una serie de televisión popular para niños cuando empezó en 1995.

**R. L. Stine** empezó a escribir cuentos, libros de chistes y tiras cómicas a los nueve años de edad.

# Stone, Lucy

Lucy Stone (1818-1893) trabajó por los derechos de la mujer en Estados Unidos. Probablemente fue la primera mujer casada de Estados Unidos que conservó su apellido de soltera.

Stone nació cerca de West Brookfield, Massachusetts. Empezó a enseñar en una escuela a los 16 años. Entró a la universidad en 1843 y se unió al movimiento contra la esclavitud en 1847. Fue una de las primeras mujeres de Massachusetts en obtener un título universitario.

Stone viajó por Estados Unidos y Canadá dando conferencias sobre los derechos de la mujer. En 1855, ella y Henry Blackwell se casaron. Quitaron la palabra obedecer de sus votos de matrimonio y prometieron tratarse de igual a igual.

En 1869, Stone ayudó a crear la Asociación para el Sufragio de la Mujer Estadounidense, que trabajó por el derecho al voto de la mujer.

**Lucy Stone**

# Stonehenge

Stonehenge es un monumento antiguo en la llanura de Salisbury, al oeste de Inglaterra. Es un grupo de piedras enormes colocadas en círculos. Fue construido entre hace 3,000 y 4,800 años.

A través de los años, algunas de las piedras se cayeron o fueron usadas para construir puentes y presas. Sin embargo, los científicos han descubierto cómo estaban colocadas las piedras. Han encontrado que el monumento probablemente mostraba cuándo ocurrían algunas fechas importantes, como el día más largo y el más corto del año, en los que tal vez se oficiaban ceremonias religiosas.

En 1922, el gobierno británico empezó a restaurar Stonehenge y algunas piedras fueron devueltas a su sitio. El gobierno ahora cuida del monumento y mucha gente lo visita.

**Las piedras enormes de Stonehenge** pueden haber sido usadas para señalar algunos días importantes del año.

• **Stowe, Harriet Beecher**

Harriet Beecher Stowe

## Stowe, Harriet Beecher

Harriet Beecher Stowe (1811-1896) fue una escritora estadounidense. Se le conoce principalmente por su libro en contra de la esclavitud, *La cabaña del tío Tom* (1851-1852).

Harriet Beecher nació en Litchfield, Connecticut. Su padre fue pastor y llegó a ser rector del Seminario Teológico Lane, una escuela de Cincinnati, Ohio. Ella se mudó allí con él y contrajo matrimonio con Calvin Stowe. Su vida allá le ofreció algunos de los personajes y sucesos que figurarían en su famoso libro.

Stowe escribió *La cabaña del tío Tom* en Bruswick, Maine. El libro muestra los efectos de la esclavitud en Nueva Inglaterra, el sur y la región central de Estados Unidos. Cuando el libro se publicó, ella se hizo famosa. Sin embargo, el Norte y el Sur estaban en desacuerdo en cuanto a la esclavitud y el libro empeoró los desacuerdos. Más tarde, Stowe escribió varios libros importantes sobre la vida en Nueva Inglaterra.

## Stravinsky, Igor

Igor Stravinsky (1882-1971) fue un compositor ruso de nacimiento. Escribió música para ballet y ópera y llegó a ser uno de los compositores más importantes del siglo XX.

Igor Fyodorovich Stravinsky nació cerca de San Petersbugo. Empezó a estudiar música cuando tenía nueve años. Se hizo famoso primero por sus ballets, como *El pájaro de fuego* (1910), que tiene una armonía y unos ritmos muy especiales. Después escribió sinfonías, una ópera y el ballet *Pulcinella* (1920), usando estilos del pasado. Más tarde escribió música moderna dodecafónica o de doce tonos. Sus últimas obras fueron fuera de lo común, aun para ese estilo.

Por muchos años, Stravinsky vivió en París. Se trasladó a Estados Unidos en 1939 y luego se hizo ciudadano estadounidense.

**Igor Stravinsky** in 1967 con su esposa, Vera.

# Suazilandia

Suazilandia es un pequeño y hermoso país al sur de África. Está rodeado por Sudáfrica por el norte, el oeste y el sur, y por Mozambique por el oeste. Suazilandia tiene dos capitales. La capital tradicional del reino es Lobamba, y el gobierno opera desde Mbabane.

A lo largo de la frontera occidental de Suazilandia se elevan montañas cubiertas de bosques de pinos. Al este de las montañas se extienden llanuras cubiertas de hierba. Las temperaturas de Suazilandia son generalmente moderadas durante todo el año. Suazilandia tiene más agua que la mayoría de las otras regiones del sur de África. Hay cuatro ríos principales que suministran agua para los cultivos y las centrales eléctricas.

Casi todos los habitantes de Suazilandia son africanos negros que se llaman swazi. También hay un pequeño número de europeos. La mayoría de los swazi son granjeros que crían ganado vacuno y cultivan alimentos para la familia. Los granjeros swazi conceden mucha importancia al ganado vacuno y respetan a las personas que poseen hatos grandes. Ellos no sacrifican el ganado para consumirlo como alimento. Cuando un hombre se casa, su familia le da ganado a la familia de la esposa. Los hombres swazi pueden tener más de una esposa.

Suazilandia es rica en depósitos minerales, extensos bosques y buenas tierras para la agricultura y la ganadería. Es uno de los pocos países africanos que vende a otros países más productos que los que compra. Sin embargo, muchas de las minas, fábricas y granjas son propiedad de gente blanca que ha llegado a Suazilandia proveniente de Sudáfrica.

Según leyendas antiguas, los swazi llegaron a lo que hoy en día es Suazilandia de las tierras del este a finales del siglo XVIII. Los líderes swazi unieron su pueblo con otros grupos africanos que ya vivían en esa región.

En los años treinta del siglo XIX llegaron a Suazilandia comerciantes británicos y granjeros holandeses. En 1902, los británicos se adueñaron de Suazilandia. El país logró su independencia en 1968.

**Swaziland y sus vecinos**

## Datos sobre Suazilandia

**Capital:** Mbabane (capital administrativa) y Lobamba (capital tradicional del reino).

**Superficie:** 6,704 mi² (17,363 km²).

**Población:** Estimada en 1998: 928,000.

**Lenguas oficiales:** Siswati e inglés.

**Clima:** En su mayoría moderado, con mayores temperaturas y menos lluvia de oeste a este.

**Productos principales:**
Agricultura: algodón, arroz, caña de azúcar, frutas cítricas, maíz, tabaco.
Industria: cemento, fertilizantes, productos alimenticios, productos de madera.
Minería: asbesto, mineral de hierro.

**Forma de gobierno:** Monarquía.

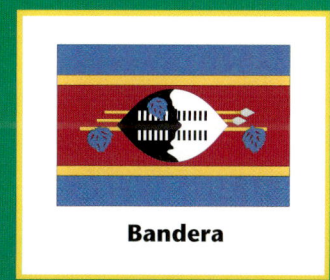

**Bandera**

● Submarinismo

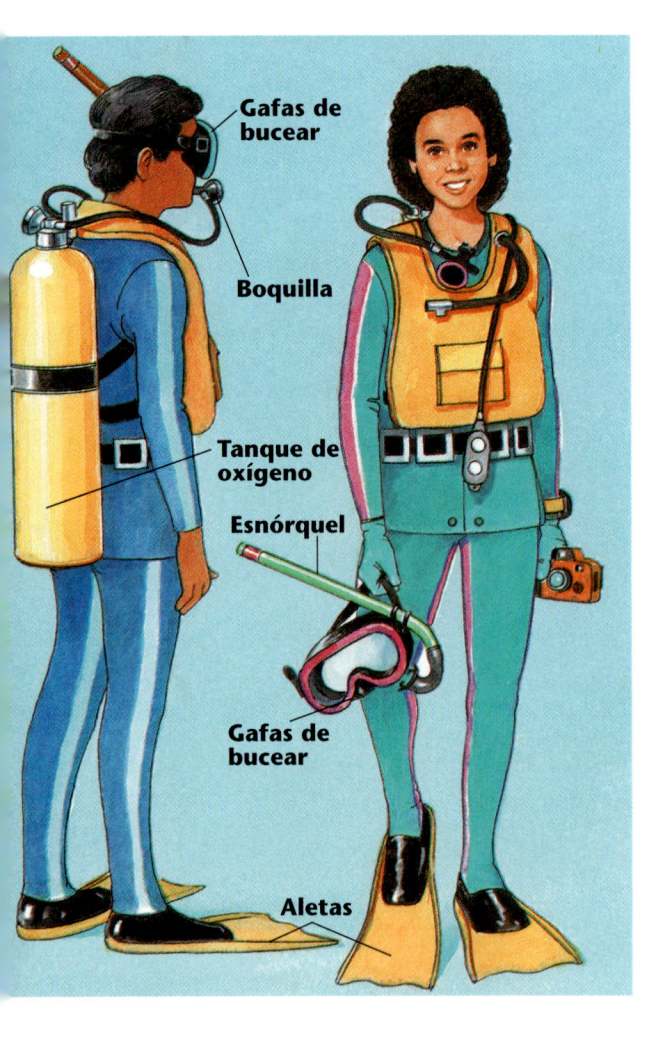

# Submarinismo

El submarinismo consiste en desplazarse por debajo del agua mientras se aguanta la respiración o mientras se toma aire de unos tanques especiales. El submarinismo con tanques de oxígeno se llama buceo. Muchas personas disfrutan explorando el mundo hermoso que hay bajo la superficie de ríos, lagos y océanos. A los submarinistas les gusta explorar, tomar fotos y grabar videos bajo el agua, pescar y recoger conchas y otros objetos.

Algunas personas practican submarinismo en el trabajo y desarrollan tareas importantes mientras están bajo el agua. Por ejemplo, algunos submarinistas reparan barcos; otros sacan objetos sumergidos que valen mucho dinero y otros ayudan a construir y reparar puentes. Los científicos y los estudiantes usan equipos de buceo que les ayudan a aprender más sobre la vida y la tierra bajo el agua.

**Un buceador,** *a la izquierda,* usa tanque de oxígeno y respira a través de una boquilla. Un submarinista con un esnórquel, *a la derecha,* respira a través de un tubo mientras flota boca abajo y aguanta la respiración cuando se sumerge bajo el agua.

*Gafas de bucear*
*Boquilla*
*Tanque de oxígeno*
*Esnórquel*
*Gafas de bucear*
*Aletas*

# Submarino

Los submarinos son embarcaciones que viajan bajo el agua. Casi todos los submarinos se construyen para usarlos en la guerra. Se usan para atacar barcos enemigos o para lanzar misiles, o sea, para lanzar objetos a través del aire a países enemigos. Estos submarinos son muy largos y grandes. Más de 150 tripulantes pueden vivir y trabajar a bordo de estas embarcaciones de guerra.

Los científicos usan algunos submarinos para estudiar el océano. Estos submarinos exploran el mundo subacuático y recogen información científica. Son más pequeños que los submarinos que se usan para la guerra. Llevan una tripulación de pocos miembros.

**El submarino S.S.N.** *Splendid* **en el Estuario de Clyde, Escocia**

# Submarino

La forma alargada como de cigarro que tiene el submarino le permite moverse rápidamente bajo el agua. La superficie exterior del submarino es de un metal resistente y liviano. Este metal impide que el submarino sea aplastado por la presión del agua que lo rodea.

En guerra, el submarino generalmente ataca por debajo del agua. El submarino debe tener la capacidad de permanecer bajo el agua para realizar bien el trabajo. Los primeros submarinos no podían permanecer bajo el agua por largos períodos de tiempo. Pocas horas después de estar bajo el agua, tenían que salir a la superficie a tomar aire para las máquinas y la tripulación. Por consiguiente, los barcos y los aviones enemigos los podían atacar. Hoy en día, algunas clases de submarinos pueden permanecer bajo el agua durante varios meses. Estos submarinos tienen motores que funcionan sin aire. Algunos submarinos pueden hasta producir su propio aire.

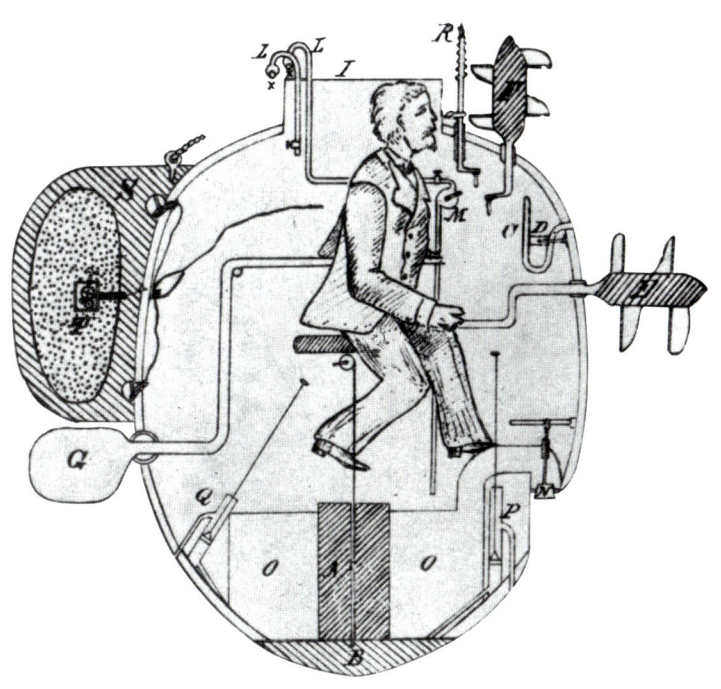

**Un submarino antiguo,** *La tortuga,* lo manejaba una persona que le daba manivela a la hélice. En 1776, *La tortuga* fue el primer submarino que atacó un barco.

**La tripulación trabaja** a bordo de un submarino de la marina de Estados Unidos.

● Sudáfrica

# Sudáfrica

Sudáfrica es un país situado en el extremo sur de África. Tiene costas tanto en el océano Índico como en el Atlántico. Limita por el norte con Namibia, Botsuana, Zimbabue, Mozambique y Suazilandia, y rodea completamente a Lesoto, un pequeño país.

Sudáfrica tiene tres capitales: Ciudad de El Cabo, Pretoria y Bloemfontein. Ciudad de El Cabo es la capital legislativa; el parlamento redacta las leyes del país allí. Pretoria es la capital administrativa; todas las secretarías del gobierno tienen sus oficinas principales ahí. Bloemfontein es la capital judicial; la corte suprema se reúne ahí.

Sudáfrica tiene 11 idiomas oficiales entre los que se encuentran el inglés, el afrikaans (un idioma que viene del holandés) y nueve idiomas negros africanos.

Sudáfrica no tiene una religión oficial. La mayoría de los habitantes son miembros de varias iglesias cristianas.

**Territorio.** La mayor parte de Sudáfrica está constituida por una extensión de tierra alta y plana llamada meseta. La cordillera Drakensberg separa la meseta de la costa sur. El desierto de Namibia se extiende a lo largo de la costa oeste y el desierto de Kalahari está situado al noroeste de la meseta. El río Orange es el río más largo de Sudáfrica.

**Población.** Con el tiempo, se establecieron en Sudáfrica gentes de África, Asia y Europa. Desde 1948 a 1991, las leyes de Sudáfrica mantuvieron separadas a las personas de diferentes razas. Estas leyes crearon un sistema llamado apartheid, que significa "separación" en afrikaans. La ley prohibía a personas de razas diferentes vivir en los mismos barrios, ir a las mismas escuelas, trabajar juntas, comer en los mismos restaurantes o viajar juntos en los autobuses. Los blancos sudafricanos controlaban el gobierno y usaban las leyes del apartheid para mantenerse en el poder. A los negros no se les permitía votar.

Bajo el apartheid, el gobierno consideraba cuatro grupos raciales principales: negros, blancos, mestizos y asiáticos. Aún después de terminado el apartheid, la mayoría de la gente permanece separada y tiene diferentes estilos de vida.

Los negros, el más numeroso de los cuatro grupos, ha vivido en Sudáfrica por más tiempo. De cada 100 habitantes de Sudáfrica, 76 son negros. Los antepasados de los grupos negros que viven hoy en Sudáfrica vinieron primero al este del país

---

### Datos sobre Sudáfrica

**Capitales:** Ciudad de El Cabo (legislativa); Pretoria (administrativa); Bloemfontein (judicial).

**Superficie:** 471,445 mi² (1,221,037 km²).

**Población:** Estimada en 1998: 44,223,000.

**Lenguas oficiales:** Afrikaans, inglés, ndebele, sepedi, sesotho, suazi, tsonga, tsuana, venda, xhosa y zulú.

**Clima:** En su mayoría templado y soleado, con veranos cálidos e inviernos fríos. Pocas lluvias en el este. Muy seco en el extremo oeste.

**Productos principales:**
Agricultura: caña de azúcar, ganado de carne, lana, maíz, manzanas, ovejas, pollos y huevos, trigo.
Industria: alimentos y bebidas, autos y camiones, hierro y acero, maquinaria, productos metálicos, productos químicos, productos de papel, telas.
Minería: carbón, cobre, cromo, diamantes, manganeso, mineral de hierro, oro, platino, uranio.

**Forma de gobierno:** República.

# Sudáfrica

desde tierras africanas al norte, entre los años 300 y 1000. Los grupos negros más numerosos en orden de población son: el zulú, el xhosa, el sotho y el tsuana.

Cerca de la mitad de los negros viven en las ciudades y la otra mitad vive en pequeñas granjas en el campo. Algunos negros trabajan en las minas de oro. Muchos son pobres o no tienen trabajo.

Los blancos son el segundo grupo racial más numeroso. De cada 100 personas que viven en Sudáfrica, 13 son blancos. La mayoría de los blancos son afrikaners. Sus antepasados llegaron de Holanda, Alemania y Francia y se establecieron en Sudáfrica en el siglo XVII. Otros blancos incluyen gente de habla inglesa cuyos antepasados vinieron principalmente de Inglaterra, Irlanda y Escocia en el siglo XIX.

Casi todos los blancos viven en las ciudades, y la mayoría vive en casas cómodas. Los afrikaners controlan la mayor parte de las granjas. La mayoría de los blancos de habla inglesa tienen empleos en empresas.

Los mestizos son el tercer grupo racial más numeroso. De cada 100 personas de Sudáfrica, 9 son mestizas. Este grupo incluye personas de razas mixtas.

Casi todos los mestizos viven en las ciudades; muchos de ellos trabajan como criados, tienen empleos en fábricas o son artesanos.

Los asiáticos son el más pequeño de los cuatro grupos raciales. De cada 100 personas de Sudáfrica, solamente 2 son asiáticas. La mayoría de ellos tienen parentesco con la gente que llegó de India a trabajar en las plantaciones de azúcar o grandes haciendas entre 1860 y 1911. Casi todos los asiáticos viven en las ciudades y trabajan en fábricas o cultivan verduras para los mercados de las ciudades.

**Economía.** Sudáfrica es el país más rico de África y el mayor productor de oro del mundo, como también uno de los principales productores de diamantes y otros minerales, incluidos el carbón y el cobre. Las fábricas en Sudáfrica hacen autos, productos químicos, telas y ropa, productos alimenticios, hierro y acero, maquinaria y productos metálicos.

**Ciudad de El Cabo,** la capital legislativa de Sudáfrica y su ciudad más antigua, está situada al pie de la bella cordillera Drakensberg. Es un importante centro marítimo y comercial.

**Bandera**

# Sudáfrica

Los agricultores de Sudáfrica cultivan casi todos los alimentos que su gente necesita. Los productos principales incluyen manzanas, maíz, uvas, naranjas, piñas, papas, caña de azúcar y trigo. Sudáfrica es también un país importante en la cría de ovejas.

Muchos de los habitantes de Sudáfrica tienen empleos en el gobierno, bancos, ferrocarriles, aerolíneas, hospitales y escuelas.

**Historia.** En lo que hoy es Sudáfrica ha vivido gente por más de 2,000 años. Los africanos negros fueron los primeros. Los europeos empezaron a establecerse allí en el siglo XVII.

A principios del siglo XX, Sudáfrica estuvo controlada por los británicos, pero en 1931 se convirtió en un país independiente. Sin embargo, Sudáfrica entró a formar parte de la Comunidad de Naciones, un grupo de países que incluye Gran Bretaña y algunos de los países que algún día fueron controlados por Gran Bretaña.

Durante los años del apartheid (1948-1991), muchos negros de Sudáfrica pelearon contra el gobierno blanco. Uno de los líderes negros más importantes, Nelson Mandela, estuvo preso desde 1962 hasta 1990. En 1994, Mandela fue elegido presidente en las primeras elecciones en que participaron todas las razas de Sudáfrica.

Artículos relacionados: **Apartheid; Johannesburgo; Mandela, Nelson.**

**Una familia sotho** se reúne al frente de su casa pintada de colores vivos, en el estado libre. Los sotho son un pueblo de habla bantú y cuyos antepasados empezaron a llegar a Sudáfrica aproximadamente en el siglo IV d. de C.

**Sudáfrica y sus vecinos**

# Sudamérica

Sudamérica es el cuarto continente en extensión territorial. Abarca cerca de la octava parte de la superficie terrestre; solamente Asia, África y Norteamérica son más grandes. Sudamérica es el quinto continente en población; Asia, Europa, África y Norteamérica tienen más habitantes.

Hay 12 países en Sudamérica: Argentina, Bolivia, Brasil, Chile, Colombia, Ecuador, Guyana, Paraguay, Perú, Surinam, Uruguay y Venezuela. Cada uno de estos países es independiente, es decir, cada uno escoge sus propios dirigentes y redacta sus propias leyes. Sudamérica tiene además otros dos lugares que no son países independientes: la Guayana Francesa, que está bajo el control de Francia, y las islas Malvinas, que son gobernadas por el Reino Unido.

Sudamérica tiene casi todas las clases de terrenos y climas. La selva lluviosa tropical más grande del mundo está en la cuenca del río Amazonas, que abarca casi la mitad del continente. El desierto de Atacama, en el norte de Chile, es uno de los sitios más secos del mundo. Picos nevados y volcanes activos son parte de la dilatada cordillera de los Andes que se extiende a todo lo largo del costado oeste de Sudamérica. En Argentina y Venezuela, las praderas con colinas bajas se extienden hasta donde se pierde la vista. Sudamérica tiene muchos ríos y bellísimas cataratas.

En Sudamérica viven muchas clases de animales, especialmente cerca del río Amazonas, incluidos la anaconda —una de las serpientes más grandes del mundo—, el oso hormiguero gigante, el armadillo, el perezoso, el manatí y varios simios, aves, tortugas y lagartos.

La población de Sudamérica se divide en cuatro grupos principales: amerindios, blancos, negros y habitantes de origen mixto. Las personas de origen mixto conforman el grupo más numeroso. La mayoría de los pobladores de Sudamérica viven en las ciudades. El español es el idioma oficial de la mayoría de los países sudamericanos.

**En Sudamérica viven muchas clases de animales.** *A la izquierda,* los pingüinos de Magallanes se agrupan en la costa de Argentina.

**Sudamérica** es el cuarto continente en extensión territorial.

# Sudamérica

**Datos sobre Sudamérica**

**Superficie:** 6,885,000 mi² (17,833,000 km²).

**Población:** Estimada en 1998: 335,000,000.

**Número de países independientes:** 12.

La mayoría de sudamericanos pertenecen a la Iglesia católica apostólica romana.

Sudamérica tiene tierras cultivables fértiles, selvas inmensas y muchos minerales valiosos. Los agricultores cultivan bananas, cacao, que se usa para hacer chocolate, café, caña de azúcar, maíz, trigo, soja y algodón. Los mineros extraen cobre, oro, mineral de hierro, plomo, petróleo, estaño y zinc. Las fábricas de Sudamérica producen aviones, autos y camiones, telas y ropa, computadoras, muebles, productos alimenticios, zapatos y televisores.

Sudamérica ha estado poblada por más de 8,000 años. Los primeros habitantes del continente fueron los amerindios. En el siglo xv, los incas desarrollaron un gran imperio, que es como un gran reino, a lo largo de la costa oeste de Sudamérica.

En el siglo XVI, los exploradores europeos empezaron a adueñarse del continente. Los europeos trajeron muchos negros de origen africano como esclavos. Las potencias europeas gobernaron Sudamérica por cerca de 300 años, pero en el siglo XIX, los sudamericanos empezaron luchar para liberarse de sus gobernantes europeos. Formaron países independientes y liberaron a los esclavos.

Artículos relacionados: **Amazonas, Río; Amerindio; Andes, Cordillera de los; Argentina; Bolivia; Brasil; Chile; Colombia; Ecuador; Guyana; Paraguay; Perú; Selva lluviosa; Surinam; Uruguay; Venezuela.**

**El desierto de Atacama** en la región desértica del norte de Chile es uno de los sitios más secos del mundo. El Atacama tiene poca vida vegetal, pero posee depósitos inmensos de minerales valiosos.

**El lago Titicaca** en la frontera entre Bolivia y Perú es el lago más alto del mundo en el que pueden navegar embarcaciones. Alcanza una altitud de 12,507 pies (3,812 metros) sobre el nivel del mar. Los juncos de sus orillas se usan para fabricar botes.

# Sudán

Sudán es por su tamaño el país más grande de África. Limita con la República Centroafricana, Chad, Congo (Kinshasa), Egipto, Eritrea, Etiopía, Kenia, Libia y Uganda. La frontera nordeste bordea el Mar Rojo. Jartún es la capital de Sudán.

**Territorio.** La característica más importante del territorio de Sudán es el río Nilo. Los dos brazos principales del río, que se llaman Nilo Blanco y Nilo Azul, se encuentran en Jartún y forman el propio río Nilo. Casi toda la población de Sudán vive cerca del Nilo.

Al norte de Jartún, Sudán es más que todo desierto. Sudán central está compuesto principalmente de llanuras cubiertas de hierba. Las tierras de labranza más ricas están entre los ríos Nilo Azul y Nilo Blanco.

La mayor parte del sur de Sudán está compuesta de tierras bajas cenagosas y una selva densa. A lo largo de las fronteras sur y sudeste se elevan montañas.

**Población.** Los habitantes de Sudán, que se llaman sudaneses, están divididos. La mayoría de los sudaneses del norte se consideran árabes, o sea, que hablan la lengua árabe. La mayoría sigue la religión del islam. En la parte sur del país, la gente pertenece a varios grupos africanos negros. Hay un pequeño grupo de personas nómadas, o sea, gente que se muda de un lugar a otro con sus rebaños de animales.

**Recursos y productos.** Sudán obtiene la mayor parte de sus ingresos de la agricultura. El gobierno controla la mayoría de los grandes negocios y gran parte de las tierras de labranza del país. El algodón es el producto principal.

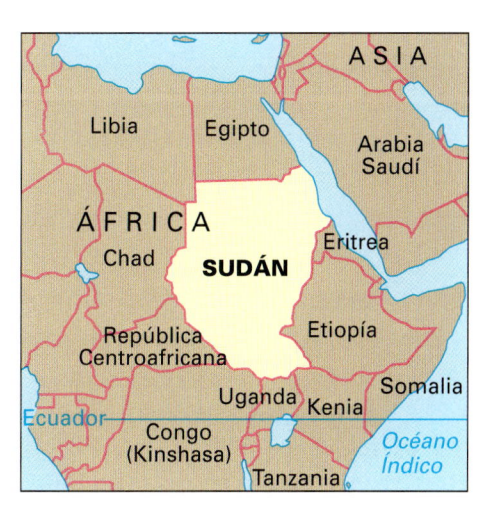

**Sudán y sus vecinos**

### Datos sobre Sudán

**Capital:** Jartún.

**Superficie:** 967,500 mi² (2,505,813 km²).

**Población:** Estimada en 1998: 30,392,000.

**Lengua oficial:** Árabe.

**Clima:** Cálido, seco y desértico en el norte; temperaturas más bajas y mayor precipitación en el interior y el sur.

**Productos principales:**

Agricultura: ajonjolí, algodón, mijo, maní.

Industria forestal: goma arábiga.

Industria manufacturera: calzado, cemento, fertilizantes, productos alimenticios, telas.

Minería: cromo, oro, yeso.

**Forma de gobierno:** República.

# Sudán

**Bandera**

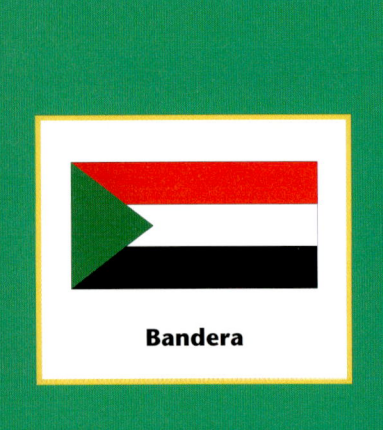

La mayoría de los trabajadores de Sudán se ganan la vida en las granjas. Algunos trabajan en las fábricas en el valle del Nilo. Las fábricas producen cemento, telas, fertilizantes, productos alimenticios y calzado.

Sudán compra petróleo de otros países para hacer funcionar las fábricas. A finales de la década de los setenta del siglo pasado, se descubrió petróleo en el sur y el sudoeste de Sudán. Pero las guerras en el sur han demorado el desarrollo de los campos petroleros.

**Historia.** La región que hoy en día es Sudán ha estado poblada por más de 9,000 años. Hace ya 4,000 años, el reino de Kush existía a lo largo del río Nilo, en lo que hoy es Sudán. El reino duró más de 2,000 años. Por algún tiempo fue gobernado por Egipto. Una vez, Kush gobernó Egipto durante cerca de 80 años.

Más tarde, se desarrollaron reinos más pequeños en Sudán. Egipto controló la región parte del tiempo. A finales del siglo XIX y a principios del siglo XX, tanto los egipcios como los ingleses gobernaron a Sudán.

Sudán logró su independencia en 1956. Desde entonces, se han producido muchas luchas entre los del norte y los del sur del país. Las luchas han dificultado la producción y distribución de alimentos a toda la gente. Las sequías, o largos períodos sin lluvia, han también dificultado el cultivo de productos alimenticios. Por consiguiente, mucha gente en Sudán está sufriendo de hambre y enfermedades.

Artículos relacionados: **Egipto; Islam; Nilo, Río.**

**El norte de Sudán** es casi todo desierto.

# Suecia

**S**uecia es un país del norte de Europa. Junto con Noruega y Dinamarca, Suecia es parte de la región que se llama Escandinavia. Noruega está al oeste, y Dinamarca al sudoeste de Suecia. El este y sur de Suecia están sobre el golfo de Botnia y el mar Báltico. El sudoeste de Suecia está sobre aguas que conducen al mar del Norte. Suecia es una tierra de enormes bosques, bellos lagos, nevados, ríos rápidos e islas rocosas. La nación también tiene muchas fábricas y otros negocios. Estocolmo es la capital y ciudad más grande de Suecia.

**Territorio.** Suecia es uno de los países de mayor tamaño de Europa, pero tiene menos gente que la mayoría de las naciones europeas. Enormes bosques de abetos y pinos cubren más de la mitad del país. Solamente cerca de la décima parte de Suecia es tierra de labranza. En el oeste se levantan colinas y montañas. Desde allá el terreno desciende suavemente hacia el este. El sur está cubierto de llanuras. Playas arenosas se extienden por la costa de Suecia sobre el mar Báltico. Cerca de la costa se encuentran muchos grupos de islas pequeñas.

La parte norte de Suecia se encuentra dentro del círculo polar ártico, o sea, la línea imaginaria que rodea la Tierra por el extremo norte. Esta región recibe el nombre de Tierra del sol de medianoche, porque allá el sol alumbra las 24 horas del día durante parte del verano. Al norte del círculo polar ártico se encuentran las tierras vírgenes de Laponia. Tierras vírgenes son áreas no cultivadas donde vive muy poca gente.

Los vientos del océano Atlántico le dan al sur del país veranos e inviernos moderados. En el norte, donde las montañas detienen los vientos, los inviernos son fríos. Las montañas reciben más lluvia que las llanuras del sur.

**Suecia y sus vecinos**

## Datos sobre Suecia

**Capital:** Estocolmo.

**Superficie:** 173,732 mi² (449,964 km²).

**Población:** Estimada en 1998: 8,894,000.

**Lengua oficial:** Sueco.

**Clima:** En general, inviernos moderados en el sur e inviernos fríos en el norte. Los veranos son templados en todo el país, con muchas horas de luz diurna.

**Productos principales:**
**Agricultura:** avena, carne de res, cebada, centeno, cerdos, leche y otros productos lácteos, papa, remolacha azucarera, trigo.
**Silvicultura:** abedul, pícea, pino.
**Industria:** acero, artículos de acero, automóviles, aviones, barcos, equipos eléctricos, explosivos, fertilizantes, fósforos, herramientas de precisión, madera contrachapada, maquinaria agrícola, motores diesel, muebles, papel y cartón, plásticos, pulpa de madera, rodamientos, telas, teléfonos, vidrio, viviendas prefabricadas.
**Minería:** cobre, mineral de hierro, oro, plomo, zinc.

**Forma de gobierno:** Monarquía constitucional.

# Suecia

**Bandera**

**Población.** La mayoría de la gente de Suecia vive en ciudades en el centro y sur del país. Las ciudades de Suecia son modernas, y la mayoría de los suecos gozan de un estilo de vida cómodo. Los impuestos son altos, pero el gobierno se asegura de que los habitantes tengan asistencia médica, salarios justos y cinco semanas de vacaciones al año.

La mayoría de la gente de Suecia proviene de un grupo llamado suecos. La lengua oficial de la nación es el sueco. El otro grupo más grande de Suecia es el de los finlandeses, que provienen de familias que llegaron de Finlandia. La mayoría de los finlandeses viven en la parte norte del país o a lo largo de la costa este. Otro de los grupos grandes de Suecia está formado por los lapones, que en su mayoría viven en el norte. Los lapones hablan su propia lengua y muchos trabajan como mineros o leñadores. Casi todos los suecos son miembros de la Iglesia luterana.

Suecia es famosa por el smörgåsbord, una colección de alimentos calientes y fríos que colocan en una mesa grande. El smörgåsbord lo sirven sobre todo en días festivos y en restaurantes.

A los suecos les gustan las actividades al aire libre. Les encanta la cacería, la pesca, el montañismo e ir de campamento. Los deportes más populares son el esquí, el fútbol, la natación y el tenis.

**Enormes bosque de píceas y pinos** cubren la parte central de Suecia. Los bosques cubren más de la mitad del territorio del país.

**Recursos y productos.** Los recursos naturales más importantes de Suecia son la madera, el mineral de hierro y la energía hidráulica. Estos recursos le han permitido a Suecia construir muchos negocios exitosos. Las ricas tierras de labranza de las regiones sur y central de Suecia le suministran al país la mayor parte de los alimentos. El país vende madera y productos de madera a otros países.

En el extremo norte, Suecia tiene algunas de las minas de hierro más ricas del mundo. Casi todo el hierro de esta región se vende a otros países. El resto se usa en las fábricas suecas. El norte de Suecia también tiene cobre, oro, plomo y minas de plata.

# Suecia

**Historia.** Los primeros pobladores vinieron a Suecia hace unos 8,000 años. Hace cerca de 1,200 años, los aventureros escandinavos que se llamaban vikingos navegaron a muchas partes del mundo. Algunos eran piratas que robaban a la gente y quemaban sus casas. Otros ganaban dinero con el comercio. Algunos vikingos se apoderaron de tierras. Para el siglo XI, Suecia, Dinamarca y Noruega se habían convertido en reinos separados. En 1397 se unieron bajo el reinado de la reina Margarita. Esta unión duró más de cien años.

Suecia se separó de la unión en 1523, cuando Gustavo Vasa, un sueco rico y poderoso, se convirtió en el primer rey de Suecia independiente.

Suecia asumió el gobierno de muchas regiones del norte de Europa en los siguientes 200 años, pero su ejército fue derrotado por Rusia en 1709. Suecia pronto perdió el control de casi todas esas tierras de Europa. Durante el siglo XIX, Suecia empezó a desarrollar la industria y el comercio. La nación se enriqueció después de la segunda guerra mundial (1939-1945). Hoy en día, Suecia es uno de los países más ricos del mundo.

Artículos relacionados: **Ártico; Vikingos.**

**El Palacio Real de Gripsholm** alberga la Galería Nacional del Retrato de Suecia.

• Sueño

# Sueño

El sueño es un estado de descanso. Una persona que está durmiendo no es consciente de lo que pasa a su alrededor.

Todos los seres humanos y muchas clases de animales necesitan una cierta cantidad de sueño cada día.

Cuando una persona se duerme, la actividad corporal se hace más lenta. Los músculos se relajan, el latido del corazón disminuye y la respiración se hace más lenta también.

A veces durante el sueño, el cerebro trabaja muy rápido y los ojos bajo los párpados cerrados se mueven muy rápido, como si estuvieran viendo un sueño.

La mayoría de los adultos duermen de siete a ocho horas y media cada noche, pero cada persona necesita dormir una cantidad de tiempo diferente. Los niños necesitan dormir más que los adultos.

Las distintas clases de animales tienen hábitos de sueño diferentes. Los animales que son activos de noche, duermen durante el día.

Artículos relacionados: **Sueños; Hibernación.**

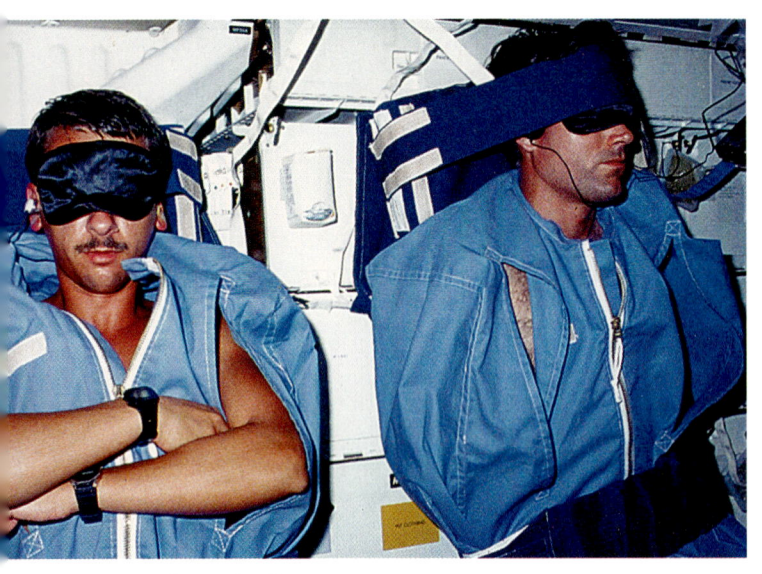

**Para dormir, los astronautas en una nave espacial** se meten en unos sacos de dormir que están atados a la pared y luego les cierran la cremallera. Usan antifaces para evitar la luz del sol en los ojos.

# Sueños

Los sueños son sucesos o imágenes que a la gente le parece estar viendo o en los que le parece estar participando mientras está dormida. Todo el mundo sueña, pero algunas personas nunca recuerdan los sueños.

Generalmente los sueños forman un suceso y no se puede controlar lo que pasa en ellos. Pero algunas veces, las personas saben que están soñando y pueden hasta cambiar lo que sucede en sueños sin despertarse.

En la mayoría de los sueños, las personas ven y pueden hasta oír, oler, tocar y saborear cosas. Casi todos los sueños son en color, pero a veces los colores no se recuerdan bien.

El cerebro está activo aún cuando la persona duerme. El cerebro produce ondas eléctricas, que los científicos miden para estudiar su actividad. Mientras se duerme, las ondas son generalmente largas y lentas, pero a veces se acortan y se aceleran. Cuando esto ocurre, los ojos de la persona que está dormida se mueven muy rápido y es en ese momento cuando vienen los sueños. Si la persona se despierta durante esta etapa, seguramente recordará sus sueños.

Los científicos realmente no saben por qué la gente sueña. Algunos creen que soñar le ayuda al cerebro a recordar, a poner atención y a aprender. Algunos sicólogos y otras personas que estudian cómo trabaja la mente creen que los sentimientos ocultos de una persona salen en los sueños y creen que los sueños pueden ayudar a las personas a entenderse mejor a sí mismas.

**Un sueño** es un suceso o imagen que una persona ve o en la que participa mientras duerme.

# Suez, Canal de

El canal de Suez es una estrecha vía acuática en Egipto que une los mares Mediterráneo y Rojo. El canal de Suez cruza el istmo de Suez de norte a sur. Se encuentra entre las ciudades de Port Said y Suez.

El canal principal tiene poco menos de 100 millas (160 kilómetros) de largo.

La apertura del canal en 1869 permitió la navegación de barcos entre Inglaterra e India, sin darle la vuelta a África. Acortó la vía en unas 5,000 millas (8,000 kilómetros).

En una época, el canal fue la vía acuática más transitada del mundo. En 1967, fue cerrado debido a la guerra entre árabes e israelíes. Egipto abrió de nuevo el canal en 1975.

Artículo relacionado: **Canal**.

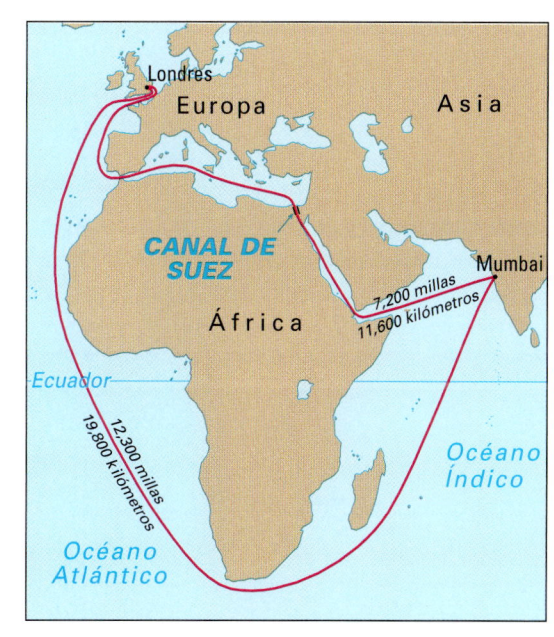

**El canal de Suez** une a Europa con Asia por agua.

● Suiza

## Datos sobre Suiza

**Capital:** Berna.

**Superficie:** 15,940 mi² (41,284 km²).

**Población:** Estimada en 1998: 7,374,000.

**Lenguas oficiales:** Alemán, francés e italiano.

**Clima:** De templado a cálido en el verano y frío en el invierno, pero más frío en las montañas y más cálido en algunos valles y tierras bajas del sur.

**Productos principales:**
Agricultura: frutas, papa, productos lácteos, remolacha azucarera, trigo.
Industria: equipos eléctricos, instrumentos de precisión, maquinaria, medicamentos, productos alimenticios, productos químicos, relojes, telas, vino.

**Forma de gobierno:** República.

**Bandera**

# Suiza

Suiza es un pequeño país europeo conocido por sus hermosos nevados y su gente amante de la libertad. Suiza está situada en el centro de Europa. Comparte fronteras con Francia por el oeste, con Italia por el sur, con Alemania por el norte y con Austria por el este. Berna es la capital de Suiza, pero Zurich es la ciudad más grande.

**Territorio.** Más de la mitad de Suiza es montañosa. Los Alpes son la cordillera más grande de Europa. La región está cubierta de nieve de tres a cinco meses al año. Los Alpes están casi completamente cubiertos de bosques.

En el centro del país se extiende un terreno alto y plano llamado meseta. La meseta tiene algunas colinas y muchos lagos bellos. Las mejores tierras de labranza de Suiza están en esta región. También están allí las ciudades y las fábricas más grandes.

El clima de Suiza varía según la altura del terreno. Los lugares más altos tienen clima más frío y mayor cantidad de lluvia y nieve. En verano, la meseta es cálida y soleada.

**Población.** Los suizos tienen una larga tradición de libertad. Hace unos 700 años, la gente de lo que ahora es la parte central de Suiza decidió ayudarse para mantenerse libre del dominio de los de afuera. Poco a poco, las gentes de los alrededores se unieron a ellos. El grupo llegó a ser conocido como la Confederación Suiza. Cada grupo de la confederación mantuvo su propia lengua y estilo de vida. Hoy en día, varios grupos suizos todavía hablan diferentes lenguas. Suiza tiene tres lenguas oficiales: alemán, francés e italiano. Otra lengua llamada romanche se habla sólo en los valles montañosos del cantón, o estado, de Graubünden. La mayoría de la gente de Suiza vive en pueblos y ciudades.

Los suizos están orgullosos de la prolongada independencia de su nación. Suiza no tiene un ejército regular, pero casi todos los hombres participan anualmente en el entrenamiento militar. Ellos conservan las armas y los uniformes en casa, de manera que están siempre listos a defender su país en cualquier emergencia.

**Recursos y productos.** Suiza es uno de los países más ricos del mundo, aunque tiene pocos recursos naturales. Suiza tiene pocas tierras de labranza y compra muchos de los alimentos que consume a otros países. La crianza de ganado vacuno es una de las principales actividades de las granjas suizas. La leche de las vacas suizas se usa para hacer quesos que Suiza vende a otros países. Los ríos que se precipitan por las montañas son el mayor recurso natural del país. Las corrientes rápidas de agua se usan para generar electricidad.

Aún con tan pocos recursos naturales, Suiza tiene muchas fábricas y comercios exitosos. Los suizos compran materiales de otros países y los usan para hacer productos de alta calidad. Entre estos productos están los equipos eléctricos, las máquinas herramientas y los relojes. Las fábricas suizas también elaboran productos químicos, chocolates y medicamentos.

Desde principios del siglo XIX, muchos turistas, o visitantes, van a Suiza cada año a disfrutar de la belleza de los paisajes, del aire puro de las montañas y del esquí en los Alpes. Los deportes acuáticos también son populares en los muchos lagos de Suiza.

**Suiza y sus vecinos**

**El ganado vacuno pasta** en los altos montes suizos en verano. La ganadería es la principal actividad agropecuaria de Suiza.

### Suiza

**Historia.** En el siglo XIII, la región que ahora es Suiza estuvo controlada por una familia real que se llamaba los Habsburgo. Los líderes de algunas regiones de Suiza temían que creciera el poder de los Habsburgo. Por eso, en 1291 firmaron un acuerdo para defenderse entre sí de gobernantes extranjeros. Este acuerdo fue el inicio de la Confederación Suiza. En los 100 años siguientes, otras regiones se unieron a la confederación. En el siglo XV, Suiza tuvo un ejército poderoso y peleó contra los Habsburgo y otros grupos. Suiza logró su independencia en 1499.

Los suizos lucharon en varias batallas a fin de adueñarse de más territorio, pero tuvieron grandes pérdidas en la lucha contra los franceses en 1515. Por consiguiente, Suiza decidió desde entonces que nunca volvería a pelear o a tomar partido en ninguna guerra, es decir, sería neutral. Durante la primera guerra mundial (1914-1918) y la segunda guerra mundial (1939-1945), casi todas las naciones europeas tomaron parte en sangrientas batallas, pero Suiza se mantuvo neutral.

Siendo neutral, Suiza podía proveer servicios bancarios a gentes de todos los países del mundo, donde los bancos no tenían tanta seguridad. La Sociedad de Naciones, una organización que luchó por la paz durante los años veinte y treinta del siglo XX, tuvo su base en la ciudad suiza de Ginebra. Hoy en día, varias agencias de las Naciones Unidas y de otras organizaciones internacionales tienen sus oficinas centrales en Ginebra.

Artículo relacionado: **Alpes**.

**Suiza** es famosa por sus magníficos paisajes montañosos. Algunos pueblos de los Alpes suizos, como Arosa, arriba, son centros turísticos populares que ofrecen deportes de invierno.

## Superhéroe

Un superhéroe es un personaje ficticio que tiene poderes especiales. El superhéroe puede parecerse a un hombre, a una mujer o a un animal. El superhéroe puede ser más fuerte o más rápido que un ser humano, o puede ser capaz de hacer cosas que la gente no puede hacer, como ver a través de las paredes o cambiar de forma. Los superhéroes a menudo usan sus poderes para ayudar a la gente y combatir el crimen.

Muchos superhéroes aparecen en las revistas de historietas, los programas de televisión o las películas de Estados Unidos. Supermán fue el primer superhéroe popular de las revistas de historietas. Fue creado por Jerry Siegel and Joe Shuster, y apareció por primera vez en 1938 en una revista de historietas. Entre otros superhéroes populares de las revistas de historietas están: El Capitán Maravilla, Batman, los Cuatro Fantásticos y el Hombre Araña. Los superhéroes de la televisión y el cine que fueron populares entre los niños en la década de los noventa se encuentran los Power Rangers y los Hombres X.

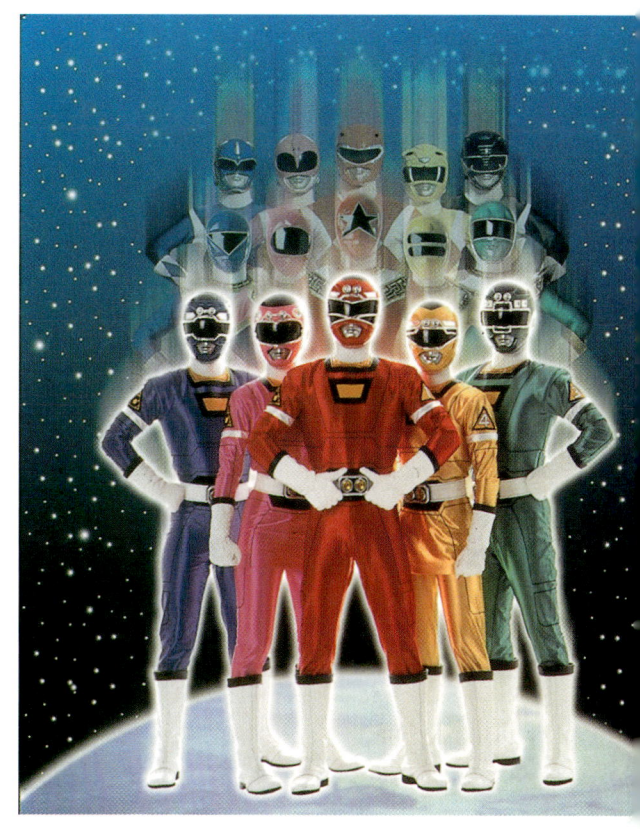

**Los Power Rangers** son superhéroes populares.

## Supermercado

Los supermercados son tiendas grandes donde se venden alimentos y muchos otros productos. Los supermercados venden más alimentos que cualquier otra tienda de alimentos en Estados Unidos. Algunos supermercados son independientes y funcionan por sí mismos, pero la mayoría de los supermercados pertenecen a redes de tiendas que se llaman cadenas.

**Mucha gente compra los alimentos** en el supermercado.

### Superstición

Se empezaron a abrir supermercados en todo Estados Unidos en la década de los treinta del siglo pasado, pero desde entonces han cambiado mucho. Los primeros supermercados vendían solamente alimentos y ofrecían algunos servicios. Hoy en día, los supermercados todavía venden muchos productos alimenticios diferentes como alimentos enlatados, productos lácteos y alimentos congelados. Sin embargo, muchos también venden artículos para automóviles, artículos de limpieza, utensilios de cocina, tarjetas y otros productos que no son alimentos.

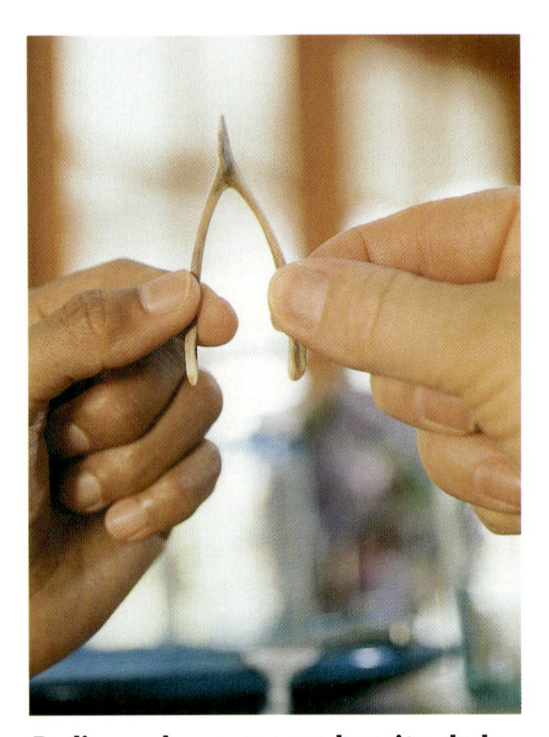

**Pedir un deseo con un huesito de la suerte** es una superstición común.

## Superstición

Una superstición es la creencia de que hay acciones que pueden causar o cambiar acontecimientos con los que no tienen una relación real. Por ejemplo, una superstición consiste en cargar una pata de conejo porque trae buena suerte. Otra superstición consiste en que si un gato negro se cruza en el camino, trae mala suerte.

Muchas supersticiones tienen que ver con acontecimientos importantes de la vida de una persona, tales como el nacimiento, el paso a la vida adulta, el matrimonio, el embarazo o la muerte. Se supone que estas supersticiones le aseguran a la persona pasar a salvo de una etapa de la vida a la próxima. Por ejemplo, una superstición es que la novia debe llevar algo viejo, algo nuevo, algo prestado y algo azul.

Las supersticiones han existido a través de toda la historia. Casi toda la gente actúa de forma supersticiosa en algunas ocasiones.

# Surf

El surf es un deporte de agua emocionante en el que la persona se desliza sobre las olas, generalmente en el mar. Es popular en muchos países, entre ellos Australia, Brasil, Francia, Indonesia, Japón, Portugal, Perú, Sudáfrica y Estados Unidos.

Una cantidad de diferentes actividades acuáticas pueden ser consideradas como surf. En el surf, el surfista se tiende, se arrodilla, se sienta o se para sobre una tabla o se sienta en un kayak o canoa. En las actividades de surf sobre nieve, el surfista se desliza en la nieve sobre una tabla de surf o sobre una tabla de vela.

La forma más popular de surf es el surf de pie; los surfistas usan tablas de plástico resistente y liviano, que pueden ser cortas o largas.

Para cabalgar en tabla corta, el surfista primero se tiende boca abajo sobre la tabla. En una tabla larga, el surfista generalmente se arrodilla sobre la tabla. Luego, el surfista rema con sus manos hasta más allá del lugar donde comienzan las olas. Cuando una ola empieza a desplazarse hacia la orilla, el surfista lleva la tabla justo delante de ella y se pone de pie en el momento en que la ola empieza a levantar la tabla y a llevarla hacia la playa. El surfista entonces cambia la dirección de la tabla con su peso, dirigiéndola a lo largo de la pared de agua, justo bajo la cresta, o parte más alta, de la ola.

Los surfistas necesitan sincronización precisa y ser capaces de reaccionar rápidamente para mantener el equilibrio. También deben poder predecir qué va a hacer una ola nueva.

**El surf** requiere buen equilibrio, reflejos rápidos y sincronización precisa. Los surfistas deben ser además buenos nadadores. Estos surfistas se están deslizando sobre una ola en Hawai, uno de los sitios de surf más populares del mundo.

• Surinam

## Datos sobre Surinam

**Capital:** Paramaribo.

**Superficie:** 63,037 mi² (163,265 km²).

**Población:** Estimada en 1998: 437,000.

**Lengua oficial:** Holandés.

**Clima:** Cálido, con suficiente lluvia.

**Productos principales:**
Agricultura: bananas, arroz.
Industria: aluminio.
Minería: bauxita.

**Forma de gobierno:** República.

**Bandera**

# Surinam

Surinam es un país de Sudamérica. Limita con Brasil, Guayana Francesa y Guyana. La frontera norte de Surinam bordea el océano Atlántico. Surinam es el país independiente más pequeño de Sudamérica. Es el más pequeño tanto en área como en población. Paramaribo es la capital y la ciudad más grande de Surinam.

Surinam está casi todo cubierto de montañas con selva lluviosa. Una angosta área pantanosa a lo largo de la costa ha sido drenada para la agricultura. La mayoría de los habitantes de Surinam viven allí.

En Surinam hay gente de muy diversa procedencia. Los indostanos componen la mayor parte de la población. Provienen de un grupo de India. Los criollos componen otro grupo grande. Éstos tienen una mezcla de ascendencia europea y africana negra. El resto de la población de Surinam está compuesta por amerindios, chinos, europeos, indonesios y maroons. Los maroons provienen de africanos negros que se escaparon de la esclavitud en los siglos XVII y XVIII. Cada grupo habla su propia lengua, y sigue su propia religión y estilo de vida.

Surinam obtiene la mayor parte de su dinero de la minería y la elaboración de metales. Se extraen grandes cantidades de bauxita. La bauxita es el mineral de donde se extrae el aluminio. La agricultura también es importante en Surinam. El arroz se cultiva en la mayor parte de la tierra de labranza. Surinam vende arroz a otros países.

Los exploradores europeos llegaron a lo que hoy es Surinam en el siglo XVI. Más tarde, los ingleses y los holandeses controlaron el país. Surinam logró su independencia en 1975.

Artículo relacionado: **Sudamérica.**

**Surinam y sus vecinos**

# Sustancia química

Las sustancias químicas componen todos los materiales que hay en el mundo. Muchas sustancias químicas se llaman elementos porque contienen solamente una sola clase de átomo. El átomo es una parte diminuta de un elemento. Sustancias químicas como el oxígeno, el hidrógeno, el sodio y el cloro son elementos.

Muchas sustancias químicas contienen dos o más elementos unidos. Estas sustancias químicas se llaman compuestos. El agua es un compuesto de hidrógeno y oxígeno. La sal es un compuesto de sodio y cloro.

Cada una de las sustancias químicas tienen cierta composición. Por ejemplo, el agua contiene dos átomos de hidrógeno unidos a un átomo de oxígeno.

**El jabón** es un compuesto químico que contiene hidrógeno y carbono.

# Sutherland, Dame Joan

Dame Joan Sutherland (1926-    ), cantante de ópera australiana, fue una de las más grandes cantantes de su época. Actuó con las compañías de ópera más importantes del mundo. Su esposo, el director Richard Bonynge, generalmente dirigía la orquesta cuando ella cantaba.

Sutherland nació en Sydney y allá mismo recibió su capacitación. Se trasladó a Londres en 1951. En 1952, actuó en su primera ópera, La flauta mágica, en el Covent Garden Opera. Actuó por primera vez en Estados Unidos con la Dallas Opera, en 1960. Cantó por primera vez en el Metropolitan Opera de la ciudad de Nueva York, en 1961. Sutherland fue nombrada Dame Commander de la Orden del Imperio Británico en 1978. Su última actuación fue en 1990.

**Dame Joan Sutherland,** centro, actúa en una escena de La hija del regimiento.

• Swift, Jonathan

## Swift, Jonathan

Jonathan Swift (1667-1745) fue un escritor inglés. Se hizo famoso como escritor de sátira. La sátira es una forma de escribir que hace burla del estilo de vida, las ideas y las acciones que el escritor considera ridículas o perjudiciales.

La obra maestra de Swift, o sea su mejor obra, es *Los viajes de Gulliver*. *Los viajes de Gulliver* es la historia de los viajes de Lemuel Gulliver, quien navega a tierras extrañas donde hay gente diminuta que se llaman liliputienses y gigantes que viven en una tierra que se llama Brobdingnag.

Swift nació en Dublín, Irlanda. A la edad de 28 años se hizo pastor de la Iglesia anglicana de Irlanda. En 1713, llegó a ser el clérigo principal de la catedral de San Patricio de Dublín. Allí trabajó por el resto de su vida.

**Jonathan Swift**

## Sydney

Sydney es la ciudad más antigua y más grande de Australia. Se encuentra en un precioso puerto profundo de la costa sudeste. Sydney es el puerto marítimo de mayor tráfico en Australia y el centro comercial de la nación. Se conoce por su hermoso Teatro de la Ópera. El edificio tiene enormes estructuras blancas de concreto que parecen velas henchidas por el viento. En Sydney, en el año 2000, se llevaron a cabo las Olimpíadas de Verano.

Los británicos fundaron a Sydney como una colonia prisión en 1788. En esa época, muchas naciones enviaban a los criminales a tierras apartadas. Los nombres de muchos edificios y lugares de Sydney son recuerdos del período en el que fue una colonia prisión. Un museo que se llama Hyde Park Barracks fue en una época una prisión para hombres. Una isla de la bahía de Sydney se llama Pinchgut porque era una prisión donde con frecuencia los presos pasaban hambre.

**Una vista de Sydney y el Teatro de la Ópera**